Hans Fluri

1012 Spiel- und Übungsformen in der Freizeit

Bibliografische Information der Deutschen Nationalbibliothek
Die Deutsche Nationalbibliothek verzeichnet diese Publikation in der Deutschen Nationalbibliografie; detaillierte bibliografische Daten sind im Internet über http://dnb.d-nb.de abrufbar.

Bestellnummer 6330

Letzte überarbeitete Auflage: 9., komplett überarbeitete Auflage 2015

10., unveränderte Auflage 2018

www.hofmann-verlag.de

Fotos: Hans Fluri
Zeichnungen: Anita Schmid
Skizzen: Hans Fluri
Titelbild: © iStock / anatols

Druck: Medienhaus Plump GmbH, 53619 Rheinbreitbach

Printed in Germany · ISBN 978-3-7780-6330-9

Inhaltsverzeichnis

Die alphabetische Liste aller Spiele – auch zum Herunterladen – finden Sie unter:

www.spielakademie.ch/1012

Am 20. November 1959 wurde von der Vollversammlung der Vereinten Nationen die „Erklärung der Rechte des Kindes" einstimmig angenommen. Als Punkt 7 verlangt das Kinderhilfswerk der Vereinten Nationen (UNICEF): „Das Recht auf unentgeltlichen Unterricht, auf Spiel und Erholung". Wird in unseren Breitengraden für den Unterricht zwar viel investiert, so kommen doch Erholung und vor allem das Spiel entschieden zu kurz. Das geschieht wohl vor allem deshalb, weil die enormen Entwicklungschancen, die im Spielen stecken, unterschätzt werden.

Das Spiel fördert die geistige und körperliche Gewandtheit, den Mut zum Risiko und die Ausdauer, das Konzentrationsvermögen, die Angriffslust, die Freude am Sieg genauso wie die Gelassenheit beim Verlieren. Das Spielen entwickelt das Vergnügen an vielfältigen Bewegungen, Geschicklichkeit, Schnelligkeit, Kraft, die Fähigkeit, Situationen einzuschätzen und darauf zu reagieren. Spielend bekommt man Lust zum Ausprobieren und Experimentieren; der Übergang zum Lernen und wissenschaftlichen Arbeiten ist hier fließend. Die Spieler entwickeln ihre Kreativität, ihr Vorstellungsvermögen. Sie lernen sich in einem Regelwerk zu bewegen. Das Spiel ist nicht zuletzt eine unerschöpfliche Quelle der Selbsterfahrung.

Dieses Buch will Möglichkeiten eines vielseitigen Spielens aufzeigen. Es ist anschließend und begleitend zu Hunderten von Spielanlässen, Spielwochen, Spielfesten und Spielkursen entstanden. Dabei habe ich mich von Kindern und Schulklassen aus Horriwil, Schanghai und Brienz, von Kindergärtnerinnen aus Braunschweig und Inspektorinnen aus Wien und Salzburg, von Sportstudenten aus Zürich und Genf, vom Universitätsprofessor aus Zagreb wie von Taxichauffeuren in Jogjakarta anregen lassen. Ich habe von Kindern im Vorschulalter, von Müttern, von munteren Großeltern, fröhlichen Vätern, von selbstbewussten Spitzensportlern und beharrlichen Behinderten viel gelernt.

Dieses Buch ist auch ihr Buch. Es soll zum Spielen in kleinen und in großen Gruppen, über Sprachgrenzen hinweg, in Familien und Lagern, auf Pausenplätzen, an Festen, im Verein und am Stammtisch, als Teil des Unterrichts und der Freizeitgestaltung anregen. Es enthält gesammelte und selbsterdachte Spiele für jede Generation. Die Erwachsenen sind also genauso eingeschlossen wie die Kinder. Denn den großen Leuten hat dieses kulturelle Gut seit jeher dazu gedient, sich ihre Vielseitigkeit zu bewahren, anstatt in immer weitergehender Spezialisierung zu verarmen.

In den letzten Jahrzehnten hat das Spiel vermehrt Eingang gefunden in Wirtschaft, Sport und Therapie. Die LuDo-Therapie und das Play-Do-Coaching sind konkrete Beispiele dafür. In Schulen, Berufsalltag und Freizeit machen sich Menschen aller Generationen zunehmend gemeinsam auf den spielenden Weg. Dieses Buch will anregen, selber vom Erbe zahlreicher Kulturen zu profitieren und daraus immer wieder neue Spielformen zu entwickeln.

Brienz, im Frühling 2005 *Hans Fluri*

Zur 9., komplett überarbeiteten Auflage

Jede Zeit und jede Kultur hat ihre besonderen Lieblingsspiele. Wir bereiten spielend unsere Zukunft vor. Im Anschluss an Kurse und Trainings habe ich in den letzten Jahren die Teilnehmenden nach ihrer persönlichen Spielhitparade gefragt. So habe ich neue Spiele kennen gelernt und zusätzlich eigene Entwicklungen getestet. Es bildeten sich Spitzenreiter heraus. Eine erfolgreiche Auswahl davon ergänzt hier die ursprünglichen 1012 Spiele. Oft zeigen die Fotos weitere Varianten auf.

Haben Sie übrigens gewusst, dass verspielte Menschen die perfekten Partner sind? Die Gründe waren jüngst im „American Journal of Play“ nachzulesen. Verspielte Menschen mögen Wortspiele, improvisieren gern und gehen leichten Herzens an eine Herausforderung heran. Der Psychologe René Proyer hat mit einem Team der Universität Zürich im deutschsprachigen Raum geforscht. Als wichtigste Wesenszüge bei der Partnerwahl wurden Freundlichkeit, Intelligenz und Humor gewählt. Dann folgte die Verspieltheit. Männer mit solchen Eigenschaften wirken auf Frauen nicht aggressiv. Verspielte Frauen wiederum wirken auf Männer besonders vital. Und sie wählen vorzugsweise entsprechende Partner. Also dann: Viel Glück und auf Wiederspielen!

Brienz am See, im Frühjahr 2015 *Hans Fluri*

1 Spiele zum Starten

Das einleitende Kapitel enthält Vorschläge zum Anfangen und Beenden einer Spielrunde oder eines Spielanlasses. Es sind Spiele, wie sie in einer spontan entstandenen Runde oder im Kreis von Bekannten mit nichts als den betreffenden Menschen und je einem Stuhl gestartet werden können. Andere Beispiele helfen, die Gruppenzusammensetzung oder die startende Mannschaft zu bestimmen. Daneben finden sich Pfänderspiele, bei denen jeder seinen Einsatz zurückbekommen kann, ohne die übliche Gefahr, sich dabei bloßstellen zu müssen.
Wer seine Bedürfnisse und das Buch besser kennen gelernt hat, wird auch an anderen Stellen entsprechende Spiele finden, so etwa die Kontaktspiele ab 871.
In der Regel bleibt es dem Spielleiter überlassen, wieweit er das Spiel auch als Gelegenheit sieht, dass sich die Teilnehmer selber besser kennenlernen und einander persönlich begegnen können, Rückmeldungen und Auswertungen im Anschluss an eine Spielfolge oder gar nach einem einzelnen Spiel sind nicht unbedingt üblich, stoßen aber nicht selten auf lebhaftes Interesse. Gut geleitet kann eine derartige Mischung aus Aktion und Kontemplation, aus lebhaftem Tätigsein und Besinnung dem Bedürfnis einer Gruppe durchaus entsprechen und den Wert des Spielens noch wesentlich erhöhen.

Nr.	Name der Spielform Ziele	Beschreibung	Hinweise/Organisation
1	**Ich heiße Jonas** Spontanität Selbstsicherheit	Die Spieler stehen im Kreis. Einer nach dem anderen tritt ins Zentrum und stellt sich mit einer begleitenden typischen (ruhigen, schwungvollen, leisen, theatralischen) Bewegung vor: „Ich heiße ...!“ Miteinander wiederholt der ganze Kreis Bewegung und Aussage: „Er/Sie heißt ...!“ • Pantomimisch sein Hobby vorstellen	
2	**Besondere Kennzeichen** Namen lernen Gedächtnis	Wir sehen uns in der Runde um. Dann nennt jeder seinen Namen und etwas, das ihn von allen anderen unterscheidet – einen Superlativ: „Ich habe die krausesten Haare!“ – „Ich besitze die kleinste Brille!“ – „Ich trage die blauesten Hosen!“	
3	**Mein Beitrag** Kennenlernen Fantasie	Jeder legt einen eigenen Gegenstand ins Zentrum und kommentiert die Wahl mit ein paar persönlichen Angaben. Aus den einzelnen Objekten gestalten wir dann gemeinsam – ohne zu sprechen – eine Komposition.	
4	**Fotosprache** Kennenlernen Spontanität	Aus einem Stapel von Illustrierten schneiden wir Fotos aus. Jeder Spieler wählt ein Bild, das ihn in irgendeiner Weise betrifft oder betroffen macht. Jeder stellt dann sein Bild den anderen Spielern zusammen mit seinem Namen und ein paar persönlichen Gedanken dazu vor.	
5	**Namensschild** Kreativität Fantasie	Es steht genügend Krimskrams zur Verfügung, inkl. Leim, Halbkarton und Sicherheitsnadeln. Daraus darf sich jeder sein Namensschild schaffen und es dann im Kreis kommentieren.	

Nr.	Name der Spielform Ziele	Beschreibung	Hinweise/Organisation
6	**Mein rechter Platz** Entscheidungsfähigkeit	Ein Platz im Kreis ist frei. Der Spieler links davon sagt: „Mein rechter Platz ist leer. Ich wünsche mir den Andi her." Jetzt setzt sich Andi auf diesen Platz, und es macht der Spieler weiter, der vorher links von Andi saß. • Der nächste Spieler wird hergewünscht als … (Pinguin, Lokomotive)	
7	**Namen abschlagen** Namen lernen Reaktion Aggression	Mit einer längs zusammengerollten Zeitung als „Stock" in der Hand steht ein Spieler in der Mitte. Einer im Kreis steht auf und ruft den Namen eines anderen. Wenn der nicht rasch aufsteht und einen neuen Spieler ruft, erhält er vom Mittelspieler mit der Zeitung einen sanften Schlag und muss dessen Stelle einnehmen.	
8	**Alle Vögel fliegen** Reaktion Leicht-Sinn	„Alle Amseln (Helikopter, Bienen, Störche …) fliegen", ruft der Spielleiter und wirft seine Hände in die Luft. Das tun wir sofort nach. Wenn er aber bei „Alle Eidechsen (Wildschweine, Gurken, Autos …) fliegen" die Hände hochwirft, dürfen wir uns nicht mitreißen lassen, sonst kostet es ein Pfand.	Wer schon zwei Pfänder gegeben hat, darf neuer Spielleiter werden. Später gibt er kein Pfand mehr, sondern darf extra Fehler machen, um die anderen zu verwirren (Pfandauslösen s. Nr. 76–85).
9	**Koffer packen** Merkfähigkeit	„Ich packe in meinen Koffer einen Ball", berichtet der erste Spieler. Jeder folgende zählt auf, was schon im Koffer drin ist und was er selber dazulegt. Wer einen Fehler macht, beginnt von neuem oder liefert ein Pfand ab.	
10	**Entenweiher** Konzentration	Der 1. Spieler sagt: „1 Ente", der zweite: „2 Beine", der dritte „plumps". Dann folgt weiter im Kreis herum: 2 Enten – 4 Beine – plumps – plumps – 3 Enten – 6 Beine – plumps – plumps – plumps – … Wer einen Fehler macht, beginnt wieder am Anfang oder gibt ein Pfand (Pfandauslösen s. Nr. 76–85).	

Nr.	Name der Spielform Ziele	Beschreibung	Hinweise/Organisation
11	**Wer ist der Chef?** Aufmerksamkeit Übersicht	Ein Detektiv verlässt den Raum. Die anderen wählen einen Chef. Der macht im Sitzen allerhand Bewegungen vor (Fußwippen, Daumendrehen, Kopfnicken), welche die anderen sofort nachmachen. Der Detektiv versucht, herauszufinden, wer den ganzen Kreis unbemerkt anstiftet.	
12	**Diebische Elster** Aufmerksamkeit	Durch einen Ring wird eine Schnur gezogen, die so lang ist, dass sich jeder im Kreis daran halten kann. Der Ring wird rundherum weitergegeben. Die Elster in der Mitte versucht zu beobachten, wo er ist. Wenn sie den richtigen Spieler vermutet, wird der zur Elster. Wer den Ring nicht hat, wird trotzdem so tun als ob.	
13	**Telegramm** Aufmerksamkeit Spaß	Die Spieler im Kreis geben sich durch einen Händedruck Signale weiter. In der Mitte steht ein Spion. Die Spieler sagen ihm, wer wem eine Nachricht sendet. Auf „los" startet der Absender, mit „angekommen" meldet der Empfänger die geglückte Aktion. Neuer Spion wird, wer von ihm händedrückend ertappt wird.	In großen Kreisen werden zwei bis vier Relaisstationen eingebaut, die mit „gling" anzeigen, wann und in welcher Richtung das Telegramm durchläuft. (Oft geht es aber in die Gegenrichtung zurück.)
14	**Blinzeln** Aufmerksamkeit Reaktion	Hinter jedem Stuhl steht ein Spieler mit den Händen hinter dem Rücken. Die Stühle sind bis auf einen besetzt. Der Spieler hinter dem leeren Stuhl blinzelt zu einem Sitzenden hin, und der versucht, den leeren Stuhl zu erreichen. Sein Hintermann versucht ihn noch zu halten. Andernfalls muss er selbst jemanden herbeiblinzeln.	
15	**Achtung, Mörder!** Aufmerksamkeit Sozialkompetenz	Z. B. durch eine bestimmte Karte beim Kartenziehen wird einer zum Mörder gewählt, ohne dass es die anderen wissen. Wenn er im Kreis jemandem zublinzelt, sagt dieser Spieler: „Tot" und streckt die Beine von sich. Wer ahnt, wer der Mörder ist, darf ihn nennen. Er ist aber selbst tot, wenn er falsch vermutet.	

Nr.	Name der Spielform / Ziele	Beschreibung	Hinweise/Organisation
16	**Wumm** Konzentration Übersicht	Rundum wird nummeriert: 1 – 2 – 3 ... Wer beim Zählen eine Siebenerzahl nennen muss (7, 14, 21 ..., aber auch 17, 27, ... 70, 71 ...) sagt stattdessen „Wumm". Wer unaufmerksam ist und hereinfällt, beginnt von neuem oder gibt ein Pfand. „Wumm" heißt andernorts „Bösi" = Böse Sieben.	
17	**Computerpanne** Konzentration Geistesgegenwart	Der Computer ist gestört! Rundum wird fortlaufend gezählt. Siebenerzahlen dürfen nicht ausgesprochen werden. Stattdessen macht es jetzt „Click", dann wird in der gleichen Richtung weitergezählt. Bei „Clack" aber ändert die Umlaufrichtung im Kreis. Welcher Computer erreicht die Zahl 70?	
18	**Dick und Doof** Konzentration Reaktion Rhythmus	Der 1. Spieler ist Dick, der nächste Doof. Dann wird fortlaufend nummeriert. Dick beginnt: „Dick – ruft – Doof!" Dieser fährt weiter, z. B.: „Doof – ruft – 18!" – „18 – ruft – 9!" usw. Dazu wird im Rhythmus geklatscht. Wer aus dem Rhythmus fällt oder nicht reagiert, wird zur höchsten Zahl. Die folgenden rutschen eins vor.	Geklatscht wird in einem Viertakt. Z. B.: Auf die Oberschenkel schlagen (eigene Zahl rufen) – in die Hände klatschen („ruft"); – mit der rechten auf linke Schulter (fremde Zahl) – mit der linken zur rechten Schulter (leer).
19	**Brr – Tägg** Lebensfreude Reaktion	Ein Hauptsender macht „brr" und vibriert mit seinen erhobenen Handflächen neben den Ohren. Die beiden Nebensender links und rechts tönen auch, solange er sendet, bewegen aber nur die nähere Hand als Antenne oben. Dann gibt der Hauptsender mit der Hand einem anderen Spieler das Zeichen zu senden: „Tägg" und verstummt selbst.	
20	**Sendestörung** Lebenslust Coolness	Beim „Brr – Tägg" kann es hektisch zugehen, besonders wenn der Sender den Auftrag gleich zurückspielt oder einen seiner Nebensender als Hauptsender bezeichnet. Wer nicht oder mit falschen Bewegungen reagiert, fällt aus und sein Nebenmann übernimmt seine Rolle. Zuletzt sind nur noch drei Spieler auf Sendung.	

Nr.	Name der Spielform Ziele	Beschreibung	Hinweise/Organisation
21	**Pitsch-Patsch** Aufmerksamkeit Stressresistenz	Jeder legt seine Hand auf das Knie des Nachbarn links und rechts. Eine Hand nach der anderen schlägt im Kreis herum einmal auf das fremde Knie. • Bei Doppelschlag ändert die Richtung • Wenn die Rechte schlägt, heißt es „excusez“, wenn die Linke schlägt „pardon“ • Schlägt eine Hand nicht im Rhythmus oder folgt ein falsches Wort, scheidet die entsprechende Hand aus/wird auf den Rücken genommen	
22	**Hänschen, piep mal!** Aufmerksamkeit Körperkontakt	Ein Spieler steht mit geschlossenen Augen in der Mitte, die anderen sitzen im Stuhlkreis. Sie wechseln nochmals ihre Plätze, dann setzt sich der Blinde einem Spieler auf den Schoß und bittet ihn, zu piepen. Bei Erkennen: Rollenwechsel.	
23	**1 bis 23** Spielwitz Reaktion Resilienz	Die Spieler im Kreis haben ohne weitere Absprache die Aufgabe, von 1 bis 23 zu zählen. Dabei dürfen nicht zwei Spieler gleichzeitig sprechen. Und wenn ein Spieler eine Zahl gerufen hat, darf kein Nachbar links oder rechts fortfahren. Bei einem Fehler startet die Übung von vorn.	
24	**Armes Kätzchen** Spaß Humor	Ein kleines Kätzchen in der Mitte des Kreises geht auf allen vieren zu einem Mitspieler und guckt mitleidheischend drein. Dieser streichelt das Kätzchen und muss 3 x sagen: „Armes Kätzchen mach miau“. Und 3 x miaut das Kätzchen und versucht durch seine Mimik den anderen zum Lachen zu bringen. Nur dann ist Wechsel, andernfalls muss es weitergehen.	
25	**Was ist das?** Konzentration Lockerheit	Der Spielleiter zeigt dem 1. Spieler links einen Ball o. Ä.: „Das ist ein Hund“. Der fragt: „Was ist das?“ Der Spielleiter versichert: „Ein Hund“. Der 1. Spieler nimmt den „Hund“ und sagt ihn dem 2. Spieler an. Dieser fragt den 1.: „Was ist das?“ Der Spielleiter zum 1. Spieler: „Ein Hund“. Der 1. Spieler zum 2.: „Ein Hund“. 2. Spieler übernimmt, wendet sich an 3. Spieler, usw.	Gleichzeitig läuft rechtsherum mit einem anderen Gegenstand: „Das ist eine Katze“.

Nr.	Name der Spielform Ziele	Beschreibung	Hinweise/Organisation
26	**Zipp-Zapp-Poing-Paff** Konzentration Lockerheit Geistesgegenwart	Wenn z. B. Manuel im Sitzkreis an der Reihe ist, hat er drei Möglichkeiten, zu reagieren: Wenn er „Zipp" sagt, ist der Spieler rechts von ihm dran. Wenn er aber „Zapp" ruft, muss der Spieler links weitermachen. Wer „Poing" sagt, zeigt gleichzeitig auf den Spieler, an dem damit die Reihe zur Fortsetzung ist. Die Reihenfolge der Signale ist völlig frei; es können beispielsweise auch mehrere „Poing" hintereinander folgen. Ertönt auf ein „Poing" vom Empfänger mit vorgehaltener Handfläche ein „Paff", so wandert das Signal an den Sender zurück.	
27	**Hatschi-Patschi** Namen lernen Reaktion	Während Kati draußen ist, bestimmt die Gruppe unter den Anwesenden im Stuhlkreis einen Hatschi-Patschi. Jetzt wird Kati hereingerufen. Sie kommt in den Kreis zurück und drückt einem Spieler die Hand: „Hallo, ich bin die Kati". Der Angesprochene stellt sich seinerseits vor: „Freut mich, ich bin der Jesper". Kati begrüßt weitere Spielende, bis sich der Ausgewählte meldet: „Ich bin der Hatschi-Patschi". Jetzt müssen alle einen neuen Platz suchen, nicht aber gleich den Stuhl rechts oder links. Wer keinen Platz erwischt, geht nach draußen und die Gruppe wählt einen neuen Hatschi-Patschi. • Wenn die Spieler ihre Namen bereits kennen, kann der Spieler in der Mitte Einzelnen auch persönliche Fragen (Hobby, Anzahl Geschwister, Traumberuf usw.) stellen	

Nr.	Name der Spielform Ziele	Beschreibung	Hinweise/Organisation
28	**Beruferaten** Spaß	Nach dem bekannten Muster macht ein Spieler eine typische Handbewegung seines „Berufes“ vor und lässt sich ausfragen, wobei er aber nur mit „Ja“ und „Nein“ antwortet. Wer ein „Ja“ zur Antwort bekommt, darf weiterraten.	
29	**Geräuschleitung** Konzentration Ideenvielfalt	Der Spielleiter gibt ein Geräusch („poing“) nach rechts weiter. Es wird rundherum weitergegeben. Sobald es von links ankommt, folgt ein nächster Laut. • Daran schließen weitere an, kombiniert mit einer Bewegung	
30	**Wenn ich verreise** Merkfähigkeit	„Wenn ich verreise“, beginnt der erste Spieler, „nehme ich eine ... (Zahnbürste, pantomimisch vormachen) mit“. Wie beim „Koffer packen“ fährt der Nächste fort, indem er den ersten Gegenstand wiederholt und einen weiteren hinzufügt (Haarfön, Blockflöte usw.). Alles wird nur gezeigt und nicht ausgesprochen.	
31	**Fotografieren** Zusammenhänge entdecken	Der Spielleiter geht hinaus. Sein Assistent „fotografiert“ einen Spieler, den die Gruppe bestimmt, auf ein Zeitungspapier. Der Spielleiter kommt herein und erkennt auf geheimnisvolle Art auf der Zeitung, wer fotografiert wurde.	Weil der Gehilfe auf seinem Stuhl genau dieselbe Körperhaltung einnimmt, wie das „Opfer“.
32	**Magische Stühle** Zusammenhänge herausfinden	Der Spielleiter schickt seinen Zauberlehrling hinaus. Drinnen setzt sich ein Spieler kurz auf einen von drei bereitstehenden Stühlen. Sobald alle wieder im Kreis sitzen, wird der Nachwuchszauberer hereingerufen und findet auf Distanz mit Hilfe magischer Kräfte den entsprechenden Stuhl heraus.	Der Spielleiter ruft den Helfer mit ein („Herein“), zwei („Kannst kommen“) oder drei Worten („Wir sind bereit“) herein, je nachdem, ob der erste, zweite oder dritte Stuhl besetzt war.

Nr.	Name der Spielform Ziele	Beschreibung	Hinweise/Organisation
33	**Ich sitze im Gras** Geistesgegenwart Körperkontakt Aggression Lebenslust Selbstwirksamkeit	Im Sitzkreis ist rechts vom Spielleiter ein Stuhl frei. Er setzt sich darauf und sagt: „Ich sitze im Gras …". Der Mitspieler links von ihm rückt nach und verkündet: „… ich bin glücklich …". Jetzt rückt auch der nächste Spieler nach und schließt ab mit: „… weil sich Lisa-Lena neben mich setzt!" Lisa-Lena setzt sich auf diesen Stuhl. Der Spieler rechts oder links vom frei gewordenen Platz – je nachdem, wer schneller ist – setzt sich blitzschnell darauf und fährt fort: „Ich sitze im Gras …".	
34	**Was wäre wenn?** Spaß Fantasie Scharfsinn	Ein Spieler geht hinaus. Die anderen bestimmen einen von ihnen, den alle gut kennen. Der Spieler kommt herein und beginnt zu raten: „Was wäre die Person, wenn sie ein Baum (Auto, Buch, Beruf, Land, Prominenter usw.) wäre?" Die Angesprochenen geben nach bestem Wissen Antwort, bis es herausgefunden wird.	Für dieses Spiel muss sich die Gruppe schon etwas kennen, um z. B. zu wissen, ob der gemeinte Spieler als „Buch" von seiner Art her ein Gedichtband, ein Krimi oder Altes Testament ist.
35	**Detektiv** Aufmerksamkeit Gedächtnis Probe bestehen	Immer zwei Gegenübersitzende bilden ein Paar. Sie bewegen sich nicht mehr und prägen sich Position und Äußeres des Partners ein. Jetzt drehen sie ihre Stühle um 180 Grad und verändern an Kleidung/Frisur/usw. drei Punkte deutlich. Zurückgedreht ist auch ihre Position um zwei Punkte neu.	Wer findet die fünf Veränderungen heraus? • Alle schließen die Augen. Der Spielleiter nimmt an seiner Haltung/seinem Äußeren eine Veränderung vor. Alle raten.
36	**Sträußchen binden** Überraschung Fantasie	Während ein Spieler draußen ist, bekommen drei andere einen Blumennamen. Jetzt kommt der Wartende und wird gefragt, was er mit der „Tulpe", „Nelke" usw. tun werde. Er sagt etwa: „Auf den Mond schießen", „am Ohr knabbern", „eine Murmel schenken". Dann vernimmt er, wen es betroffen hat und sollte etwas davon ausführen.	

Nr.	Name der Spielform Ziele	Beschreibung	Hinweise/Organisation
37	**Kugellager** Reaktion Spaß Frustrationstoleranz	Ein Spieler geht in die Mitte des Stuhlkreises. Sobald er zum Stuhl zurückkehren will, setzt sich geschwind ein daneben Sitzender auf den freien Stuhl und auf dessen Stuhl rutscht schnell der nächste Spieler nach. Diese Kettenreaktion setzt sich rundum fort, so dass der Spieler in der Mitte möglichst keinen freien Platz mehr findet. Gelingt es dem Spieler dennoch, muss der folgende Spieler in die Mitte gehen. Erwischt er längere Zeit keinen freien Stuhl, kann er durch Klatschen oder Pfeifen veranlassen, dass das „Kugellager" in die andere Richtung drehen muss. Das schafft oft so viel Verwirrung, dass ein Platz frei wird.	
38	**Chaos im Kreis** Reaktion Übersicht	Ein Spieler steht im Zentrum. Die anderen sitzen auf ihren Stühlen, bis er ruft: „Nach rechts!" oder „Nach links!". Entsprechend dem Kommando wechseln alle den Platz. Der Spieler in der Mitte versucht, einen freien Platz zu erwischen. Gelingt es nicht, kann er „Chaos" rufen und alle müssen gleichzeitig wechseln, nicht aber auf den nächsten Stuhl links oder rechts.	Im Durcheinander, das bei „Chaos" entsteht – weil keine Richtung angegeben wird – fällt es meist leicht, einen Platz von der Mitte aus zu erobern.
39	**Yin und Yang** Konzentration Besonnenheit	Der erste Spieler legt seine flache Hand auf den Kopf und sagt „Yin". Zeigen seine Finger nach links, legt sein linker Nachbar eine Hand flach unter das Kinn und sagt „Yang". Der nächste Spieler zeigt stumm mit der Hand auf einen weiteren, und der beginnt von vorne: „Yin".	Wer aus dem Rhythmus fällt oder ein falsches Zeichen zeigt, kann in einer strengen Variante aus dem Kreis ausscheiden und von außen her die anderen durch Worte stören.
40	**Pferderennen** Konzentration Geistesgegenwart	Die Pferde galoppieren (auf Schenkel schlagen), überspringen eine Hürde (beide Hände beschreiben vw hoch den Bogen) oder eine Doppelhürde, gehen in eine Kurve (schräg sitzen), über eine Holzbrücke (auf Brust klopfen), begegnen dem Hasen (stumm Ohren zeigen) und passieren die Tribüne (Applaus).	Weitere Hindernisse (Wassergraben usw.) können dazu erfunden werden. Sie sind vor dem Start einzuführen. Normalerweise wird das Rennen über zwei Runden angesagt.

Nr.	Name der Spielform Ziele	Beschreibung	Hinweise/Organisation
41	**Blitzlicht** Geistesgegenwart	Der Spielleiter fragt die Gruppe: „Wie geht es euch momentan? Welches Gefühl hat jeder Einzelne von euch in Bezug auf das, was wir hier miteinander tun?" Er spielt einem im Kreis Sitzenden einen Ballon zu. Dieser Spieler macht eine knappe persönliche Aussage und wirft den Ballon einem anderen zu.	
42	**Aus dem Tierbuch** Fantasie Abstraktionsvermögen Achtsamkeit	„Mich interessiert, wie jeder Einzelne sich in unserer Gruppe erlebt. Mit welchem Tier würdet ihr euch vergleichen?" – „Ich erlebe mich in dieser Klasse (Mannschaft, Kurs) als ein Igel (Adler, Känguru), weil ...".	
43	**Echo-Runde** Konzentration	„Fasst bitte eure Meinung kurz zusammen und schreibt sie auf ein Blatt." Der Spielleiter sammelt alle Blätter ein und verteilt sie neu. Jeder liest seinen Text vor. Die anderen hören ausschließlich zu. • Einer nach dem anderen gibt sein Feedback, während er um den Sitzkreis herumgeht	
44	**Loch im Käse** Abstraktionsvermögen	„Nun mal neben all dem, was euch hier gefällt – was habt ihr daran auszusetzen? Wo seht ihr noch Löcher im Käse?" – „Für mich ist das Loch im Käse ..." – „Einen Mangel sehe ich ..." • Blätter mit Kritiken an einen dürren Ast aufspießen (Baum der Wünsche) oder an eine Leine hängen	
45	**Wollstern** Kooperation	Der Spielleiter hält einen Wollknäuel in den Händen. Auf eine bestimmte Frage erwartet er von jedem Gruppenmitglied eine Antwort. Er behält den Anfang in der Hand und wirft den Knäuel einem Spieler gegenüber zu. Wenn der seine Meinung gesagt hat, hält er sich ebenfalls am Faden fest und spielt den Knäuel weiter. So entsteht allmählich ein Stern oder mit Paketschnur ein Tragnetz.	

Nr.	Name der Spielform Ziele	Beschreibung	Hinweise/Organisation
46	**Gegenüber** Vertrauen	Immer zwei und zwei stehen sich mit vorgehaltenen Händen vis-à-vis. Sie lassen sich nach vorne fallen und fangen sich durch die aufeinandertreffenden Handflächen auf. Später vergrößern sie den Abstand etwas. • Mit geschlossenen Augen	Bei Interaktionsspielen geht der Spielleiter mit den Teilnehmern anschließend der Frage nach, was sich während des Geschehens für jeden Einzelnen abgespielt hat. Die Auswertung ist Teil des Spiels.
47	**Zeichenpartner** Spaß	Wir setzen uns paarweise vor ein großes Zeichenblatt und halten gemeinsam eine Fettkreide oder einen Filzstift. Ohne miteinander zu sprechen, zeichnen wir jetzt, was der Spielleiter vorschlägt: z. B. ein Haus mit passender Umgebung, eine Person und was zu ihr passt, usw.	
48	**Turmbau** Geschicklichkeit Teamfähigkeit	Wir teilen uns in Gruppen auf. Jede Gruppe erhält 5 große Bogen festes Papier, eine Schere, einen Maßstab und eine Tube Leim. Die Aufgabe besteht darin, in 30 Min., ohne zu sprechen, einen möglichst hohen, allein stehenden Turm zu bauen. Die Gruppen sehen sich dabei nicht.	
49	**Ja – Nein** Empathie	Zwei und zwei sitzen oder stehen sich gegenüber. Der eine sagt immer wieder und mit unterschiedlichem Ausdruck „Ja“, worauf der Partner jedesmal mit „Nein“ antwortet. Nach ein paar Minuten können sie tauschen und anschließend über ihre Erfahrungen sprechen.	
50	**Warme Dusche** Sozialkompetenz Spontanität Achtsamkeit	Einer sitzt in der Mitte. Er bekommt von allen wertschätzende Wahrnehmungen mitgeteilt. Eine warme Dusche kann sich jeder bei Bedarf von der Gruppe wünschen. • Immer zwei und zwei setzen sich einander gegenüber und teilen sich mit, was sie am andern mögen. Während der eine ein bis zwei Minuten spricht, hört der andere aktiv, aber kommentarlos zu. Dann **tauschen** sie ihre Rollen	

Nr.	Name der Spielform Ziele	Beschreibung	Hinweise/Organisation
51	**Ich und du** Wählen	Ich und du, Müllers Kuh, Müllers Esel, der bist du!	
52	**Sechs mal sechs** Rhythmus	Sechs mal sechs ist sechsunddreißig, ist der Mann (die Frau) auch noch so fleißig und die Frau (der Mann) ist liederlich, geht die Wirtschaft hinter sich.	
53	**Auf dem Klavier** Spaß	Auf dem Klavier steht ein Glas Bier, wer daraus trinkt, der stinkt. ... hat daraus getrunken und die ganze Nacht gestunken.	Bei den ... wird der Name eines Bekannten eingesetzt oder aber des Spielers, der an dieser Stelle eben angezählt wird. Ggf. Abzählverse in anderen Sprachen verwenden.
54	**Eins – zwei – drei** Zufall	1 – 2 – 3 – 4 – 5 – 6 – 7, wo ist denn mein Schatz geblieben? Ist nicht hier und ist nicht da, ist wohl in Amerika. 1 – 2 – 3 – 4 – 5 – 6 – 7, eine alte Frau kocht Rüben, eine alte Frau kocht Speck, und du bist weg.	
55	**Oma als Fußballstar** Spaß	Aene, däne, dutte, d'Großmutter geit go tschutte, innert föif Minute schießt si hundert Goal. Ene, dene, dill, Oma im Fußballspiel, kaum stürmt sie richtig vor, da schießt sie schon ein Tor.	

Nr.	Name der Spielform Ziele	Beschreibung	Hinweise/Organisation
56	**Kopf oder Zahl** Zufall	Von zwei Spielern (oder Mannschaftsführern) entscheidet sich der eine für „Kopf", der andere für „Zahl". Dann wird eine Münze geworfen. Wer es getroffen hat, gewinnt.	
57	**Hölzchen ziehen** Glück	Wir nehmen so viele Streichhölzer, wie wir Spieler sind. Eines der Hölzchen ist kürzer. Einer nimmt sie so in die Hand, dass alle gleich lang aussehen. Jeder zieht. Wer das kurze Holz erwischt, hat Glück oder Pech.	
58	**Gerade – ungerade** Zufall	Ein Spieler entscheidet sich für „gerade", der andere für „ungerade". Beide halten eine Hand hinter den Rücken. Auf das Kommando „eins – zwei – drei" streckt jeder eine Anzahl Finger hoch. Zusammengezählt gibt es eine gerade oder eine ungerade Zahl.	
59	**Stiel zupfen** Spannung Zufall	Jeder Spieler reißt ein Breitwegerichblatt ab. Es gewinnt der Spieler, der den Stiel mit der längsten Faser dran in der Hand hält.	
60	**Kreistanz** Spaß Kooperation	Wir bilden einen Kreis. Bei einem Spieler markieren wir den Boden. Jetzt drehen wir uns zur Melodie eines Liedes im Kreis. Wer genau am Schluss der ersten Strophe beim Zeichen steht, ist gewählt.	

Nr.	Name der Spielform Ziele	Beschreibung	Hinweise/Organisation
61	**Kartenglück** Zufall	Wir brauchen so viele Karten wie es Spieler sind. Zuvor wird eine Karte bestimmt. Jetzt zieht jeder von uns verdeckt eine Karte. Wer dabei Glück hat und die vorbestimmte Karte zieht, ist der Auserwählte.	
62	**Flaschenorakel** Spannung Gerechtigkeitssinn	Wir stehen im Kreis. In der Mitte liegt eine Flasche. Der Spielleiter versetzt sie in eine Drehbewegung. Es trifft den Spieler, auf den die Flaschenöffnung zeigt.	
63	**Stockfassen** Kooperation	Ein Spieler fasst einen Stock (Besenstiel o. Ä.) an einem Ende. Im Wechsel greift jeder Spieler direkt an die Hand des Vorgängers. Gewonnen hat, wessen Hand zuerst über das Stockende hinaus fasst.	
64	**Kreiselzeit** Geduld	Sobald in der Kreismitte ein Kreisel gestartet wird, geben wir rundum im Takt einen Ball (Mütze, Taschentuch, o. Ä.) weiter. Gewonnen hat, wer den Ball in der Hand hält, sobald der Kreisel liegen bleibt.	
65	**Schritt für Schritt** Spannung	Im Abstand von ein paar Metern stehen sich zwei Spieler gegenüber. Im Wechsel setzen sie einen Fuß vor den anderen und nähern sich einander immer mehr. Wer zuletzt auf die Schuhspitze des anderen treten kann, hat gewonnen.	
66	**Welche Hand?** Raten	Ein Spieler hält beide Hände hinter den Rücken. In der einen Hand hält er etwas. Der zweite Spieler hat gewonnen, wenn er errät, welche Hand es ist.	

Nr.	Name der Spielform / Ziele	Beschreibung	Hinweise/Organisation
67	**Gut geraten** Zufall	Der Spielleiter hat sich eine Zahl zwischen eins und hundert aufgeschrieben. Jeder Spieler darf jetzt eine Zahl nennen. Gewonnen hat, wer der gesuchten Zahl am nächsten kommt.	
68	**Der letzte Stein** Spannung	Von einer Handvoll Steinchen (Kirschsteine, Büroklammern) nehmen wir reihum immer eines weg. Der letzte Stein bringt Glück.	
69	**Schere – Stein – Papier** Spielwitz Reaktion *(Spiel aus Japan)*	Bei diesem Entscheidungsspiel aus Asien bedeuten hoch gespreizte Zeige- und Mittelfinger „Schere", eine vorgestreckte Faust „Stein" und die flach vorgestreckten Finger sind „Papier". In dieser Abfolge ist das folgende Symbol immer stärker als das vorangegangene. Es können 10–100 Leute gegeneinander antreten. Die beiden Teams sprechen zehn Meter weiter hinten ein einheitliches Zeichen und ein Reservezeichen miteinander ab. Dann stehen sie sich in der Mitte in zwei Reihen mit rund drei Metern Abstand gegenüber. Der Spielleiter ruft: „Schere – Stein – Papier!" Beide Teams zeigen gleichzeitig ihr Zeichen. Blitzschnell überlegt jeder Spieler, ob er stärker oder unterlegen ist. Entsprechend greift er an und versucht, so viele Gegner wie möglich zu fangen oder aber er flüchtet hinter seine Ausgangslinie zurück. Wer erwischt wird, gehört zum anderen Team. Bei Unentschieden startet der Spielleiter gleich den zweiten Versuch. Dann ziehen sich die Teams für die Absprache der nächsten Runde zurück.	
70	**Arche Noah** Sozialkompetenz	Paare lassen sich bilden, indem der Spielleiter auf Zettel die Bezeichnungen von Tiermännchen und -weibchen notiert und die Spieler ziehen lässt. Jetzt gehen der Tiger und die Tigerin, die Enten, Ziegen, Fische und Pinguine beiderlei Geschlechts durch den Raum und versuchen sich aufgrund von Geräuschen zu finden.	Wenn die Laute nicht ausreichen, dürfen auch entsprechende Bewegungen gemacht werden.

Nr.	Name der Spielform Ziele	Beschreibung	Hinweise/Organisation
71	**An einem Faden** Spannung	Der Spielleiter hat Fäden von drei Metern Länge geschnitten. Er legt alle aufeinander und fasst das Bündel in der Mitte. Jetzt darf jeder Spieler ein Fadenende fassen. Wenn der Spielleiter losgelassen hat, findet jeder am anderen Ende des Fadens seinen Partner.	
72	**Mit Spielkarten** Spaß	Zweier-, Dreier- oder Vierergruppen lassen sich bilden, indem die entsprechenden Karten vorbereitet werden. Wenn die Spieler ihre Karten gezogen haben, kommen die Könige, die Buben, die Damen, usw. zusammen.	
73	**Mit Würfeln** Sozialkompetenz	Jeder Spieler würfelt für sich eine Zahl. Sollen Paare gebildet werden, sucht er sich einen Partner, mit dem er zusammen ungefähr die Zahl 7 erreicht. Sollen Sechsergruppen entstehen, sollten die sechs Spieler in einer Gruppe etwa eine Summe von 21 bilden.	Hier kommt es nicht darauf an, dass die geforderte Zahl ganz genau erreicht wird. Eine Vierergruppe darf zusammen ohne Weiteres eine Summe von 13, 14, 15 bilden oder noch einen Punkt mehr oder weniger.
74	**Zuordnungsspiel** Wortschatz	Wir wählen Oberbegriffe und schreiben auf Kärtchen je so viele Unterbegriffe, wie die Gruppengröße werden soll, also bei Fünfergruppen je fünf Tiere, fünf Geldsorten, fünf Länder, fünf Worte in einer bestimmten Fremdsprache. Die Spieler gehen mit dem Kärtchen in der Hand herum und suchen sich die Partner.	merci
75	**Großmütterchen – Jäger – Wolf** Glück *(Spiel aus Indien)*	Zwei Spieler (auch Mannschaftsführer) stehen sich gegenüber und stellen auf Kommando ein Großmütterchen (gebückt), einen Jäger (schießt) oder einen Wolf (zeigt das Gebiss) dar. Wer gewinnt das „Duell“? Bei Gleichstand folgt ein neuer Versuch.	Das Großmütterchen ist stärker als der Jäger (der hat Respekt), der Jäger ist stärker als der Wolf (Gewehr), aber der Wolf ist stärker als das Mütterchen, weil er es verschlingt.

Nr.	Name der Spielform Ziele	Beschreibung	Hinweise/Organisation
76	**Für Stille** Fantasie	• Seine Lieblingstier in die Luft zeichnen • Eine halbe Minute schweigen • Drei Vornamen mit „A“ nennen • Jeden auf die Nasenspitze tippen • Als Titelbild posieren	
77	**Für Gebildete** Wissen	• Eine Gedichtstrophe aufsagen • Zwei Wörter in einer Fremdsprache nennen • Drei Städte mit „O“ aufzählen • Vier Wörder mit -heit wissen • Fünf Vornamen mit „P“ kennen • Sechs Tiere mit Federn hersagen	
78	**Für Humorvolle** Gedankenreichtum Spaß	• Eine Witz erzählen • Den gleichen Witz zweimal erzählen • Sich selbst einen Übernamen geben • Allen zum vergangenen Neujahr gratulieren • Jedem eine Frage stellen und die Antwort gleich selbst geben	
79	**Für Bewegliche** Selbstvertrauen	• Tanz der Hexe aus „Hänsel und Gretel“ • Kosakentanz vorführen • Auf einem Bein rund um die Gruppe hüpfen • Auf allen vieren eine Treppe hinauf- und hinuntergehen • Mit geschlossenen Augen vom Stuhl hüpfen	
80	**Für Zärtliche** Körperkontakt	• Jemanden am Nacken kraulen • Seinem Nachbarn rechts die Wange streicheln • Einem mit der Fingerspitze ein Herz auf die Brust zeichnen • Jedem einen Nasenstüber geben • Allen einen Gutenachtkuss schicken	

Nr.	Name der Spielform Ziele	Beschreibung	Hinweise/Organisation
81	**Für Jeden** Kennenlernen Spaß	• Drei Traumberufe aufzählen • Drei Lieblingstiere nennen • Wissen, wie lange der Dreißigjährige Krieg gedauert hat • Wissen, was eine 1-Euro-Münze kostet • In einem fiktiven Testament jeden Spieler etwas erben lassen	
82	**Für Ängstliche** Kennenlernen	• Ein halbes Glas Wasser in einem Zug trinken • Jeden rundum beim Namen nennen oder fragen • Fünfmal ruhig ein- und ausatmen • Eine Minute im Schneidersitz verharren • Pantomimisch eine Kerze anzünden	
83	**Für Wortgewandte** Fantasie Humor	• Einen Schnellsprechvers vortragen • Einen Werbespot für sein Pfand erfinden • Das Alphabet rückwärts aufsagen • Einen Satz dreimal immer rascher vorsagen • Der Runde eine faustdicke Lüge auftischen	
84	**Für Musikalische** Rhythmus	• Eine Liedstrophe singen • Ein momentan abwesendes Orchester dirigieren • Eine Tonleiter singen ohne abzustürzen • Einen Inserattext vorsingen • Auf dem Stuhl einen Trommelwirbel schlagen	
85	**Für Fantasievolle** Ideenreichtum	• Ein Fabeltier beschreiben • Ein Gespräch zwischen zwei Nilpferden vormachen • Seinem Stuhlnachbarn einen Schneepflug verkaufen • Kurzreportage aus dem Jahr 2050 • Die nächste Pfandlöseaufgabe ausdenken	

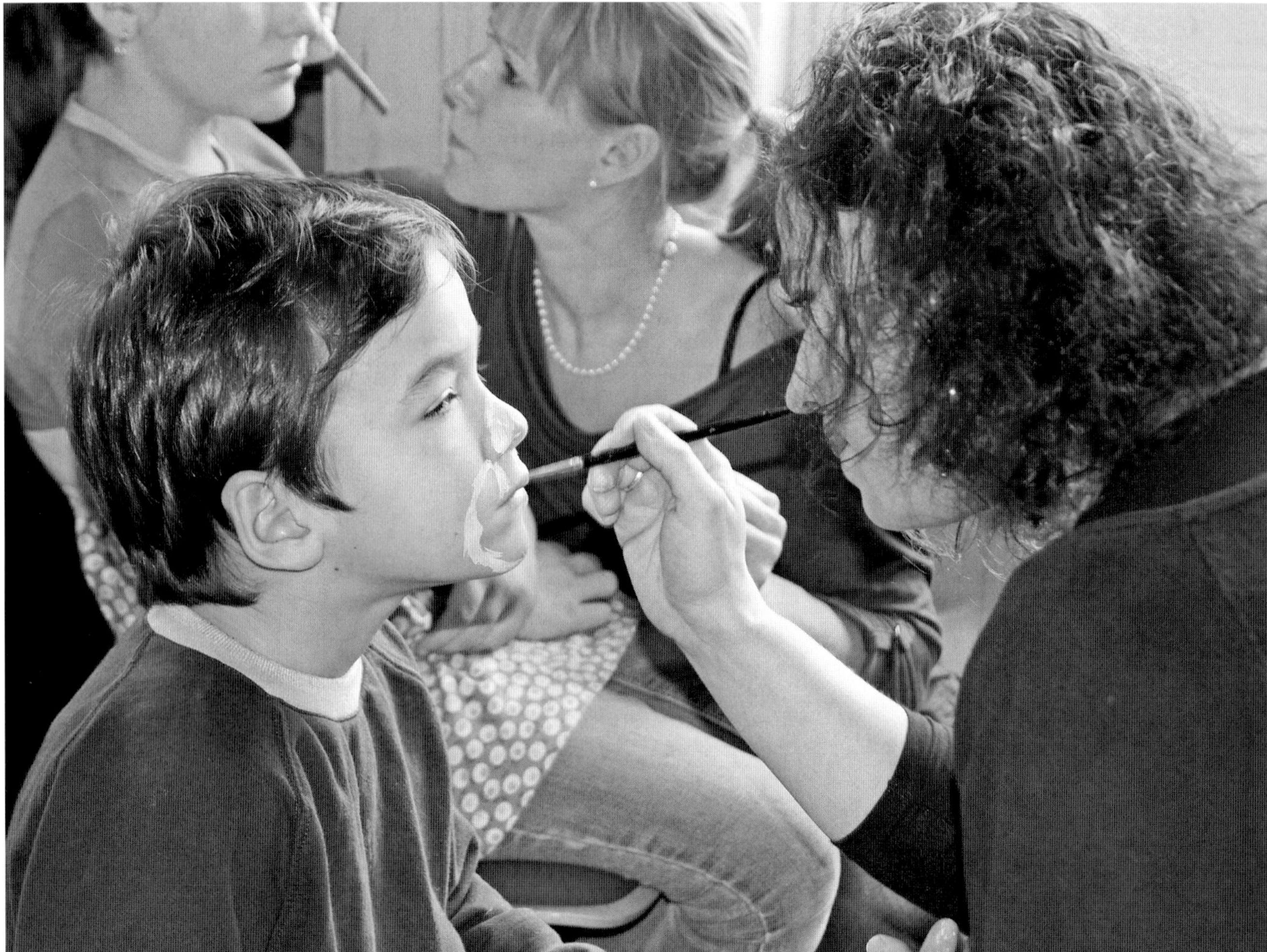

2 Spiele mit den Sinnen und Elementen

Wer gesund bleiben will, muss lernen, seine fünf, sechs oder sieben Sinne zu gebrauchen und sie immer wieder zu üben. Mancher setzt hier und da einen von ihnen intensiver als gewöhnlich ein, schaltet andere (z. B. das Augenlicht) aus und erlebt dieses neue und bewusste Wahrnehmen als Bereicherung. Beim Behinderten bedeutet der Mangel oder das Fehlen eines Sinnesorgans oftmals eine Chance, seine übrigen Organe verstärkt einzusetzen und dadurch die Welt reicher als ein Normalbürger zu erleben.

Spielend erobern sich bereits kleine Kinder die Welt. Sie üben und experimentieren und entwickeln sich in den ersten Lebensjahren, wie nie mehr später. Aber unsere Spannteppich-, Rasen- und Parkplatzkultur ist mehr als dazu angetan, vieles im Verlauf weniger Jahre wieder verkümmern zu lassen. Was liegt also näher, als in jedem Lebensalter immer wieder von neuem das zu gebrauchen und zu üben, zu was wir nach wie vor fähig sind und es mit der Erfolgsmethode unserer Kindertage – nämlich spielend – zu üben.

Anlass zum Wahrnehmen und Staunen können jedoch nicht allein Spiele sein, sondern die Phänomene der spielenden Natur selbst, so ein stäubender Wasserfall, geheimnisvolle Nebenschwaden, eine sonnendurchglühte Geröllhalde oder der Wind, der mit Staub, Sand, Schnee und Regen spielt.

Nr.	Name der Spielform / Ziele	Beschreibung	Hinweise/Organisation
86	**Blind führen** Vertrauen Verantwortung	Ein Spieler führt (z. B. am Unterarm) einen anderen, der die Augen geschlossen hat, vorsichtig durch die Umgebung. Er schaut für den anderen voraus, kündigt an, wenn sich am Gefälle oder in der Beschaffenheit des Weges etwas ändert, gibt dem Partner Gegenstände am Weg zu tasten und zu riechen, lässt ihn horchen und vermuten, wo er sich befindet.	
87	**Blind füttern** Gefühl	Zwischen zwei Spielern mit geschlossenen Augen steht auf dem Tisch ein Teller mit Haselnüssen. Im Wechsel füttern sich die beiden. Jeder hat dafür einen Teelöffel zur Verfügung.	
88	**Am Leitseil** Vertrauen Verantwortung	Ein Spieler hält sich mit geschlossenen Augen an einer Schnur fest, die um ihn herum nach hinten führt. Dort hält der Lenker die Zügel in der Hand und leitet sein Pferdchen im Trab durch einen Hindernisparcours.	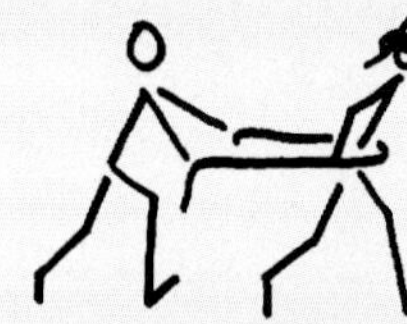
89	**Vor die Wand** Raumgefühl	Die Gruppe steht 15–20 m vor einer Wand. Die Aufgabe der Spieler ist es, mit geschlossenen Augen einen beliebigen Gegenstand möglichst nahe bei der Wand zu deponieren, ohne aber die Wand selbst zu berühren.	
90	**Jakob, wo bist du?** Spaß Aufmerksamkeit	Zwei Spieler stehen mit geschlossenen oder verbundenen Augen im Kreis. Der eine hält ein Taschentuch mit Knoten darin in der Hand und fragt: „Jakob, wo bist du?" Der gibt einen kurzen Laut von sich und passt auf, dass er vom Taschentuch nicht getroffen wird. Hat er zwei Schläge abbekommen, wird gewechselt.	

Nr.	Name der Spielform Ziele	Beschreibung	Hinweise/Organisation
91	**Mutsprung** Selbstbewusstsein Antizipieren	Mit geschlossenen Augen • hüpfen wir von einem Stuhl auf den Boden • hüpfen wir vom Stuhl und landen auf einem Bein • springen wir vom Tisch auf den Boden • gehen wir von der Tischmitte zwei Schritte an den Rand und springen dann. Vorsicht, immer abfedern!	
92	**Blind werfen** Distanz schätzen	Zwei Spieler werfen sich gegenseitig einen Ball zu. Der Spieler, welcher wirft, schließt die Augen. Bei Verwendung eines Softballes können auch beide Spieler die Augen schließen. • Ein Spieler wirft mit geschlossenen Augen Tennisbälle in ein Ziel (Korb, durch Ring) und lässt sich von einem Mitspieler durch Zuruf korrigieren	
93	**Volltreffer** Raumgefühl	An der Wand haben wir eine Zielscheibe (z. B. vom Dart-Spiel) aufgehängt. Der Spieler fasst sie aus angemessener Distanz ins Auge und versucht dann blind darauf zugehend, mit dem Zeigefinger ins Ziel zu treffen. • Der Spieler bekommt auf dem Platz eine Büchse zu sehen. Er schließt die Augen, wird um sich selbst gedreht und versucht, mit Stock zu treffen	
94	**Postengang** Vertrauen Verantwortung	Wir stellen einen Spieler so auf, dass er in Richtung des 2. Postens steht und geben ihm an, wie viele Schritte er blind zu gehen hat. Dort bekommt er die nötige Hilfe und Information, dass er unbeschadet den Posten 3 erreicht, usw. • Später mit einfachen Hindernissen, die angesagt werden	
95	**Goldener Schnitt** Spaß	Von der Decke hängt an einem Faden etwas Leckeres zum Knabbern herunter. Ein Spieler nach dem anderen darf blind versuchen, den Faden mit einer Schere durchzuschneiden.	

Nr.	Name der Spielform Ziele	Beschreibung	Hinweise/Organisation
96	**Glasmusik** Feingefühl	Wenn wir einige Flaschen unterschiedlich hoch mit Wasser füllen und mit Schnüren an eine Holzstange hängen, können wir bereits auf unserem Flaschophon spielen und es noch etwas genauer stimmen. Auch können wir Gläser zum Klingen bringen, wenn wir mit der nassen Fingerkuppe über den Rand fahren.	Den Ton bei der Glasharfe bestimmen wir, indem wir das Glas mehr oder weniger hoch füllen. Der Start gelingt besser, wenn die Fingerkuppe mit etwas Zitronensaft entfettet wird.
97	**Magischer Klang** Aufmerksamkeit	Ein Spieler wartet draußen, während die übrigen einen bestimmten Punkt im Raum bestimmen (z. B. Blume auf einem Wandbild). Jetzt kommt der Spieler herein und beginnt zu suchen, währenddem die Gruppe leiser oder lauter summt, je nachdem, ob er sich vom Ziel entfernt oder ihm näherkommt.	
98	**Bienenkönigin** Konzentration	Die Spielenden folgen der Bienenkönigin mit geschlossenen Augen durch die Halle. Die Königin gibt permanent ein leises Geräusch ab.	
99	**Wassermusik** Kreativität	Bei schönem Wetter veranstalten wir im Freien ein Konzert. Verschiedenste Behälter sind mit Wasser gefüllt oder umgestülpt. Sie verwandeln sich zu originellen Instrumenten (Flaschenxylophon, Eimertrommel, ...). Andere Gegenstände (Besteck, Schwingbesen) dienen als Trommelstäbe.	
100	**Rhythmisches Zeichnen** Koordination	Zur Musik bewegen wir uns im Raum. Dann setzen wir das Gehörte direkt in Zeichen um, indem wir zur Melodie ein- oder beidhändig mit Kreide auf große Papierbögen oder Papierbahnen malen.	

Nr.	Name der Spielform Ziele	Beschreibung	Hinweise/Organisation
101	**Pizza backen** Fingerspitzengefühl	Auf dem Rücken ihres Partners bereiten die Spieler eine Pizza zu (Teig kneten, klopfen, auswalzen, leicht stechen, belegen, würzen ...). • Vorbereitung mit Igelball	
102	**Rückenmassage** Sozialkompetenz	Wir sitzen so im Stuhlkreis, dass wir jeweils einen Rücken vor uns haben. Wir massieren ohne Worte leicht Nacken und Schultern unseres Mitspielers, klopfen locker mit den Handflächen darauf und streichen abschließend mit beiden Händen darüber. Dann wenden wir uns dem Partner zu, der uns soeben massiert hat und wiederholen das Ganze.	
103	**Häschen in der Grube** Selbstwirksamkeit	Ein Spieler „schläft" kauernd in der Kreismitte, während die anderen singend rundum gehen: „Häschen in der Grube, saß und schlief. Armes Häschen, bist du krank, dass du nicht mehr hüpfen kannst? Häschen, hüpf!" Alle berühren es leicht, und es hüpft. Wechsel.	
104	**Das ist mein Ohr** Geistesgegenwart Lockerheit Panikresistenz	Der Spielleiter fasst sich an der Nase und behauptet: „Das ist mein Ohr!" Der nächste Spieler greift sich ans Ohr: „Das ist mein Po!" Der folgende schlägt sich auf den Po: „Das ist mein Knie!" usw. Wer lässt sich von dem Wirrwarr zuletzt aus der Ruhe bringen? • B tippt sich an eine beliebige Stelle und nennt den Ort, an dem sich A berührt hat, usw.	
105	**Kommando Pöpperle** Reaktion Stressresistenz	Wir klopfen rundum mit den Zeigefingern auf den Tisch. Ruft der Spielleiter: „Kommando flach!", legen wir die Handflächen auf den Tisch. Bei „Kommando Fass!" stellen wir die Fäuste nebeneinander und bei „Kommando Doppelfass!" aufeinander. „Kommando Bock/Doppelbock!" bedeutet, die Hände mit den Fingerkuppen neben- bzw. aufeinander zu stellen.	Wer nicht reagiert oder wer reagiert, ohne dass der Spielleiter vor „Fass", „Doppelbock" usw. das Wort „Kommando" verwendet hat, gibt ein Pfand.

2

Nr.	Name der Spielform Ziele	Beschreibung	Hinweise/Organisation
106	**Sehende Finger** Tastsinn Wortschatz	In einem zugedeckten Körbchen liegen eine Reihe von Alltagsgegenständen. Ein Spieler ertastet sich einen Gegenstand und beschreibt den anderen, wie er sich anfühlt. Die anderen erraten, um was es sich handeln könnte. Dann ist der Nächste an der Reihe.	
107	**Tasttasche** Tastsinn	Ein Beutel für Wäscheklammern, der sich umbinden lässt, ist in der Mitte so zusammengenäht, dass zwei Taschen entstehen. Links und rechts werden je 6–12 Gegenstände (Büroklammern, Gummis, Murmeln) hineingelegt. Jeder holt blind, aus dem umgehängten Beutel, die Gegenstandspaare heraus.	
108	**Merkspiel** Tastsinn Merkfähigkeit	Die Spieler sitzen um einen Tisch herum und geben unter dem Tisch Gegenstände weiter, die sie nur tasten, aber nicht sehen. Wer kann sich hinterher an die meisten Dinge erinnern (Rosine, feuchtes Papier, Stein, Bleistift)?	
109	**Eine Nase – deine Nase** Aufmerksamkeit Körperkontakt	Einem Spieler mit geschlossenen oder verbundenen Augen wird ein Mitspieler vorgestellt, dessen Nase und – wenn dies noch nicht reicht – Gesicht er abtasten kann, bis er herausfindet, wen er vor sich hat.	
110	**Fingerzeichen** Körperkontakt Empfindsamkeit	Der Spielleiter schreibt mit seinem Zeigefinger dem nächsten Spieler einen Buchstaben in die Handfläche oder auf den Rücken. Dieser gibt ihn genauso weiter. Dann folgt der nächste Buchstabe. Der letzte Spieler in der Reihe notiert sich, welches Wort nach und nach entsteht.	

Nr.	Name der Spielform Ziele	Beschreibung	Hinweise/Organisation
111	**Tastteam** Merkfähigkeit	Unter eine Decke legen wir eine Reihe markanter Gegenstände. Dann darf jeder Spieler eine festgesetzte Zeit lang tasten. Nachher schreiben immer zwei zusammen auf, was sie sich gemerkt haben: Baumnuss, Schnur, Kamm, Korken, Zahnpasta-Tube, Feuerzeug, Glühbirne, Knopf, Sicherheitsnadel …	
112	**Tastparade** Merkfähigkeit	Wir sitzen mit geschlossenen Augen im Kreis. Rundum wandert eine Schnur, an der bestimmte Gegenstände festgebunden sind. Sie geht von Hand zu Hand. In einer zweiten Runde fehlt ein Gegenstand. Wer findet heraus, was der Spielleiter von der Schnur entfernt hat?	
113	**Baumeister** Gedächtnis	Die Spieler sind mit einheitlich geformten Holzbausteinen versehen. Immer zwei bilden ein Paar. Während B die Augen schließt, konstruiert A aus 4–6 Klötzen etwas. B darf das Gebilde abtasten und versucht es möglichst genau nachzubauen. Dann vergleichen sie.	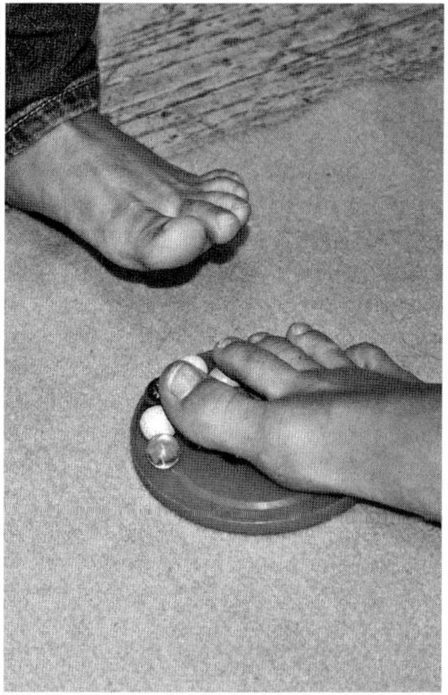
114	**Temperatur-Serie** Sinnlichkeit	In 5 (7) Bechern mischen wir verschieden warmes Wasser. Die Becher sind in einer zufälligen Reihenfolge mit Buchstaben versehen. Die Spieler dürfen die Becher berühren – evtl. einen Finger ins Wasser tauchen – und die Reihenfolge vom kältesten zum wärmsten bestimmen.	
115	**Zehenkünstler** Geschicklichkeit	In einem Raum sind Murmeln ausgestreut. Die Spieler haben die Augen geschlossen. Sie gehen barfuß – wie auf heißen Kohlen. Wenn sie eine Murmel fühlen, fassen sie diese mit den Zehen und heben sie zur Hand hoch. Wer sammelt die meisten Murmeln?	

Nr.	Name der Spielform / Ziele	Beschreibung	Hinweise/Organisation
116	**Schatzwächter** Aufmerksamkeit	Der Schatzwächter sitzt in der Mitte des Raumes und lauscht mit geschlossenen Augen auf die Diebe, die sich ringsum anschleichen. Hört er einen von ihnen, zeigt er blind auf ihn, und der Angreifer muss auf seinen Ausgangspunkt zurück: „15 Schritte weg von mir!"	
117	**Über den Stamm** Gleichgewicht	Von beiden Enden eines Stammes balancieren zwei Spieler gegen die Mitte zu, wo sie sich kreuzen ohne vom Stamm zu steigen.	
118	**Ich sehe was, was du nicht siehst** Beobachtung	„Ich sehe was, was du nicht siehst – und das ist rot!" Auf diese Herausforderung eines Spielers sehen sich die anderen im Raum um und versuchen, diesen Gegenstand herauszufinden.	
119	**Oktaskop** Staunen	Während Kaleidoskope Materialteile im Gerät selbst in vielfacher Weise widerspiegeln, zeigen Oktaskope und Thaumaskope einen Ausschnitt der Außenwelt in einer vielfachen Ausgabe. Bekanntes bringt uns so zum Staunen (Bezugsquellen: siehe Anhang).	
120	**Zauberstab** Sozialkompetenz	Die Spieler drehen sich singend um den Zauberer herum. Steht der Kreis still, berührt der Zauberer – immer noch mit geschlossenen Augen – einen Mitspieler mit dem Stab und fordert ihn 1–2 x auf, ihm mit der Stimme eines Frosches (Elefanten, Hahnes ...) zu antworten. So versucht er, den Namen des Spielers herauszufinden.	

Nr.	Name der Spielform Ziele	Beschreibung	Hinweise/Organisation
121	**Fassrollen** Gleichgewicht	Zuerst versuchen wir einzeln, uns auf dem Fass aufrecht zu halten und langsam voranzurollen. Später legen wir mehrere Fässer nebeneinander und geben uns beim Rollen die Hand.	
122	**Nasenformen** Wahrnehmung	Wir entdecken und vergleichen unsere Riechorgane, zeichnen die Formen und schneiden aus Illustrierten weitere Beispiele aus.	
123	**Riech-Kim** Geruchssinn Gedächtnis	In kleinen nummerierten Schälchen befinden sich pulverisierte Stoffe, die wir in kleinen Gruppen zu benennen versuchen: Pfefferminze, Tabak, Muskat, Schwarztee, Vanille, Anis, Gewürznelke, Kaffee, Kakao, Lindenblüte, Kamille, Jasmin, Seife, Lavendel, Salbei. • Wer stellt im zweiten Durchgang auswendig fest, welche Duftnote fehlt?	
124	**Blinde Kuh** Tastsinn	Ein Spieler wird mit geschlossenen oder verbundenen Augen ein paarmal um sich selbst gedreht und versucht dann, einen Mitspieler zu fangen. Nun soll er durch Abtasten herausfinden, wer der Erwischte ist.	
125	**Sternenhimmel** Gedankenreichtum Fantasie	Wir betrachten den nächtlichen Himmel: • Er erinnert uns an die unvorstellbaren Dimensionen (Raum, Zeit, Anzahl) • Wir suchen nach bekannten Sternbildern • Wir finden für unbekannte Bilder neue Namen • Wir wünschen uns etwas, wenn eine Sternschnuppe übers Firmament saust	

Nr.	Name der Spielform Ziele	Beschreibung	Hinweise/Organisation
126	**Koffer füllen** Wortschatz	Bei diesem Spiel packen wir wirkliche Gegenstände in den Koffer. Jeder Spieler darf zwei oder mehr Sachen kurz beschreiben und sie hineinlegen, solange der Platz reicht. Er merkt sich aber auch die Gegenstände seiner Mitspieler.	
127	**Koffer leeren** Gedächtnis	Der Spielleiter sitzt hinter dem Koffer, der Deckel ist aufgeklappt. Die übrigen Spieler sitzen davor und können nicht in den Koffer hineinsehen. Der Reihe nach darf jeder einen Gegenstand verlangen, aber keinen, den er selbst hineingelegt hat. Wird wohl etwas vergessen und übrig bleiben?	
128	**Was fehlt?** Merkfähigkeit	Im Koffer oder auf dem Tisch liegen eine Anzahl von Gegenständen, die alle ganz oder teilweise zu sehen sind. Während alle wegsehen, werden ein oder mehrere Gegenstände weggenommen. Wer hat die fehlenden zuerst herausgefunden und aufgeschrieben?	
129	**Rate, was ist das?** Wortschatz Vorstellungsvermögen	Die Spieler sitzen vor dem Koffer. Der Spielleiter nimmt hinter dem aufgeklappten Deckel einen Gegenstand in die Hand und beschreibt ihn nach Farbe, Form und Tastempfinden. Findet heraus, was es ist!	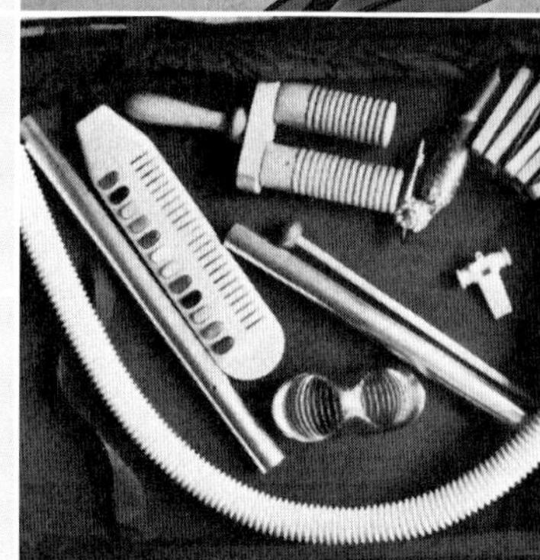
130	**Geräusch-Koffer** Wahrnehmung	Wir haben in den Koffer Gegenstände gepackt, die auf irgendeine Art und Weise tönen. Ein Spieler sitzt dahinter und lässt das erste Ding klappern. Wer den Gegenstand benennen kann, darf jetzt selbst hinter den Koffer gehen und etwas klingen lassen.	

Nr.	Name der Spielform Ziele	Beschreibung	Hinweise/Organisation
131	**Sonnenuhr** Vorstellungsvermögen	An einem sonnigen Tag stecken wir einen Stock ins Gras. Wir sehen, wie er einen Schatten wirft und raten, wo der Schatten in genau drei Stunden sein wird. Jeder Spieler legt dort, wo er den Schatten erwartet, eine bestimmte Murmel hin. Drei Stunden später vergleichen wir. Wer am genauesten geschätzt hat, bekommt die Murmeln.	
132	**Sonnenspiele** Fantasie	Mit Hilfe der Sonne und unserer Hände können wir die ungeheuerlichsten Vögel, Ziegen und Kobolde an die Wand werfen. • Wenn wir einen Spiegel besitzen, hilft uns die Sonne, einen Lichtstrahl auf einer Hauswand tanzen zu lassen	
133	**Riesenbilder** Kreativität	Ein Spieler setzt sich im Profil so vor eine starke Lampe, dass sein Schatten gegen eine Wand fällt, auf der wir einen großen Papierbogen befestigt haben. Wir fahren mit einem Stift dem Schatten nach. Später stellen wir die ausgemalten Silhouetten aus. • Entsprechend können wir auch ganze Figuren kopieren	
134	**Schattentheater** Kreativität Fantasie	Zwischen den Spielern und den Zuschauern haben wir eine Leinwand aufgespannt. Ganz hinten steht eine Lampe und wirft die Schatten auf die Leinwand. Viele Effekte können wir mit einem Hellraumprojektor erzielen (z. B. Regen), indem wir Wasser auf die Leinwand „tropfen" lassen.	
135	**Schattenjäger** Reaktion Übersicht	Bei sonnigem Wetter bewegen sich die Spieler draußen innerhalb eines markierten Feldes. Der Jäger erlegt sie, indem er sie verfolgt und auf ihren Schatten tritt. Jeder Spieler hat zwei Leben. Er scheidet also erst aus, wenn ihn der Jäger zum 2. Mal erwischt.	Jeder kontrolliert seine „Leben" selbst.

Nr.	Name der Spielform Ziele	Beschreibung	Hinweise/Organisation
136	**Glühwürmchen fangen** Gedächtnis Raumorientierung	Die Spieler teilen sich am besten in drei Gruppen. Immer eine Gruppe ist mit Taschenlampen ausgerüstet und verteilt sich in einem Wald- oder Geländeabschnitt. Von Zeit zu Zeit lassen sie die Lampe aufblitzen. Die anderen beiden Gruppen erhalten eine bestimmte Zeit zum Suchen. Welche Gruppe fängt am meisten Leuchtkäferchen?	Aus Sicherheitsgründen empfiehlt es sich, nur ein ungefährliches Gelände zu wählen, das den Spielern vom Tag her vertraut ist.
137	**Nicht erwischt** Zufall	Drei Spieler sind mit Taschenlampen ausgerüstet. Sie haben zwei bestimmte Stellen ausgemacht (Bilder an der Wand, Fenster am Haus, Bäume). Auf „los" strahlen sie eine der beiden Stellen an. Wer allein auf ein Objekt zündet, erhält einen Punkt.	Leuchten alle drei auf das gleiche Objekt, wird kein Punkt vergeben.
138	**Zaubereier** Vorsicht	Auf einem Platz oder kurzgemähten Rasen verteilt die Mannschaft 20 Tischtennisbälle. Es wird die Zeit gestoppt, bis alle gefunden sind (pro Spieler eine Taschenlampe). Zertretene Bälle geben 3 Punkte Abzug.	Bei warmem Wetter barfuß gehen.
139	**Wurzelschätze** Kooperation	In einem Waldstück verteilen zwei Gruppen im Wechsel zwölf bekannte mittelgroße Spielgegenstände (Frisbee, Ball, Bilboquet), und zwar ausschließlich an Baumstämmen. Nur jeder zweite der Suchmannschaft erhält eine Taschenlampe.	Liste oder Skizze anfertigen, was wo deponiert wurde.
140	**Leuchtschrift** Aufmerksamkeit	Jeder darf mit der Taschenlampe ein Wort in die Nacht (auf den Waldrand, in die Wiese, auf die Mauer) schreiben. Die anderen versuchen zu lesen.	Ein interessantes „Spiel" zu zweit: Mit einer Taschenlampe morsen.

Nr.	Name der Spielform Ziele	Beschreibung	Hinweise/Organisation
141	**Zaubermix** Experimentierfreude	Zwei erprobte Rezepte: • 500 g Zucker in 1 Liter heißem Wasser auflösen. Dazu 9 Liter Wasser, 7,5 dl flüssige Neutralseife, 25 g Fisch- oder Tapetenkleister • 16 Esslöffel Neutralseife, 16 Esslöffel Glyzerin, 1 Liter warmes Wasser Lauge mindestens eine Nacht stehen lassen.	Achtung: Seifenblasen hinterlassen in geschlossenen Räumen Spuren. Die Lauge selbst kann am Startpunkt einem Rasenstück schaden.
142	**Schwebendes Wunder** Staunen	Röhrchen aus unterschiedlichem Material, Trinkhalme (evtl. an einem Ende mehrfach eingeschnitten), Trichter und weiteres Küchengerät hilft, Seifenblasen zu produzieren.	
143	**Sanfte Landung** Feingefühl	Wir begleiten Seifenblasen, fangen sie vor der Landung auf und lassen sie erneut fliegen. • Wer schafft es, mit seiner Seifenblase die längste Strecke zurückzulegen? • Auch Hochblasen ist unterwegs erlaubt	
144	**Riesenseifenblasen** Experimentierfreude Leicht-Sinn	Einen größeren Drahtring mit Griff umwickeln wir sorgfältig mit einem dicken Wollgarn oder mit Rosendraht. Die Lauge befindet sich in einem Kuchenblech. Jetzt wobbeln schon bald die ersten Riesendinger durch die Luft. Es lohnt sich, attraktive Startpunkte für ausgedehnte Flugstrecken zu wählen.	
145	**Schillernde Kreationen** Geschicklichkeit	Mit einem Trinkhalm und ein paar schöpferischen Ideen entstehen Seifenblasenkombinationen: Blasen in den Kugeln drin, Zuckerbäckergebilde und hängende Trauben.	

Nr.	Name der Spielform / Ziele	Beschreibung	Hinweise/Organisation
146	**Einschwingen** Beidhändigkeit Koordination	Zuerst spielen wir die beiden Pois mit seitwärts angewinkelten Unterarmen parallel ein. • Zu passender Musik • Die Übung rechts-links versetzt • Das Ganze rückwärts • Analoge Übungen mit Kometen (s. 791 ff.)	
147	**Poi-Variationen** Rhythmus Attraktivität Antizipieren	Die Pois lassen sich in zahlreichen Variationen spielen. • Vor dem Körper • Hinter dem Rücken • Über dem Kopf • Kreisend und in Achterbahnen • Mit Körperdrehung um 180° und zurück	
148	**Feuerpois** Staunen	Die Feuerpois tränken wir in Brennsprit. In sicherem Abstand zu Zuschauern und Umgebung können wir alle eingespielten Varianten auch mit den brennenden Pois performen. • Leuchtpois bewirken ebenfalls großes Staunen und garantieren eine attraktive Aufführung	
149	**Einzug** Kooperation	Mit sechs, acht, zwölf oder mehr Fackeln lassen sich faszinierende Zeichen in die Nacht setzen. Sie entstehen beispielsweise durch bestimmte Formationen wie • Reihe • Kolonne • Schlange • Kreis und Höhenfeuer	Ruhige Bewegungen sind für die Zuschauer eindrücklicher als hastige Zeichen. 
150	**Synchron** Teamfähigkeit	Der Spielleiter beginnt die ruhig hochgehaltene Fackel langsam hin und her zu bewegen – sie beginnt zu kreisen. Nahtlos – ohne sichtbaren Übergang – schließen andere Bewegungen an. Der Kreis übernimmt die Bewegungen so rasch, dass kaum zu sehen ist, wer den Anstoß gibt.	

Nr.	Name der Spielform Ziele	Beschreibung	Hinweise/Organisation
151	**Feuerzeichen** Rhythmus Aufmerksamkeit	Jeder Einzelne zeichnet mit seiner Fackel Linien in die Nacht. Rhythmus und Bewegung werden individuell bestimmt. • Einer nach dem anderen in der Formation übernimmt das Zeichen des Leiters. Wenn der Letzte die Bewegung übernommen hat, folgt eine neue. Später folgen die Zeichen rascher aufeinander	Ruhige Bewegungen sind für die Zuschauer eindrücklicher als hastige Zeichen.
152	**Im Takt** Zusammenspiel	Jeder startet mit einer eigenen Bewegung der Fackel (kreisen seitwärts, Halbkreis tief, Halbkreis hoch, Stirnkreis u. a.). Immer nach 12 Takten wandern die Zeichen weiter. Jeder übernimmt die Bewegung und damit die Lichtspur seines rechten Kreisnachbarn.	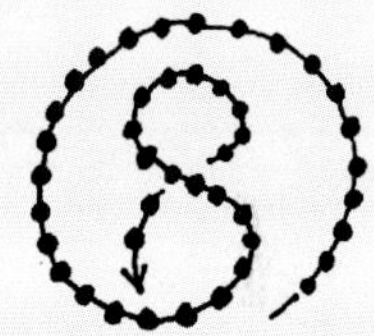
153	**Lebende Acht** Antizipation	Aus dem Kreis heraus geht der Spielleiter durch das Zentrum hindurch und mündet in einer Achterbahn ein. Achtung beim Kreuzungspunkt in der Mitte. • Die vorher ruhig gehaltenen Fackeln beginnen an der Körperseite vorbei langsam zu kreisen • Allmählicher Übergang in leichten Laufschritt	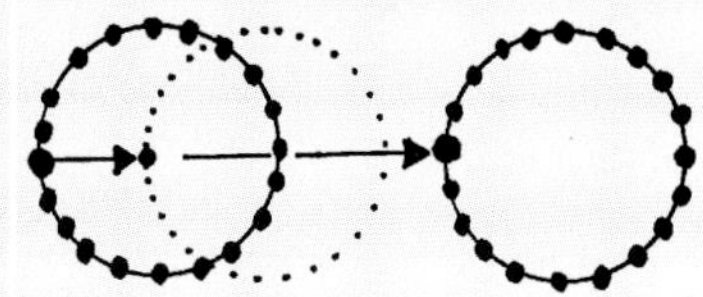
154	**Paarreigen** Kooperation	Immer zwei geben sich die freie Hand und drehen sich an Ort und Stelle mit gestreckten Armen im Kreis. Die Fackeln kreisen dazu seitwärts.	Auf genügend große Abstände zwischen den Paaren achten. 
155	**Derwische** Lebensfreude	Auf ein leises Zeichen löst sich die Formation auf und jeder rennt innerhalb des besprochenen Raumes kreuz und quer durch die Nacht. Auf ein weiteres Zeichen entsteht sofort eine abgesprochene neue Formation.	Oder die Spieler tauschen mit den Zuschauern in fliegendem Wechsel die Rollen.

Nr.	Name der Spielform / Ziele	Beschreibung	Hinweise/Organisation
156	**Sand schneiden** Spannung	Wir bauen einen Sandturm, stecken einen Stock oder stellen eine Flasche darauf. Reihum nimmt einer nach dem anderen mit einem Löffel Sand weg und gibt den Löffel an den Nächsten. Aber Vorsicht: Wer Stock oder Flasche zum Umfallen bringt, gibt ein Pfand.	
157	**Sand rechen** Ruhe	Auf einer Sandfläche können wir mit einem Laub- oder Gartenrechen wunderschöne Zeichnungen und Ornamente machen.	
158	**Steinchenspiel** Geschicklichkeit Reaktion	Auf der Erde liegen im Abstand von je einer Handbreite fünf Steinchen. Der Spieler wirft den ersten Stein hoch, nimmt den zweiten und fängt den ersten auf. Dann wirft er die beiden hoch, nimmt den dritten und fängt die beiden anderen, usw.	
159	**Kugelbahn** Augenmaß	Mit Sand können wir einfache, aber auch faszinierend lange, gewundene Bahnen bauen. Sie können so angelegt sein, dass wir darin Murmeln oder aber auch Holz-, Metall- oder Kunststoffkugeln (vom Boule- ode Pétanquespiel) hinunterrollen lassen können.	
160	**Steinkünstler** Kreativität	Wir nehmen uns etwas Zeit und sammeln am Flussufer oder in einer Grube Steine, mit denen wir eine Ausstellung machen können. Sie lassen sich aber auch ohne Weiteres bemalen, zu Figuren komponieren und zusammenkleben. Eignet sich ein kleines Werk zum Weiterschenken?	

Nr.	Name der Spielform / Ziele	Beschreibung	Hinweise/Organisation
161	**Steinsammler** Schnelligkeit	Die Spieler haben sich mit sechs bis acht mittelgroßen Steinen ausgerüstet. Gut verteilt werfen sie sie in ein markiertes Feld. Wer von ihnen kann auf den Startpfiff hin am meisten davon zusammentragen?	Oder: Eine Gruppe streut aus, während die andere anschließend einsammelt. Dann Wechsel.
162	**Steinekegeln** Augenmaß	Zwei mittlere flache Steine unten und ein runderer darauf bilden jeweils ein Pyramide. 4 m dahinter stehen die Spieler mit drei faustgroßen Steinen auf der Linie bereit. Wem gelingt es, seinen Turm umzuwerfen?	
163	**Figuren** Geschicklichkeit	Wer kann mit seinen Steinen in ein 2 m entferntes Feld hinein (z. B. Sandfläche) eine geometrische Figur (gleichseitiges Dreieck, Quadrat) oder einen Buchstaben werfen?	
164	**Zielwurf** Augenmaß	In einigen Metern Abstand von der Abwurflinie werden Büchsen aufgestellt. Wir haben sie mit Punktzahlen beschrieben und stellen die Büchsen umso weiter entfernt auf, je höher die Punktzahl ist. Wer die Büchse trifft, erhält die entsprechenden Punkte. Landet ein Stein in der Büchse, zählt der Wurf doppelt. • Statt Büchsen, Kreise auf dem Boden	
165	**Wasserflöhe** Koordination Kraft	Wir sammeln flache Steine und werfen sie so über den Wasserspiegel eines Flusses oder Sees, dass sie mehrmals hintereinander hochhüpfen.	Nahe ans Wasser herangehen, damit der Stein möglichst flach auf die Wasseroberfläche auftrifft.

Nr.	Name der Spielform / Ziele	Beschreibung	Hinweise/Organisation
166	**Wer findet den Wattegnom?** Fantasie	Ein Spieler hat einen Wattegnom am Himmel entdeckt. Wer ihn vor den anderen entdeckt, darf eine andere Wolke suchen, benennen und von den anderen suchen lassen.	
167	**Wolkentaufe** Fantasie Kreativität	Gemeinsam suchen wir uns am wolkenreichen Himmel ein Gebilde nach dem anderen aus. Wer findet der entsprechenden Wolke jeweils den passendsten (wildesten, sanftesten) Namen? • Z. B. Willkommen, Rauchflausch, Doppelzisch, Flatterlamm • Mit Watte nachbilden	
168	**Regenschirm-Stafette** Schnelligkeit	Der erste Spieler steht unter einem Dach. Jenseits des Platzes steht unter einem Dach der Rest der Gruppe. Mit offenem Regenschirm holt der erste den zweiten Spieler, dieser den dritten usw. Das Spiel eignet sich (selbst bei sonnigem Wetter) als Wettkampf zwischen Mannschaften.	Mit einem Tuch können 4 Spieler bei schönem Wetter ein laufendes Sonnendach machen.
169	**Wasserflitzer** Reaktion	Auf einem trockenen Platz spielen wir – am besten in Stiefeln – Fangen. Wer in einer mit Kreide gezeichneten „Pfütze" steht, kann nicht gefangen werden. Er muss die „Pfütze" aber wieder verlassen, wenn die Gefahr vorbei ist. Rette sich, wer kann!	
170	**Pfützenhüpfer** Geschicklichkeit Übersicht	Ein regennasser Platz, der zu trocknen begonnen hat, soll so rasch als möglich überquert werden. Aber keiner darf auf eine nasse Stelle treten. Welcher Leithammel hat seine Herde zuerst durch den gefährlichen Sumpf und wieder zurück gelotst?	

Nr.	Name der Spielform Ziele	Beschreibung	Hinweise/Organisation
171	**Rasender Eiswürfel** Schnelligkeit Geschicklichkeit Glück	Wir geben einen Eiswürfel blitzschnell von Hand zu Hand im Kreis herum. Jeder passt auf, dass das letzte Stückchen nicht ausgerechnet in seiner Hand schmilzt. • Gruppenspiel: In Gruppen zu 4 Spielern ist jeder mit einem Trinkhalm ausgerüstet. So versuchen wir, einen Eiswürfel aus einer Tasse mit heißem Wasser zu fischen	
172	**Spuren hinterlassen** Spaß	Auf einer frischen Schneedecke lassen wir uns an einen Abhang mit ausgebreiteten Armen rücklings in den Schnee fallen. • Wir treten Spuren in den Schnee und vergleichen später unsere persönlichen Abbilder und Markierungen	
173	**Robbenringen** Geschicklichkeit Schnelligkeit	Im Schwimmbecken haben wir einen Kreis gebildet, in dessen Mitte ein Punchball o. Ä. schwimmt. Wir versuchen den Kreis so zu ziehen, dass ein Spieler den Ball berührt. Taucht er allerdings darunter, ist er nicht getroffen. Wir können das Spiel mit oder ohne Ausscheiden machen (jeder Spieler hat 2 Leben).	
174	**Tauziehen** Kraft	Quer über das Schwimmbecken hinweg sind 2 Gruppen durch ein Tau verbunden. Auf Signal beginnen sie zu ziehen und versuchen, die andere Mannschaft ins Wasser zu ziehen. • Ein Teil der Spieler steht im Trockenen und zieht die anderen am Seil durchs Wasser	
175	**Tarzanpiste** Spaß Übersicht	Über dem Schwimmbecken sind Seile, Strickleitern, Hängeleitern, Trapeze und Schaukeln montiert und laden zum Hangeln, Klettern, Schwingen und Schaukeln und Ins-Wasser-Fallen ein.	

Zitate und Gedanken zum Spielen

Verspielte Stunden sind gewonnene Zeit.

Spielen ist der Schlüssel zum Leben.

Spielen ist Lebenslust zum Nulltarif.

Spieler sind Menschen, die den Ball einmal mehr aufheben, als er runtergefallen ist.

Spiele sind die Rosinen im Gugelhupf des Lebens.

Spielen ist Regen für die Wurzeln des Menschen.

Spielen heißt Einssein mit dem Augenblick.

Das Spiel ist die Mutter jeder Kultur.

Jedes gespielte Spiel wird die Welt verändern.

Wer die Kinder liebt, muss mit ihren Eltern spielen.

Das Erbe der Engel heißt Spielzeug.

Spielen ist wie Schokolade: Ein Geschenk der Götter.

Hans Fluri

3 Spiele mit Worten und Fantasie

Fantasie und Worte sind ideale Spielelemente, weil sie keinen Platz brauchen. Und doch sind sie sehr oft Mangelware. Es braucht eine spielerische Atmosphäre, eine gewisse Wärme und Vertrautheit, um sie zum Wirken zu bringen. Wo sie unbedacht eingesetzt werden, können sie stören und verletzen. Die Fantasie im Spiel soll nicht dazu verführen, Spiele laufend zu verändern. Ausgenommen natürlich dort, wo das fantastische Ändern eine Regel des Spieles selbst ist. Wo die Spieler mit den Spielen zu spielen beginnen. Im anderen Fall ist es wohl günstiger, ein Spiel konventionell zu Ende zu spielen und in gemeinsamer Absprache in einer nächsten Runde eine Variation zu versuchen.
Die Beispiele in diesem Kapitel sind als Anregung gedacht, um den Umgang mit der Sprache zu entkrampfen, zu einem lockeren Umgang mit Rede und Bewegung zu verführen (bis hin zum Zirkus) und mitzuhelfen, dass Denken auch teilweise Spiel bleibt. Wer mit Denkspielereien und Rätseln persönlich Mühe hat, erfindet am besten selbst welche.

Nr.	Name der Spielform Ziele	Beschreibung	Hinweise/Organisation
176	**Finderspiele** Rhythmus	Das ist der Daumen / der schüttelt die Pflaumen / der liest sie auf / der trägt sie heim / und der kleine Schlingel isst sie ganz allein. Der ist in den Brunnen gefallen / der hat ihn rausgefischt / der hat ihn ins Bett gelegt / der hat ihn zugedeckt / und der Knirps da hat ihn wieder aufgeweckt.	Wir zählen den Vers an den Fingern einer Hand ab.
177	**Viele Fliegen** Sprachwitz	Wenn Fliegen hinter Fliegen fliegen, fliegen Fliegen Fliegen nach.	
178	**Drei Chinesen** Mundwerk	Drei Chinesen mit nem Kontrabass, saßen auf der Straße und erzählten sich was. Da kam die Polizei und fragt: „Was ist denn das?" „Drei Chinesen mit nem Kontrabass" Dra Chanasan mat nam Kantrabass ...	Das Lied wird mit allen Vokalen durchgesungen.
179	**Essbares** Sprechvermögen	Esel essen Nesseln gern – Nesseln essen Esel gern. Fischers Fritz fischt frische Fische; Frische Fische fischt Fischers Fritz.	Zungenbrecher werden mehrmals hintereinander sehr rasch und deutlich wiederholt.
180	**Verzwicktes** Gedächtnis	In Ulm und um Ulm und um Ulm herum. Zwei Schweizer Schweißer schweißen zwei schwedische Schwerter; zwei schwedische Schwerter schweißen zwei Schweizer Schweißer.	Wer weiß weitere witzige Wortwunderwerke?

Nr.	Name der Spielform Ziele	Beschreibung	Hinweise/Organisation
181	**Was versteckt sich dahinter?** Fantasie	Ein Spieler macht Aussagen über ein bestimmtes Wesen, während es die anderen versuchen zu erraten: • Es ist mehr über als unter der Erde • Größer als eine Maus und kleiner als ein Pferd • Hat lieber Holz als Wasser • Klettert besser als es fliegt	Das Eichhörnchen
182	**Prominenz raten** Strategie	Ein Spieler bekommt ein Blatt mit einem Prominentennamen auf den Rücken geklebt. Er muss die Person durch Fragen herausfinden, auf die nur mit Ja oder Nein geantwortet werden darf. Je weniger Fragen er braucht, desto besser.	
183	**Gemeinsamkeiten** Fantasie	Der Spielleiter nennt zwei Begriffe und wir versuchen, möglichst rasch eine Gemeinsamkeit herauszufinden. Also etwa zwischen • Feuerzeug und Lebertran • Kati und Röbi • Autobahn und Gletscherspalte (z. B. beide eindeutig mehr lang als breit)	
184	**Interview** Lockerheit	Zwei Spieler interviewen sich gegenseitig. Im Wechsel darf einer dem anderen 4 Fragen stellen, die der andere aber keinesfalls mit Ja oder Nein beantworten darf. • Beide sind mit je drei Murmeln o. Ä. versehen und geben bei jedem Fehler eine an den Partner ab	
185	**Zollstation** Konzentration	Ein Spieler möchte ins „Land ohne S" einreisen und wird an der Grenze ausgefragt. Dabei muss er vermeiden, ein Wort mit „S" drin zu gebrauchen.	Für Anfänger ist es einfacher, ins „Land ohne R", ohne „K" oder ohne „P" einzureisen.

3

Nr.	Name der Spielform Ziele	Beschreibung	Hinweise/Organisation
186	**Stabreime** Rhythmus	Wir können Stabreime sammeln oder aber das zweite Wort nennen, wenn der Spielleiter das erste angibt: Mit Kind und Kegel – mit Mann und Maus – mit Glanz und Gloria – mit Schimpf und Schande – durch dick und dünn – in Haus und Hof.	Stabreimwörter reimen sich im Anlaut. Zusammengehörige Begriffe wie „Kreti und Pleti", „mit List und Tücke" sind Wortpaare. Auch um sie herum können Spiele entstehen.
187	**Leberreime** Wortschatz	Altbekannt sind diese Verse, bei denen ein Spieler den Anfang vorgibt und der nächste mit einer reimenden zweiten Zeile vollendet, z. B. „Die Leber ist von einem Aff' und nicht von einer Taube. Der Karli flirtet mit der Agathe natürlich in der Laube."	Die erste Zeile beginnt immer mit „Die Leber ist von einer/em ... und nicht von einer/em ..."
188	**Metaphern** Kreativität	Wir suchen bildhafte Ausdrücke, Umschreibungen, Vergleiche für etwas, das wir alle kennen. • Spielen ist wie ... • Herbst ist wie ... • Unsere Gruppe gleicht ...	„Unser Lehrer ist ein Künstler, der versucht, mit zwei Händen 26 Flaschenkorken gleichzeitig unter Wasser zu halten."
189	**Wortschöpfungen** Fantasie	Wir erfinden neue Wörter: • Regenlöffel • Autoblume • Waldschlauch • Ringstuhl • Frauenkiste ...	Wer will, darf sie auch gleich zeichnen oder sonstwie darstellen.
190	**Wetterregeln** Witz	Es regnet seit Stunden. „Besser es regnet jetzt, als wenn die Sonne scheint", meint Fritz trocken. Das ist das Wetter, um neue Wetter- und Bauernregeln zu kreieren.	Kräht der Hahn auf dem Mist, so ändert sich s'Wetter oder es bleibt, wie es ist. Im November, im November ist's zu kalt für Sommerhemder.

Nr.	Name der Spielform / Ziele	Beschreibung	Hinweise/Organisation
191	**Wörterschlange** Wissen	Wir sitzen im Kreis. Der Erste nennt ein Wort, der Zweite hängt ein passendes Wort an. Der dritte Spieler bildet mit dem zweiten Teil und einem neuen Wort wieder einen sinnvollen Begriff. Wer stecken bleibt gibt u. U. ein Pfand.	Sommer – Sommerzeit – Zeitlupe – Lupengriff – Grifffarbe – Farbschachtel – Schachtelrand – Randfigur … (Pfandlösen siehe Nr. 76–85)
192	**Wortkette** Spontanität	Ein Begriff ist mit dem benachbarten durch den gleichen Buchstaben verbunden. Die Kette wird reihum verlängert, wobei wir darauf achten, dass ein bereits genanntes Wort kein zweites Mal vorkommt. • Noch etwas schwieriger wird es, wenn die Begriffe aus einem bestimmten Gebiet stammen müssen	Ochse-Esel-Lama-Affe-Elefant-Taube-Eidechse-Emu-Uhu-Uferschwalbe-Eisvogel-Luchs-Stier-Reh-Hecht-Totenkopffalter-Ratte-Elch-Haubentaucher-Rotkehlchen-Nashorn …
193	**Wortraster** Wissen	Auf ein Blatt Papier schreiben wir oben von links nach rechts – weit auseinander – ein Wort, z. B. S – P – I – E – L und am linken Rand von oben nach unten eine Reihe von Kategorien, z. B. Land – Vorname – Pflanze – Tier – Ort. Es gilt, in jeder Kategorie Begriffe zu finden, die mit S, P, I, … beginnen.	(see table below)
194	**Kalbsbrust** Fantasie	Die Spieler einigen sich auf ein Wort, und schreiben das auf ihr Blatt am linken Rand von oben nach unten. Auf der gleichen Höhe schreiben wir es noch einmal von unten nach oben. Die Zwischenräume von rechts nach links füllen wir jetzt so auf, das bekannte Begriffe entstehen, die aber verschieden lang sein dürfen.	Hier ein kurzes Wort als Muster: L APPLAN D = Lappland A NTO N = Anton N AS A = Nasa D IAGONA L = Diagonal
195	**Wortanfänge** Sprachvermögen	Wir bilden Sätze, in denen jedes Wort mit dem gleichen Buchstaben beginnt. Also etwa: „Warum will Willi Wiberg willentlich wollene warme Westen wirklich windelweich waschen?"	Falls Punkte vergeben werden, zählen die ersten fünf Worte nicht. Der Willi-Wiberg-Satz ist demzufolge 6 Punkte wert.

Hinweis zu Nr. 193:

	S	P	I	E	L
Land					
Tier					
Name					
…					

3

Nr.	Name der Spielform Ziele	Beschreibung	Hinweise/Organisation
196	**Tiger-Treff** Fantasie	Ein Mu-tiger und ein Ar-tiger machten sich auf zum Tiger-Treff. Unterwegs schlossen sich ihnen weitere Tiger an, z. B. ein Saf-tiger, ein Mäch-tiger, ein Gewal-tiger, ein Kräf-tiger, ein Präch-tiger … Gab das ein Tiger-Fest! • Wem gehen noch weitere Tiger durch den Kopf?	Güns – Tiger Mäch – Tiger
197	**Teekessel** Raten Abstraktionsvermögen	Der Spielleiter teilt an Zweierteams je einen Begriff aus, der in unserer Sprache verschiedene Bedeutungen hat, z. B. Bank (Sitz, Gebäude), Leiter (Mensch, Gerät), Boxer (Sportler, Hund), Gipfel (Berg, Gebäck). Die Paare teilen die Bedeutung auf und bereiten ihre Präsentation vor. Später setzen sie sich vor die ganze Gruppe und reden abwechselnd je über ihren Teil, also bei „Gipfel" einer über den Berg und der andere über das Gebäck. Anstelle des Begriffs gebrauchen sie den Ausdruck „Teekessel", z. B. „Mein Teekessel ist uralt", „Das Betreten meines Teekessels sollte man besser unterlassen."	Die Gruppe versucht, den gemeinsamen Begriff zu erraten. Die Kunst der Teams besteht darin, mit den zwar korrekten Aussagen zuerst mehr zu verschleiern als zu verraten.
198	**Buchstabenmischer** Kombinationsfähigkeit	Der Spielleiter gibt ein – eher langes – Wort vor. Die Spieler versuchen mit den entsprechenden Buchstaben zu spielen, indem sie daraus neue Wörter bilden.	Beispiel: SUPPENKASPAR Suppe · Park · Pass Kasse · Puppe · Paar Kaspar · Nuss · Spur sparen · As · Urs
199	**Buchstabensalat** Flexibilität	Wir sammeln eine Liste von Schüttelwörtern und sehen zu, wer sie zuerst wieder in die zutreffende Form gebracht hat. Schüttelwörter entstehen ganz einfach, indem man die Buchstaben eines Wortes in eine ganz andere Reihenfolge bringt.	Lhefsac · Flasche Irneh · Rhein Riegnzue · Zigeuner Cunhabtstabseal · …

Nr.	Name der Spielform Ziele	Beschreibung	Hinweise/Organisation
200	**Satztrümmer** Flexibilität	Wer hat zuerst einen Satz wieder zusammengebaut, dessen Bruchstücke sich immer noch in der ursprünglichen Reihenfolge befinden? Beispiel: „Duh astd ielö sun gdesr ät selss chong efu nden."	„Du hast die Lösung ..."
201	**Buchstabenrufer** Kombinationsfähigkeit	Eine Gruppe denkt sich ein Wort aus und teilt jedem Spieler einen Buchstaben zu. Sie treten vor die andere Gruppe, wobei jeder fortlaufend seinen Buchstaben ruft, bis die andere Gruppe das entsprechende Wort herausgefunden hat.	
202	**Silbenmosaik** Flexibilität	Ein längeres Wort ist in seine Silben aufgeteilt. Wir versuchen, aus den Puzzleteilen das ursprüngliche Wort wieder herzustellen. ri gel vo na ka en	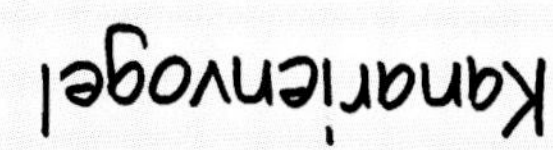
203	**Küchenlatein** Flexibilität	Sobald wir Sätze in unserer Sprache mit ungewohnter Betonung vortragen, meinen unsere Mitspieler eine Fremdsprache zu hören. Z. B. Dikurante sifilum sifilau firorum	Die Kuh rannte sie fiel um sie fiel auf ihr Ohr um
204	**Von A–Z** Schnelligkeit Übersicht	Die Buchstaben des ABC stehen wild durcheinander und in unterschiedlicher Größe auf einem Blatt (einer Tafel oder mit Kreide auf dem Boden). Wer tippt in der kürzesten Zeit auf jeden Buchstaben von A–Z? • Wer hat zuerst einen bestimmten Satz „getippt"?	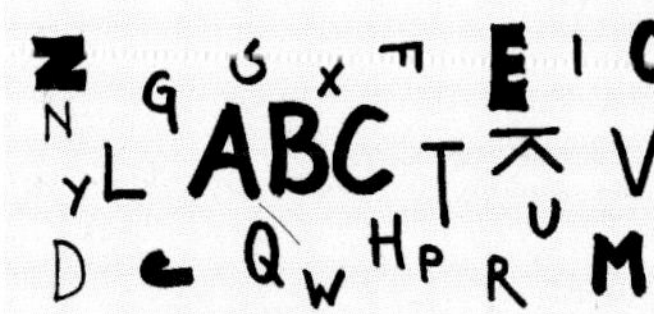

Nr.	Name der Spielform / Ziele	Beschreibung	Hinweise/Organisation
205	**Gerüchteküche** Präzision	Der erste Spieler im Kreis denkt sich einen Satz aus und flüstert ihn seinem linken Nachbarn ins Ohr. Dieser flüstert ihn dem folgenden zu. Wer etwas nicht genau versteht, muss weitergeben, was er verstanden hat – es gibt keine Wiederholung. Am Schluss vergleichen wir die ursprüngliche Nachricht mit dem Endergebnis.	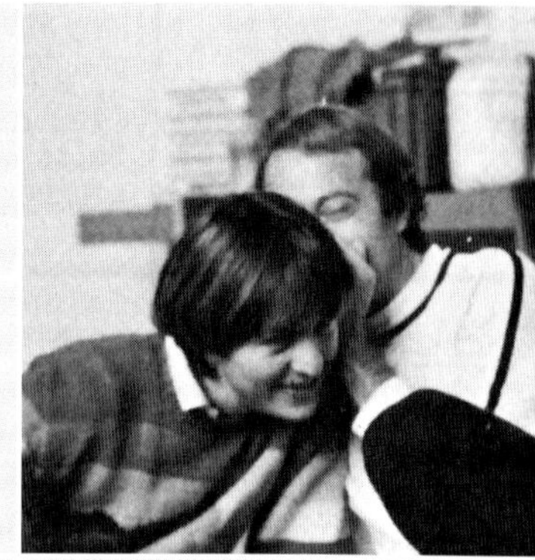
206	**Klartext** Kreativität	Abkürzungen, Ortsnamen und andere Begriffe lassen sich auf muntere Art ausschreiben. Wer erfindet die originellsten Texte? UNO = Ursula nimmt Oropax; Unterwegs nach Osten WIEN = Willi ist (isst) ein Nashorn	
207	**Speisekarte** Wortschatz	Wir sitzen im Kreis. Einer wirft einem anderen einen Ball mit der Frage zu: „Was essen wir am Samstag (Mittwoch, ...)?“ Der Angesprochene nennt eine Speise, die mit dem gleichen Buchstaben wie der gefragte Wochentag beginnt (Salami, Suppe, Sellerie) und wirft den Ball mit einer Frage weiter.	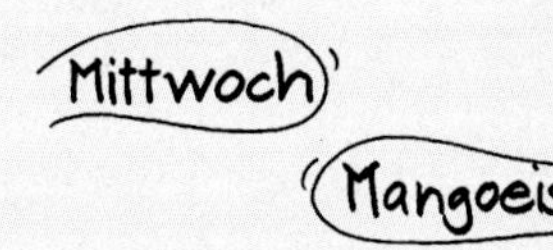
208	**Sprichwörterchaos** Allgemeinbildung Gedächtnis	Der Wirbelsturm ist in die Sprichwörter gefahren und hat Anfänge und Enden durcheinandergebracht. Wer kennt sie? Beispielsweise: • Morgenstund ist aller Laster Anfang • Steter Tropfen ist teuer • Viele Köche sind des Hasen Tod • Der Spatz in der Hand soll nicht mit Steinen werfen	
209	**Redensartenparade** Einfallsreichtum Beweglichkeit	Trübsal blasen – sich aufs hohe Ross setzen – die Flinte ins Korn werfen – ein Luftschloss bauen – die erste Geige spielen – ein Auge auf jemanden werfen. Diese Blüten der Sprache fordern zum Sammeln, zum pantomimischen Darstellen und Erraten heraus.	

3.5 Spiele mit Fantasie und Vorstellungsvermögen

Nr.	Name der Spielform Ziele	Beschreibung	Hinweise/Organisation
210	**Lebensalter** Spontanität	Der Spielleiter schildert; die Gruppe spielt stumm. Zuerst liegen alle auf dem Boden. Dann bewegen sie sich wie Babys, dann wie Einjährige, usw. ... Wie Schulanfänger auf dem Schulweg – wie Jugendliche – ... – wie Senioren – und zuletzt so, wie jeder Einzelne sich in seinem momentanen Alter eben bewegt.	
211	**Über Stock und Stein** Pantomime	Barfuß (pantomimisch) geht die Wanderung über moosige und harte, warme, heiße und kalte Böden, über spitze Steine und durch dürres Laub ... • Anfänglich geht die Gruppe durch einzelne Pfützen, doch allmählich steigt das Wasser immer höher, bis die Spieler schwimmen und tauchen müssen	
212	**Wind und Wetter** Spielfreude	Innerhalb weniger Minuten erleben die Spieler arktische Kälte und tropische Hitze, Seelüftchen und Tornados, Regen, Hagel und lachende Sonne.	
213	**Imitationskette** Spontanität	A wiederholt eine bestimmte Bewegung und geht im Kreis auf K zu. K ahmt diese Bewegung nach und geht in die Kreismitte hinein, während A seinen Platz einnimmt. Von der Mitte aus zeigt K eine neue stereotype Bewegung und geht auf E zu, usw., bis jeder etwa 2x an der Reihe war.	
214	**Geschichte von A–Z** Einfallsreichtum Probe bestehen	Wer schafft eine Reportage (mündlich oder schriftlich), in der alle Buchstaben in der Reihenfolge von A–Z vorkommen?!!	

Nr.	Name der Spielform Ziele	Beschreibung	Hinweise/Organisation
215	**100 rosa Elefanten** Ideenreichtum	Jemand schenkt dir hundert rosa Elefanten. Was tust du damit? Notiere eine Liste von Verwendungsmöglichkeiten. • ... eine Sicherheitsnadel	
216	**Tricky Interview** Selbstbeherrschung Disziplin List	Alle Spieler sind mit je drei Murmeln (Erdnüsschen, Kastanien, Münzen, Chips) ausgerüstet. Sie bewegen sich frei im Raum und befragen ihre Mitspielenden. Es ist verboten, mit JA oder NEIN zu antworten. Wer es trotzdem tut, muss dem Interviewer einen Punkt abgeben.	
217	**Lebendige Kunst** Kreativität Beobachtung	Alle Teams haben sich eine „Living Art"-Skulptur ausgedacht. Der Reihe nach präsentieren sie kurz ihre Erfindung. Die anderen bauen sie aus der Erinnerung nach.	
218	**Baumfreunde** Vorstellungsvermögen Achtsamkeit Wortschatz	Ein bis drei Spieler stellen den andern je einen Baum aus der nahen Umgebung vor. Welchen Eindruck macht er auf dich. Wie fühlt es sich an, wenn du ihn berührst und umarmst. Woran erinnert er dich? • Jetzt gehen alle den Baum finden!	
219	**Fortsetzungs-pantomime** Wahrnehmung Präzision	Drei Spieler sind draußen. Die Gruppe drinnen entscheidet sich, welche Szene jemand von ihnen pantomimisch darstellen soll (Kuchen backen, Baby wickeln, usw.). Jetzt kommt der erste Kandidat herein und sieht sich die Szene an. Dann spielt er sie dem nächsten Spieler vor, der hereinkommt und dieser später dem dritten.	Abschließend kann zum Vergleich die Ausgangsszene noch einmal aufgeführt werden.

Nr.	Name der Spielform Ziele	Beschreibung	Hinweise/Organisation
220	**Wie in einem Spiegel** Beobachtung Nachahmung	Die Spieler stehen sich paarweise gegenüber. Immer einer ist das Spiegelbild des anderen und ahmt ihn in Mimik und Gesten ganz genau nach, z. B. als Schaufensterputzer. Später: Rollenwechsel.	
221	**Elfmeter/Penalty** Lockerheit trotz Stress Spontanität Reaktionsvermögen Resilienz Panikresistenz	Zwei Spieler stehen sich gegenüber. Der erste gibt pantomimisch eine Folge von wechselnden Impulsen und der zweite reagiert. Spielt A den Ball mit dem rechten Fuß schräg links vorwärts hoch, streckt B seine Arme rechts hoch, um zu fangen. Spielt A mit dem linken Fuß übers Kreuz, holt B den Ball hoch links. Wenn aber A seine Hände rechts hoch streckt, spielt B den Ball mit dem linken Fuß in die hohe linke Ecke von A, um ein Tor zu schießen. Und wenn A seine Hände links hoch streckt, dann schießt B rechtsfüßig hoch in dessen leere rechte Torecke.	Nach zwei Minuten ist Wechsel. Jetzt testet B sein Gegenüber mit einer beliebig wechselnden Folge dieser vier möglichen Varianten. Analog funktioniert **High noon:** Wenn A zielt, macht B Hände hoch. Wenn A Hände hoch macht, zielt B. Nach 1 Min. ist Wechsel
222	**Versteckte Eigenschaft** Improvisation Darstellen Pantomime	Wir ziehen reihum einen Zettel, auf dem ein Eigenschaftswort steht (geheimnisvoll, langsam, gründlich, fröhlich, vorsichtig). Auf die Frage: „Wie würdest du einen Apfel schälen (fernsehen, ein Eis essen, ...)?" versucht einer nach dem anderen, seinen „Typ" möglichst entsprechend zu spielen.	
223	**Extreme Geschwister** Kreativität	Je 2 Spieler bekommen als Paar extrem unterschiedliche Eigenschaften zugewiesen, so etwa „mutig/ängstlich", „zufrieden/unzufrieden", „schön/hässlich", „froh/traurig". Die beiden teilen die Aufgabe und versuchen ihre Unterschiede wortlos zu demonstrieren. Ein Ratespiel für alle Übrigen.	

Nr.	Name der Spielform Ziele	Beschreibung	Hinweise/Organisation
224	**Film läuft** Geistesgegenwart	Immer 4 Spieler haben Kärtchen mit derselben Tätigkeit gezogen (Karten spielen, essen, duschen). • Sie zeigen, wie das auf einer Fotografie aussieht • Sie spielen die Szene im Stummfilm • Jetzt wird auch der Ton aufgenommen • Es folgt eine Radio-Version • Zum Abschluss: Zeitlupe und Zeitraffer!	
225	**Der bunte Faden** Witz Spontanität	Der Spielleiter hat Wollgarn verschiedener Farbe aneinandergeknüpft. Jetzt beginnt es der erste Spieler zu einem Knäuel zu rollen. Währenddessen beginnt er eine Geschichte zu erfinden. Sobald die nächste Garnfarbe auftaucht, fährt der Nächste mit Aufwickeln fort und spinnt gleichzeitig die Geschichte weiter.	
226	**Improvisation** Ideenreichtum Plausch	Verschiedene Gegenstände haben wir mit Nummern versehen. Ein Spieler nach dem anderen zieht eine Nummer und improvisiert mit dem betreffenden Gegenstand ein Szene, die ihm passend – oder extrem unpassend erscheint.	
227	**Psychodramatische Diskussion** Rollen spielen	Ohne dass es die anderen erfahren, zieht jeder Spieler einen Charakter: Diktator, Helfertyp, Schwätzer, Pessimist, Sinnlicher Erfolgsgewohnter, Nörgler, Dummkopf. In der nun folgenden Diskussion, z. B. über „Die Invasion der Marienkäfer" spielt jeder konsequent seine Rolle.	
228	**Geräuschreiche Rezitation** Spielwitz	Gedichte und andere Texte können so vorgetragen werden, dass jedem Satzzeichen ein bestimmtes Geräusch entspricht, z. B.: • Punkt = Schnalzen, Doppelpunkt = Doppelschnalzen • Komma = Pfiff, Strichpunkt= Schnalz-Pfiff • Anführungs- und Schlusszeichen = pschsch • Ausrufezeichen = huiii, Fragezeichen = grrrr	

Nr.	Name der Spielform Ziele	Beschreibung	Hinweise/Organisation
229	**Bürgermeister und Dorftrottel** Flexibilität Disziplin Geistesgegenwart Resilienz	Der Bürgermeister (B) sitzt im Kreis, links von ihm der Herr Vizebürgermeister, rechts von ihm der Dorftrottel. B muss immer sitzen bleiben, während alle anderen aufstehen müssen, wenn sie sprechen. B: „Gestern Abend ging ich in der Stadt spazieren. Da sah ich den Simon." Simon steht auf: „Wen mich?" B: „Ja, dich." Simon: „Mich nicht." B: „Wen denn?" Simon: „Die Valentine." Valentine steht auf: „Wen mich?" Simon: „Ja, dich". usw. Wer einen Fehler macht, wird Dorftrottel, und die anderen rücken nach. Wenn der Dorftrottel angesprochen wird, darf er sagen, was er will, aber die anderen dürfen sich nicht aus dem Text bringen lassen.	Zwei verschärfte Varianten: • Erstens müssen alle Übergeordneten mit „Sie" angesprochen werden und • Zweitens muss sitzen bleiben, wer mit Untergeordneten spricht
230	**Ich bin der Papst** Spielwitz Fantasie Entscheidungsfreude Sponanität	Die Spieler sitzen in einem dreiviertel Stuhlkreis. Vorne stehen drei Stühle nebeneinander. Auf dem mittleren Stuhl sitzt der Spielleiter; die beiden anderen sind leer. Der Spielleiter beginnt: „Ich bin der Papst." Jetzt setzt sich ein Spieler auf den einen freien Stuhl, z. B. mit: „Ich bin das Alte Testament." Auf den anderen Stuhl folgt jemand mit z. B.: „Ich bin ein Ferrari." Jetzt entscheidet der Papst z. B. mit: „Ich wähle den Ferrari." Worauf Papst und Ferrari die beiden leeren Plätze im Kreis einnehmen. Jetzt setzt sich das Alte Testament auf den mittleren Stuhl mit: „Ich bin das Alte Testament" und bekommt zwei neue Alternativen zur Auswahl.	

Nr.	Name der Spielform Ziele	Beschreibung	Hinweise/Organisation
231	**Der Dompteur** Rollen spielen	Er bannt mit seinem hypnotischen Blick und strengen Gesten die wildesten Bären uund fauchendsten Leoparden. Er trägt hungrige Tiger auf seinen Schultern und lässt sie einen Purzelbaum schlagen. Nur der zähnefletschende Löwe will nicht durch den Reifen springen. Der gehorcht erst dem kleinen Hilfsdompteur.	
232	**Der Clown** Imagination	Er ist ausgelassen und ungebärdig, redet Unsinn und stolpert über seine viel zu großen Schuhe, er versucht viel und ist für alles zu tolpatschig – oder er ist nachdenklich und melancholisch, riecht an Blumen, die keiner sieht und spielt auf seinem Instrument eine kleine Melodie.	
233	**Chinesische Artisten** Show	Zu „fernöstlicher" Musik zeigen sie einfache Partnerübungen. Sie spielen mit Jojo und Diabolos. • Der Clown schaut ungläubig staunend zu, versucht es ungeschickt auch, bis sich herausstellt, dass er es am besten beherrscht	
234	**Die Seiltänzerin** Beweglichkeit	Auf einer Langbank oder einem Seil am Boden geht sie vor und zurück, balanciert mit einem Schirm in der Hand, setzt sich nieder und beginnt zu wippen, richtet sich auf, vermeidet nach dem Spreizsprung einen tödlichen Sturz und dankt graziös für den donnernden Beifall des atemlosen Publikums.	
235	**Mexikanische Wassertrinker** Spaß	Es werden zwei Wassertrinker aus Mexiko angekündigt, die jeder ein halbes Glas Wasser in einem Zug austrinken können. Mit großem Brimborium wird alles vorbereitet und ausgeführt.	

Nr.	Name der Spielform Ziele	Beschreibung	Hinweise/Organisation
236	**Der Zirkusdirektor** Rolle spielen	Selbst wenn er nicht Frack und Zylinder trägt, ist sein Schnurrbart doch ebenso groß wie seine Stimme, mit der er in gewichtigen Worten seine sensationellen Nummern ankündigt.	
237	**Der Programm-verkäufer** Fantasie	Er sorgt dafür, dass jeder einen frisch abgestaubten Sitzplatz bekommt. Neben dem Programm versucht er noch allerhand andere unentbehrliche Dinge an Mann und Frau zu bringen, wie etwa Humorsirup und Applaustabletten.	
238	**Der Zuschauer** Witz	Ein gut instruierter Zuschauer macht ein halbes Zirkusprogramm aus. Er klatscht viel und meist im richtigen Augenblick, stellt Zwischenfragen, zweifelt, ob die zweibeinige Schlange in der Manege echt sei und bekommt dann doch Angst vor ihr.	
239	**Das Nummerngirl** Pantomime	Es spielt eine stumme aber zentrale Rolle. Hier und da sind seine Nummern um ein paar Dutzend zu hoch gegriffen oder es zeigt die falsche Seite. Aber es ist beliebt, weil es wie ein roter Faden immer wieder auftaucht und jedes Mal an seinem Kostüm etwas verändert hat.	
240	**Das Zirkusorchester** Kreativität	Ob es mit Pauken und Trompeten oder nur mit Rasselbüchsen und Gartenschlauch ausgerüstet ist, oder ob es zeitweise allein die Bewegungen zum laufenden CD-Gerät macht, spielt keine Rolle. Wichtig ist, dass es tönt und von einem „echten" Dirigenten geleitet wird.	

3

Nr.	Name der Spielform Ziele	Beschreibung	Hinweise/Organisation
241	**Flohdressur** Pantomime	Angela Spagati führt den nordafrikanischen Superfloh „Luftibus III" vor. Da er sehr klein ist, kann man eigentlich nur an ihren Blicken und Kopfbewegungen feststellen, wie er von einer Hand auf die andere springt, hier und da vor gefährlichen Sprüngen wortreich ermuntert wird und den achtfachen Salto springt.	Auf ein Mal ist der Floh verschwunden und wird gesucht, bis ein instruierter Zuschauer sich plötzlich voller Schmerz zu kratzen beginnt und fluchtartig den Zirkus verlässt.
242	**Indischer Jongleur** Balance und Bluff	Ein oder mehrere Jongleure aus dem fernen Indien führen ihre Künste mit Ballonen, Frisbees, Bällen und Ringen vor. Auf einer langen Stange oben balanciert einer von ihnen eine große Blechbüchse. Sobald die Truppe die Manege verlässt, stellt sich heraus, dass die Büchse auf der Stange festgenagelt war.	Auch der Schlangenbeschwörer lässt sich hier einbauen (bei welchem die Korkschlange mit einem Nylonfaden an der Flöte befestigt worden ist).
243	**Super-Baby** Klamauk	Wer hatte noch nicht vom Super-Baby gehört, das zehn Meter weit auf einem Bein hüpfen und aus der Zeitung ein Windel-Inserat vorsingen kann? Obwohl es eher wie ein achtjähriges Mädchen aussieht, hat es doch einen Schnuller umgehängt und freut sich über den Beifall.	
244	**Schwergewicht** Tun-als-ob	Mister MacMorx hat in den kanadischen Wäldern Baumriesen gefällt, bevor er zum Zirkus kam, wo er seine athletischen Nummern mit riesigen (Styropor-)Gewichten zum Besten gibt, ganze Ballons hochstemmt und seine gut ausgestopften Muskeln unter dem Trainingsanzug spielen lässt. Den Zuschauern bleibt die Luft weg.	
245	**Fabeltier** Kooperation	Aus der hinteren Mongolei kam der letzte Spidosaurier in den Westen, wo er den Vor- und Rückwärtsgang und das Überschreiten eines 40 cm hohen Hindernisses demonstriert, was mit seinen 14 Füßen gar nicht einfach ist. (Die sieben Spieler, die gebückt unter einer Decke hintereinander hergehen, haben allerhand zu tun.)	

Nr.	Name der Spielform Ziele	Beschreibung	Hinweise/Organisation
246	**6 Krüge** Flexibilität	Auf einer Theke stehen 6 Krüge, abwechslungsweise ein voller neben einem leeren. Es sollen drei volle nebeneinanderstehen, aber nur einer bewegt werden.	Man leert den 5. (vollen) in den 2. (leeren) Krug. Jetzt sind die ersten 3 Krüge gefüllt.
247	**Knacknüsse** Vorstellungsvermögen	Dieter trifft seine Schulfreundin Susanne. Von seinen Baumnüssen gibt er ihr die Hälfte und noch eine halbe dazu. Es wird aber keine Nuss aufgeschlagen. Ihm selber bleiben noch 7 Nüsse. Wie viele hatte er im Ganzen?	15
248	**Listig gefragt** Wortwitz	Was ist mitten in der Haselnuss – und man kann es doch nicht essen?	Das „l"
249	**Litermaß** Strategisches Denken	Wie kann man aus einem Brunnen mit einem 3-Liter-Krug und einem 5-Liter-Krug genau einen Liter abmessen?	Man gießt mit dem kleinen Maß drei Liter in den größeren Krug. Dann füllt man den kleineren Krug noch einmal und füllt daraus den größeren. So bleibt genau 1 Liter übrig.
250	**Scherzfrage** Cool bleiben	Wieviel ist das Doppelte der Hälfte von 238,75?	238,75

3

Nr.	Name der Spielform Ziele	Beschreibung	Hinweise/Organisation
251	**Tierisch** Flexibilität	Was ist beim Affen groß und bei Giraffen klein?	Das „A"
252	**Rätselhafte Zeit** Wortwitz	Was kommt in der Minute einmal, im Moment zweimal und nie im Jahr vor?	Das „M"
253	**Schwieriges Wort** Logisches Denken	Welches Wort wird immer falsch ausgesprochen?	„falsch"
254	**Geburtstag** Denkvermögen	Jan ist 24 Jahre alt. Er sagt zu seiner Schwester: „Jetzt bist du doppelt so alt, wie ich war, als du so alt warst, wie ich jetzt bin." Wie alt ist Angela?	32 Jahre
255	**International** Logik	Darf ein Kapitän, der in Amsterdam lebt, in der Schweiz begraben werden?	Nicht, solange er noch lebt.

4 Spiele mit Krimskrams, Wohlstandsmüll und Requisiten

Für den Spielbetrieb oder gar eine Spiel-Erfinderwerkstatt ist es oftmals gar nicht gut, zuviele Arten von Material bereitzustellen. Anregender wirkt von einem einzigen Material eine große Menge.
Die folgenden Seiten stellen eine Reihe von Möglichkeiten vor, um mit weniger üblichen Gegenständen zu spielen. Dabei sind die betreffenden Objekte – wie beispielsweise die Joghurtbecher – gar nicht so unbekannt, nur werden sie sehr selten zu Spielen benutzt. Weil sie beinahe überall greifbar sind und zum Teil sonst weggeworfen werden, bekommen sie hier noch einmal einen Sinn.

Nr.	Name der Spielform Ziele	Beschreibung	Hinweise/Organisation
256	**Augenmaß** Vorstellungsvermögen	Ein Wollgarn oder eine Schnur ist in einer fantasievoll verschnörkelten Figur ausgelegt. Wer errät am genauesten, wie viele Meter und Zentimeter es ausgestreckt von einem Ende zum anderen misst?	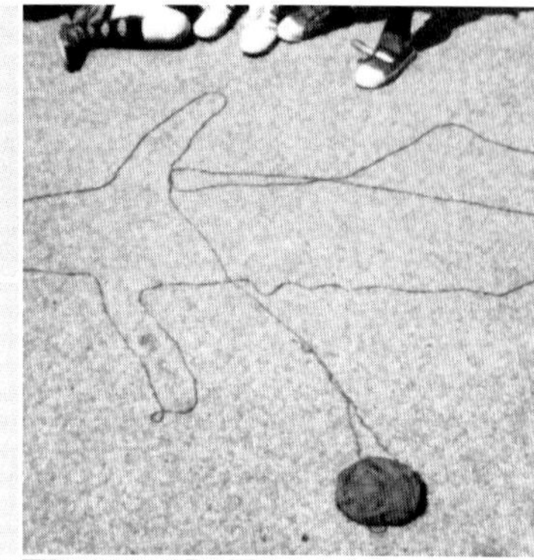
257	**Von Knoten zu Knoten** Konzentration	Wir spielen in Mannschaften zu 5 bis 10 Spielern. Jede Mannschaft erhält einen Faden oder ein Garn, in das im Abstand von etwa 20 cm pro Spieler ein Knoten gemacht wurde. Der erste Spieler nimmt den ersten Knoten in den Mund, der zweite übernimmt den Faden mit dem Mund am zweiten Knoten usw.	
258	**Knopf annähen** Geschicklichkeit Spaß	Wir geben jedem Spieler Nadel, Stoff, Faden und einen Knopf. Wer hat den Knopf zuerst angenäht? Diese Aufgabe lässt sich gut in eine Serie anderer Wettbewerbe einbauen. Die Übung eignet sich nicht zuletzt besonders für ungeübte Spieler männlichen Geschlechts.	
259	**Süßes Ziel** Geschicklichkeit	In der Mitte eines etwa 4 m langen Fadens ist ein Bonbon festgebunden. Zwei Spieler halten je ein Fadenende im Mund fest und holen jetzt mit Hilfe von Zunge, Zähnen und Lippen den Faden in den Mund herein, um möglichst rasch – und ohne die Hände zu benutzen – als erster den Preis zu erreichen.	
260	**Wollene Silhouette** Spaß	Wir bilden Paare. Immer einer der Partner legt sich am Boden auf den Rücken, während der andere seinen Umrissen entlang ein Wollgarn legt. Nach dem Wechsel gibt es auf dem Boden eine ganze Ausstellung zu besichtigen. Wer ist wer?	

Nr.	Name der Spielform / Ziele	Beschreibung	Hinweise/Organisation
261	**Blütenblätter** Feinmotorik Beobachten	Wer das Tuch ganz zwischen seinen Händen verschwinden lässt und dann langsam wieder öffnet, wird erleben, wie sich nach und nach eine Blüte entfaltet.	
262	**Schwebendes Blatt** Koordination Bewegung	Zu Musik werfen die Spieler aus dem Lauf heraus ihr Chiffontuch in die Luft und halten es durch Blasen noch eine Zeitlang in der Schwebe.	
263	**Wechsel** Übersicht Zusammenspiel	Die Spieler bewegen sich in leichtem Laufschritt durch den Raum und werfen im Rhythmus der Musik oder auf ein Zeichen hin ihr Tuch in die Luft. Im Weiterlaufen fangen sie ein anderes, bevor es am Boden ankommt.	
264	**Was bin ich?** Fantasie Kreativität	Jetzt dient das Chiffontuch als Requisit. Der einzelne Spieler versucht damit, einen Beruf pantomimisch darzustellen. Das Tuch kann ein Arbeitsutensil oder ein Kleidungsstück werden, ein Reagenzglas, Steuerrad, Stirnband oder Aktenkoffer.	
265	**Die Prinzessin und ihr Pirat** Ideenreichtum	Das Chiffontuch ist ein feines Mittel, um Geschichten zu erzählen. Es verwandelt sich von der Augenbinde des Seeräubers in eine wehende Flagge, in ein langes Fernroht, in das Krönchen der Prinzessin; es trocknet ihre Träne und winkt dem ankommenden Piraten zu. Es ist Kinderwiege und Schatztruhe in einem.	

Nr.	Name der Spielform Ziele	Beschreibung	Hinweise/Organisation
266	**Eierwerfen** Antizipation Koordination	Jeweils vier Spieler halten eine Decke an den Ecken. Die Gruppen stehen im Abstand von einigen Metern und katapultieren die „Eier" von Decke zu Decke weiter. • Unter Umständen ist es besser, das Spiel vorerst mit Tennisbällen oder wenig gefüllten Wasserbomben zu üben	
267	**Langer Atem** Zusammenspiel	Ein Spieler liegt in der Decke, die von acht beidseits verteilten Mitspielern so getragen wird, dass der Liegende durch sein Blasen einen Ballon ständig in der Luft zu halten vermag.	
268	**Laufendes Tor** Treffsicherheit	In ein Tuch von 1 x 3 m haben wir ein Loch von 50 cm Durchmesser geschnitten. Zwei Spieler fassen es an den Schmalseiten und heben es wie eine Torwand hoch. Auf einer Linie gehen sie, in angemessenem Abstand von den Mitspielern, hin und her. Diese versuchen, möglichst oft das Tor – und nur selten die Mitspieler – zu treffen.	
269	**Von Fuß zu Fuß** Feinmotorik Zusammenspiel	Jede Mannschaft sitzt in einer Reihe am Boden und versucht, von Fuß zu Fuß, ein Tuch von einem Ende zum anderen und zurück zu geben, ohne dass es auf den Boden fällt.	
270	**Variable Tücher** Kreativität Zuverlässigkeit	Mit genügend Tüchern und einem bisschen Fantasie können Einzelne und Gruppen, Groß und Klein die abwechslungsreichsten Werke schaffen. Tücher verwandeln sich in Windeseile in Neues und – z. B. mit Hilfe von einigen Holzstangen – in respektable Zelte und Hütten. • 8 Personen mit 1 Wolldecke oder vorgestreckten Armen bilden ein Fangtuch/eine Hängematte	

Nr.	Name der Spielform Ziele	Beschreibung	Hinweise/Organisation
271	**Durch die Decke** Beobachtungs-vermögen	Wir kauern um eine Decke herum. Ein Teil der Gruppe befindet sich draußen. Während wir die Augen schließen, kommt ein Spieler von außen und legt sich unter die Wolldecke. Wir versuchen durch das Abschätzen der Umrisse und Tasten herauszufinden, wer es ist.	
272	**Spanische Wand** Beobachtung Spaß	Hinter einer vorgehängten Decke haben sich 2 oder 3 Mitspieler so gestellt, dass wir nur Schuhe oder Füße sehen. Sollten wir nicht herausfinden, um wen es sich handelt, wird die Decke langsam etwas höher gehoben.	
273	**Gespensterparade** Beobachtung	Wir haben uns in zwei Gruppen geteilt. Ein Spieler der Außen-Gruppe kommt – ganz in eine Decke gehüllt – hereingeschritten. Er darf Größe und Gang verstellen. Wer ist der Vermummte?	
274	**Pinguine** Kontakte schaffen	Im Raum sind z. B. drei Wolldecken ausgebreitet. Wir bewegen uns wie Pinguine zur Musik. Sobald der Spielleiter unterbricht, flüchten sich alle auf eine der Eisschollen. Wenn Musik und Bewegung weitergehen, werden die Decken 1 x zusammengefaltet. So wird durch die Eisschmelze die Eisfläche immer kleiner und das Gedränge darauf immer größer.	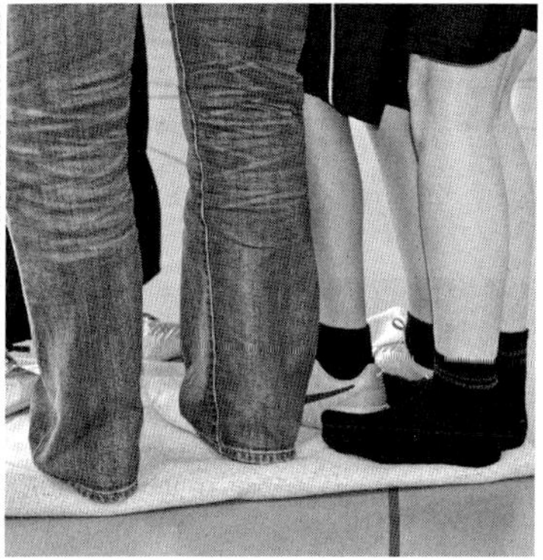
275	**Schwebender Teppich** Entschleunigung Kooperation	Ein Spieler liegt diagonal auf der Decke, während 10–12 Spieler diese am eingerollten Rand fassen und langsam hochheben. Sie stehen nahe beisammen und lassen die Arme hängen. So schaukeln sie die Decke sanft hin und her und lassen sie zu leiser Musik ruhig kreisen. Alles – auch die weiche Landung – geschieht wortlos.	

Nr.	Name der Spielform Ziele	Beschreibung	Hinweise/Organisation
276	**Schwebendes Tuch** Koordination Gelassenheit	Wir halten ein Tuch in der rechten Hand und werfen es von unten rechts nach links oben. Beim Herunterschweben fassen wir es mit der linken Hand. Alles geschieht wie in Zeitlupe. • Klatschen vor dem Abfangen	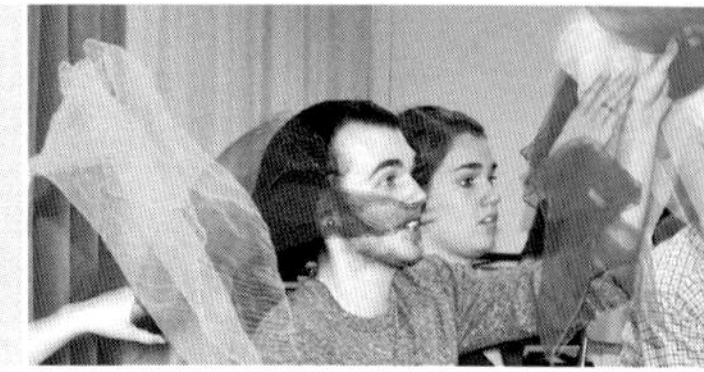
277	**Kreuzen** Ruhe Rhythmus	Die rechte Hand wirft ein rotes Tuch von rechts unten nach links oben. Unmittelbar anschließend wirft die linke Hand ein weißes Tuch von links unten nach rechts oben. Jetzt fängt die Linke das rote Tuch und die Rechte das weiße Tuch. Nun startet wiederum das rote Tuch (diesmal von links unten), dann folgt das weiße Tuch von rechts.	Immer startet das gleiche Tuch zuerst, mal von der einen, dann von der anderen Seite.
278	**Kaskade** Lockerheit Timing Selbstwirksamkeit	Die rechte Hand hält ein blaues und ein rotes Tuch, die linke ein weißes. Jetzt wirft die Rechte Blau nach links hoch, dann die Linke Weiß nach rechts und fängt Blau. Jetzt wirft die Rechte Rot und fängt Weiß. Dann wirft die Linke Blau und fängt Rot, usw.	• Nach ein paar sehr hohen Würfen zur Abwechslung eine Folge von kürzeren Würfen anschließen
279	**Säule** Aufmerksamkeit	Die rechte Hand hält ein blaues und ein rotes Tuch. Das weiße Tuch ist links. Jetzt wirft die Rechte das blaue Tuch in der Mitte hoch, dann werfen Rechts und Links gleichzeitig die äußeren Tücher senkrecht hoch. Jetzt fasst Rechts das mittlere Tuch und wirft es wieder hoch. Anschließend werden die beiden äußeren Chiffons gefangen und wieder lanciert.	• Das mittlere Tuch abwechselnd mal mit der Rechten, dann mit der Linken hochspielen
280	**Variantenfolge** Fantasie Rhythmus	Es sind zahlreiche weitere Varianten mit drei Tüchern möglich. Die Variationen können spielend aneinander gehängt werden. Passende Musik erleichtert den Fluss und erhöht den Effekt und den Spaß enorm.	**Wichtig: Das Jonglieren mit Bällen, Ringen und Keulen folgt genau dem gleichen Muster.**

Nr.	Name der Spielform / Ziele	Beschreibung	Hinweise/Organisation
281	**Purzelbaum** Geschicklichkeit	Wir rollen uns über die Matten oder Matratzen vorwärts ab. Wer kann wieder aufstehen, ohne die Hände zu gebrauchen? Gelingt es auch rückwärts, seitwärts, schräg …?	
282	**Fallstütz** Reaktion Übermut	Wir stehen mit seitwärts ausgestreckten Armen, lassen uns vorwärts fallen und fangen uns im letzten Augenblick mit den Armen im Liegestütz auf. • Wir benützen Matten für kreatives Ringen	
283	**Tiefsprünge** Reaktion	Wir springen von einer Bockleiter oder einem Kistenturm und federn auf der Matratze gut ab.	
284	**Drehsprünge** Geschicklichkeit Simultankompetenz	Ein Spieler nach dem anderen übt sich im gewandten Springen und Drehen. Zu Beginn versuchen wir immer nach drei normalen Sprüngen einen Sprung mit halber, später mit ganzer Drehung. • Während ein Spieler auf der gefederten Untermatratze oder Matte springt, werfen wir ihm leichte Bälle zu. Wir zählen alle Bälle, die im Luftsprung gefangen werden	
285	**Sackdreschen** Aggression Fairness Wendigkeit	Auf zwei 20 cm hohen Holzsockeln stehen sich zwei Spieler gegenüber. Mit zwei leicht gefüllten Säcken (Kopfkissenbezug) versuchen sie sich aus der Balance zu schlagen. Der Sieger tritt gegen den nächsten Gegner an.	

Nr.	Name der Spielform Ziele	Beschreibung	Hinweise/Organisation
286	**Über den Graben** Sprungkraft	Wir springen aus dem Stand mit einem Schlusssprung von einer Matte oder Matratze auf die andere. Der Graben wird nach und nach breiter gemacht. Wer überspringt den Graben mit „trockenen Füßen"?	
287	**Wandernde Zielscheibe** Zielen und Werfen	Der Spielleiter ist in eine Matratze eingerollt und marschiert auf einer Mittellinie hin und her. Links und rechts – in einem Abstand von etwa 10 Schritten zur Mitte – stehen sich zwei Mannschaften gegenüber. Die Spieler versuchen mit Tennisbällen möglichst viele Treffer zu erzielen.	
288	**Matratzenmann** Kommunikation Kooperation	Ein Spieler ist in eine Matratze eingeschnürt und lässt sich durch eine Anlage mit stehenden Hindernissen (Kegel oder Flaschen im Raum, Malstangen oder Bäume im Freien) lotsen. Als Kommandos stehen „vorwärts", „links", „rechts" und „stopp" zur Verfügung. • Statt Worte sind verschiedene Töne möglich	
289	**Schutzschild** Treffsicherheit	Drei Spieler tragen auf ihrer rechten Seite eine Matratze mit sich. Auf der anderen Seite stehen in angemessenem Abstand die Ballschützen und versuchen, den Schild zu treffen. Die Drei gehen einmal vor und dann rückwärts zurück. Dann werden sie abgelöst. Wir zählen die Treffer.	
290	**Ballregen** Koordination	Drei Spieler stehen im Zentrum eines Kreises. Über ihren Köpfen halten sie gemeinsam eine Matratze fest. Die übrigen Spieler stehen 10 Schritte entfernt und versuchen von dort aus in Bogenwürfen möglichst viele Bälle auf das Matratzendach fallen zu lassen.	

Nr.	Name der Spielform Ziele	Beschreibung	Hinweise/Organisation
291	**Ausverkauf** Schnelligkeit	In mehreren Kartons sind Kleidungsstücke aufgeschüttet. Jetzt gilt es im Tempo des „gehetzten Affen“, so viele Einzelteile wie möglich überzuziehen. Nach dem Schlusspfiff wird gezählt.	
292	**Gruppenfoto** Originalität	Wir ziehen uns so ausgefallen und chic an, wie es die Kleiderkiste eben erlaubt. Das Werk vervollständigen wir durch eine entsprechende Schminkaktion. Jetzt gruppieren wir uns zu einem fiktiven oder wirklichen, aber auf alle Fälle eindrucksvollen Gruppenbild.	
293	**Kleider-Kim** Beobachtung	Ein Mitspieler stellt sich vor die Gruppe. Diese versucht, sich seine Kleidung genau einzuprägen. Jetzt schließen wir die Augen, während am Kostüm irgendeine Einzelheit verändert wird. Wer findet heraus, was anders ist?	
294	**Missgriff** Beobachtung	Aus dem Kleidervorrat zieht sich jeder einzelne Spieler für eine bestimmte Gelegenheit an (Geburtstagsfest, Angeln, Museumsbesuch, Salat pflanzen, Büroarbeit). Ein Kleidungsstück allerdings passt ganz und gar nicht. Finden es die Mitspieler in der Modeparade heraus?	
295	**Umzieh-Stafette** Schnelligkeit	Jede Gruppe erhält die gleiche Anzahl von zusätzlichen Kleidungsstücken (z. B. Hemd und Hose, Socken, Jacke, Mantel und Hut). Nach dem Startpfiff kleiden sie gemeinsam den ersten Mitspieler ein und dann wieder aus, usw., bis der Letzte in der Reihe in der neuen Montur dasteht. • Knopfverluste ergeben Strafzeit!	

Nr.	Name der Spielform Ziele	Beschreibung	Hinweise/Organisation
296	**Heißer Hut** Spaß	Zur Musik tanzen wir allein oder paarweise durch den Raum. Von Kopf zu Kopf wird ein Hut weitergegeben. Sobald die Musik aussetzt, scheidet der Spieler – oder das Paar – aus, bei dem sich der Hut in dem Augenblick befindet. • In einer anderen Version wird einfach der Mann am Musikgerät abgelöst	
297	**Hut auf der Stange** Geschicklichkeit	Aus einer Distanz von rund 2 m versucht ein Spieler nach dem anderen, fünf verschiedenartige Hüte über aufgestellte Malstangen oder Garderobenhaken zu werfen. Wer meistert die Aufgabe mit der geringsten Zahl von Versuchen?	
298	**Hutartist** Spaß Reaktion	Wer kann sich einen Herrenhut über die Schuhspitze hängen und von dort mit dem Fuß so in die Luft befördern, dass er ihn mit dem Kopf auffangen kann?	
299	**Schuhsalat** Beweglichkeit	Wir werfen unsere Schuhe in die Kreismitte. Dann steigt jeder vorsichtig in zwei unterschiedliche, fremde Schuhe. Jetzt stellen sich alle Spieler so, dass die passenden Paare korrekt nebeneinander stehen. Wenn wir jetzt aussteigen, findet jeder sein Paar wieder.	
300	**Schuhsuche** Rücksichtnahme	Nachdem wir unsere Schuhe zu einem bunten Salat vereint haben, halten wir uns einige Meter davon entfernt auf Stühlen sitzend bereit. Auf das Signal „los“ geht jeder mit geschlossenen Augen nach vorne, sucht seine Schuhe heraus, zieht sie an und setzt sich wieder auf den richtigen Stuhl.	

Nr.	Name der Spielform Ziele	Beschreibung	Hinweise/Organisation
		Den Rohstoff liefern Schokoladen oder Mäuschen am Weihnachtsbaum, die darin verpackt sind.	
301	**Torschuss** Spaß	Zum Torschuss sitzen sich zwei Spieler an den Schmalseiten eines Tisches gegenüber. Der eine formt mit seinen beiden offenen Händen ein Tor, während der Partner mit dem Zeigefinger die Kugel kickt.	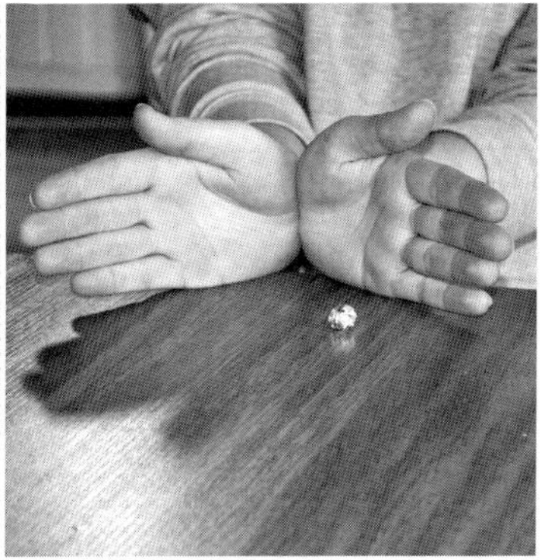
302	**Blasturnier** Ausdauer	In der Mitte des Tisches liegt eine Stanniolkugel. Zwei Spieler (oder zwei Zweiermannschaften) sind mit Trinkhalmen ausgerüstet und blasen um die Wette dem Gegenüber die Kugel über die Tischkante.	
303	**Kugelsauger** Schnelligkeit	Auf einer Tischfläche sind eine Unmenge von Stanniolkügelchen verteilt. Jeder Spieler hat hinter sich in 2 m Abstand einen Stuhl mit einem Becher darauf. Auf „los" beginnen sie mit ihren Trinkhalmen Kügelchen anzusaugen und ins Glas fallen zu lassen. (Verschluckte zählen nicht!)	
304	**Blasrohr** Präzision	Durch einen Trinkhalm geblasen, erreichen Stanniolkügelchen ansehnliche Weiten. Könner stellen eine Kartonschachtel mit ausgeschnittener Zielscheibe auf. Günstig ist verschiedenfarbiges Papier, so können die Treffer in der Schachtel leicht nachgezählt werden.	
305	**Spielfiguren** Kreativität	Stanniolpapier ist leicht zu formen. In kurzer Zeit entsteht daraus eine ganze Glanzwelt. Oder aber Tiere und andere Wesen, die in einem anschließenden (Würfel-)Spiel als persönliche Spielfiguren dienen.	

Nr.	Name der Spielform / Ziele	Beschreibung	Hinweise/Organisation
306	**Entführung** Vertrauen	Ein Kind setzt sich in eine große Schachtel und wird von den Übrigen verschleppt und irgendwo deponiert (bitte nicht in fließendem Gewässer!). Noch im Karton rät es, wo es sich wohl befinden könnte.	Reservekartons bereithalten.
307	**Hornussen** Werfen	Zwei Mannschaften werfen sich eine Schachtel hin und her. Die Werfer wechseln reihum. Die Fänger wehren die Schachtel mit Besen in der Hand ab. Von dort, wo sie am Boden landet, wird sie gegen die andere Seite geschleudert.	Der schweizer Nationalsport Hornussen wird selbstverständlich mit anderer Ausrüstung gespielt.
308	**Treibgut** Zielwurf	In einem 10 m breiten „Gewässer" treibt eine Schachtel. Von den Bewohnern der beiden Ufer wird sie mit Bällen gegen die andere Seite getrieben. • Auch ohne Wasser auf einem Platz oder in der Halle zu spielen	
309	**Hundeschlitten** Kraft	Der Inuit sitzt in einer Kartonschachtel und lässt sich an einem Seil durch die Arktis ziehen. Bei genügend Schlitten und Hunden kann zum Rennen gestartet werden.	
310	**Samson-Maske** Kreativität	Aus mittelgroßen Schachteln gestalten wir uns mit Hilfe von Messern, Farbe, Strohwolle fürs Haar u. Ä. eine imposante Riesenmaske. Ob wohl diese Riesen mit Ballons Riesenball spielen können?	

Nr.	Name der Spielform Ziele	Beschreibung	Hinweise/Organisation
311	**Fangbecher** Lockerheit	Mit einem heißen Nagel stechen wir ein Loch unter den oberen Rand eines Joghurtbechers und knüpfen dort einen 30 cm langen Faden fest, an dem ein Korken oder ein ähnliches Gewicht hängt. Jetzt versuchen wir, diesen Gegenstand durch senkrechtes Hochziehen oder mit Schwung aufzufangen.	
312	**Turmbau** Geschicklichkeit	Wer kann aus 20 (30, ...) Bechern den höchsten Turm bauen?	
313	**Becherball** Teamwork	Zwei Spieler sind mit je einem Becher ausgerüstet und werfen sich damit z. B. einen Tischtennisball, eine Stanniolkugel, ein heruntergefallenes unreifes Äpfelchen oder einen kleinen Stein zu.	
314	**Multi-Wurf** Kooperation	Ein Spieler wirft aus seinem Becher vier bis sechs kleine Steine hoch. Sein Partner ist mit zwei Bechern ausgerüstet und versucht, sie aufzufangen.	
315	**Murmelkippen** Schnelligkeit Lockerheit	Die Spieler stehen oder sitzen in mehreren gleich langen Reihen. So schnell es geht, wird in jeder Mannschaft eine Murmel von einem Becher in den nächsten gekippt, die Reihe hinauf und zurück.	

4

Nr.	Name der Spielform Ziele	Beschreibung	Hinweise/Organisation
316	**Spitzengedächtnis** Gedächtnis	Die Spieler verstecken unter 12 (20, ...) Bechern je einen unterschiedlichen Gegenstand und sagen voraus, was sie unter welchem Becher hervorholen werden. • Auf dem Boden der umgestülpten Becher werden Papierbilder aufgeklebt. So können mit dem Inhalt Assoziationen hervorgerufen werden	
317	**Paare suchen** Gedächtnis	Jeweils unter zwei Bechern ist der gleiche Gegenstand (Büroklammer, Kronenkorken, Nuss, Briefmarke, usw.) versteckt. Ein Spieler nach dem anderen darf zwei Becher heben. Wer dabei ein Paar entdeckt, nimmt die Becher heraus und bekommt einen Punkt. • Schwierigere Variante: Die Becher bleiben liegen	
318	**Genau beobachten** Beobachtung	Unter 8 Bechern werden 3 Nüsse (Steine) für alle sichtbar versteckt. Der Spielleiter schiebt jetzt die Becher durcheinander. Wer hat genau beobachtet und weiß, unter welchen Bechern sich die 3 Nüsse befinden? Wer einen Volltreffer landet, darf die Haselnüsse essen.	
319	**Kolonne schieben** Geschicklichkeit	5 Joghurtbecher werden umgekehrt in eine Kolonne gestellt. Wer kann mit dem hintersten Becher die Kolonne am weitesten nach vorne schieben?	
320	**Gewichtssinn** Wahrnehmung	5 Becher sind verschieden hoch mit Wasser gefüllt. Versucht sie blind in eine geordnete Reihe zu stellen. • Wer schafft es mit noch mehr unterschiedlich hoch gefüllten Bechern?	

Nr.	Name der Spielform Ziele	Beschreibung	Hinweise/Organisation
321	**Bechertreiben** Geschicklichkeit	Die Spieler zweier Mannschaften sind mit Peitschen ausgerüstet und versuchen einen Becher über die gegnerische Grundlinie zu treiben. Mehrere Becher gleichzeitig im Einsatz.	Es sind nur Schläge mit der Schnur erlaubt (nicht mit dem Stock). Wer einen Becher zerstört, erhält 3 Strafpunkte.
322	**In Nachbars Garten** Schnelligkeit	Wir spielen in zwei Mannschaften. Jeder Spieler ist mit 2 Joghurtbechern ausgerüstet. Die dürfen wir über die Mittellinie in Nachbars Garten werfen. Nach 3 Minuten wird gestoppt und gezählt.	
323	**Kellner-Stafette** Geschicklichkeit	Auf einem Tablett oder Holzbrett balancieren wir ein paar wassergefüllte Becher über eine Hindernisbahn.	
324	**Wasserleitung** Schnelligkeit	Wir haben jeden Spieler mit 2 Bechern ausgerüstet und die Mannschaften in Einerreihen aufgestellt. Vor dem vordersten Spieler stehen je ein voller und ein leerer Wassereimer. Der erste Spieler gibt auf der linken Seite Wasser nach hinten. Es wandert von Becher zu Becher weiter und rechts wieder nach vorne.	
325	**Von Stock zu Stock** Koordination Gelassenheit	Von einem hochgehaltenen Stock zum nächsten geben wir einen Becher im Kreis herum. Spieler zweier Mannschaften stehen abwechslungsweise im Kreis. Die einen spielen rechts, die anderen links herum.	Das Spiel kann von zwei Mannschaften mit selbstgestalteten Regeln (z. B. Erlaubnis zu stören) auch im Feld ausgetragen werden.

4

Nr.	Name der Spielform / Ziele	Beschreibung	Hinweise/Organisation
326	**Sieben Zwerglein** Schnelligkeit	Der erste Zwerg füllt 8 Becher mit Wasser (auch für Schneewittchen einen), der zweite stellt sie aufs Tablett, der dritte trägt sie zum Wassereimer (o. Ä.), der vierte kippt sie hinein, der fünfte stellt sie aufs Tablett, der sechste holt alles zurück und der siebte füllt wieder auf.	Stafette für zwei oder mehr Mannschaften. In der einzelnen Mannschaft wechseln die Aufgaben. Welche Mannschaft hat den Eimer zuerst gefüllt? (Kuss von Schneewittchen?)
327	**Kalte Dusche** Schnelligkeit	Zwei gleich große Mannschaften stehen sich im Freien in Badekleidung gegenüber. Zwischen den nummerierten Reihen steht ein wassergefüllter Becher. Der Spielleiter ruft eine Zahl. Die beiden Spieler mit der entsprechenden Nummer rennen in die Mitte. Wer zuerst da ist, darf dem Gegenüber eine Dusche verpassen.	
328	**Wörterfinden** Gedächtnis	Unter etwa 50 Bechern befindet sich je ein Blatt, auf dem eine Silbe steht („LER", „SE", „HA", „TER", „PE", „BUS", „TA", „NA", „DER"). Ein Spieler nach dem anderen darf zwei Becher heben. Kann er aus den entsprechenden Silben ein Wort bilden, hat er einen weiteren Versuch gut.	
329	**Babuschka** Wortschatz	Unter den Bechern sind Wörter versteckt. Wir heben nacheinander mit der rechten und linken Hand gleichzeitig einen Becher hoch. Bilden die beiden Begriffe ein zusammengesetztes Wort, stülpen wir einen Becher über den anderen und erhalten einen Punkt. Das Türmchen bleibt aber stehen.	Es ist erlaubt, zusammengesetzte Wörter als Element für noch längere Begriffe zu verwenden. Je nachdem wird der Becherturm aufgestockt oder über ein weiteres Wort gestülpt.
330	**Feuerwehr** Schnelligkeit Sorgfalt	Die Mannschaften stehen aufgereiht. Jeder ist mit einem Becher ausgerüstet. Der erste füllt seinen und kippt das Wasser in den Becher des zweiten Spielers, dieser leert es wieder ins Gefäß des nächsten, usw. Der letzte Spieler versucht, möglichst viel davon in den 2 Meter entfernten Wassereimer zu schütten.	Wer hat den Eimer zuerst gefüllt, oder welche Mannschaft hat in einer bestimmten Zeit am meisten Wasser in Richtung Feuer weitergereicht?

Nr.	Name der Spielform / Ziele	Beschreibung	Hinweise/Organisation
331	**Pyramide** Konzentration	Bierdeckel sind ein handliches Material für Turmbauer mit ruhiger Hand. Wer baut die höchste Pyramide? (Je mehr man baut, desto weniger man trinkt.)	
332	**Reaktionstest** Reaktion	Ein Bierdeckel wird so auf den Tischrand gelegt, dass er ein gutes Stück hervorragt. Der Spieler schlägt von unten her mit den Fingerspitzen (Handrücken nach oben) gegen diesen Teil. Der Deckel dreht sich und wird in der Luft aufgefangen. • Mit weiteren Deckeln kommt der Rekord mehr und mehr ins Zittern	
333	**Serviertablett** Ruhe	Stelle im Freien ein volles Glas Wasser auf den Bierdeckel, halte ihn in einer Hand und versuche, so über den Stuhl zu steigen. • Daran kann sich eine ganze Kellnerstaffel anschließen • Bei Kindern empfehlen sich Kunststoffbecher	
334	**Mini-Frisbee** Spaß	Was sich in einem noblen Lokal nicht schickt, ist in den eigenen vier Wänden erlaubt: Bierdeckel sind kleine UFOs und können mit erstaunlichem Geschick geworfen – und gefangen werden.	
335	**Zimmer-Golf** Genauigkeit	In einer Halle, auf einem Platz oder im Wohnraum wird ein Parcours angelegt. Über den Tisch, unter einem Stuhl durch, auf einen Teppich, in den Papierkorb fliegt der Bierdeckel zu seinem Ziel. Wer schafft es mit der geringsten Zahl von Versuchen?	

Nr.	Name der Spielform / Ziele	Beschreibung	Hinweise/Organisation
336	**Flaschenfischen** Gelassenheit Konzentration	Auf einer Linie sind Flaschen aufgestellt. Dahinter stehen die Fischer mit langen Stöcken, an denen an einer 1,5 m langen Schnur Ringe baumeln. Die Fischer versuchen, den Ring über den Flaschenhals gleiten zu lassen und diese zu heben.	
337	**Preiswerfen** Genauigkeit	An Flaschen sind kleine Preise angeklebt. Die Spieler versuchen, aus etwa 2 m Distanz einen Ring darüberzuwerfen (Wurfring, Ring aus einem Zweig oder aus Karton ausgeschnitten, mit 20 cm Durchmesser). Jeder Spieler erhält einen Preis.	
338	**Flaschenwerfen** Genauigkeit Gelassenheit	Das Spiel wird am besten auf einem Rasen gespielt, wo in einem ruhigen Bogenwurf eine PET-Flasche von Spieler zu Spieler wie eine Keule im Schwung weitergeworfen wird. Sie sollte ganz oder fast leer sein und oben einen Verschluss aufweisen, der einen sicheren Halt garantiert. • Auch als Stafette	
339	**Flaschensitzen** Gleichgewicht Gelassenheit	Wer kann eine Flasche auf den Boden legen, sich darauf setzen, die gestreckten Beine übereinanderlegen und so eine Nadel einfädeln oder eine Kerze anzünden? Versucht es mal!	
340	**Indianisches Kegeln** Genauigkeit	In vier bis fünf Meter Abstand ist eine Flasche aufgestellt. Jeder versucht mit einem Stein, einem Sandkissen oder einem Tennisring möglichst nahe an die Flasche zu werfen. Aber Achtung: Die Flasche selber darf nicht fallen.	

Nr.	Name der Spielform Ziele	Beschreibung	Hinweise/Organisation
341	**Büchsenschießen** Genauigkeit	Aus 10 mit buntem Papier überzogenen Büchsen bauen wir eine 4-3-2-1-Pyramide auf. Wer kann sie aus 5 Schritten Entfernung mit 3 Bällen vom Brett werfen? • Variationen siehe bei Spielen mit Joghurtbechern	
342	**Alles an einem Faden** Zufall	An einem Faden oder Wollgarn ist an der Decke ein Körbchen oder Eimer aufgehängt. Wir legen der Reihe nach möglichst leichten Krimskrams hinein und passen auf, dass der Faden nicht bei uns reißt, sondern möglichst erst, nachdem ein anderer Spieler etwas hineingelegt hat.	
343	**Kronenkorkenspiel** Genauigkeit	Wir legen 3 Kronenkorken im Dreieck auf den Tisch. Mit einem Finger spielen wir Nr. 1 zwischen den beiden anderen durch, dann Nr. 2 – wieder im ersten Versuch – zwischen 1 und 3 durch. Anschließend bilden die 1 und 2 das Tor für die Nr. 3, usw. Wem gelingen die meisten Tore in ununterbrochener Folge?	
344	**Krimskramsmusik** Fantasie Rhythmus	Aus Holzbrettchen, Drähten, Kronenkorken, Blechbüchsen, Nägeln und Agraffen, Gummiringen, Schneckenhäuschen, Gartenschlauchresten, Wassertrichtern und vielem anderem Wohlstandsmüll bauen wir uns mit einfachem Werkzeug und etwas Mut zur Improvisation ein Instrumentarium und laden zum Galakonzert ein.	
345	**Federn lassen** Wendigkeit	Jeder Spieler bekommt eine Handvoll Wäscheklammern, die er sich irgendwo an seinen Kleidern festklemmen kann. Auf „los" bewegen sich alle so im Raum, dass sie möglichst viele fremde Klammern erwischen und selber möglichst wenig gerupft werden.	

4

Nr.	Name der Spielform / Ziele	Beschreibung	Hinweise/Organisation
346	**Vogelscheuchen** Fantasie Kreativität	Mit Hilfe von allerhand Krimskrams, Wohlstandsmüll und Naturmaterialien verwandeln wir uns gegenseitig in Vogelscheuchen und andere wunderliche Wesen. Bevor wir andere Leute erschrecken, geben wir uns in einer Taufe noch passende Fantasienamen.	
347	**Modeschau** Fantasie Showtalent	Jeweils zwei Spieler fertigen für den dritten ein maßgeschneidertes Kostüm aus Papier. Als Werkzeug setzen wir Schere und Heftklammern ein. Abschließend: Modeschau – und das Spiel beginnt.	
348	**Wunschmodell** Vorstellungsvermögen	Wie sieht der Spielplatz unserer Träume aus? In der Gruppe unterhalten wir uns darüber und verwirklichen mit den gesammelten Wegwerfmaterialien gleich ein entsprechendes Modell. • Mit Krimskrams lassen sich auch andere Ideen im Kleine-Welt-Format ausführen und vorspielen	
349	**Abfallsack-Happening** Witz Fantasie Gestaltungskraft	Abfallsäcke, wie wir sie rollenweise kaufen können, regen zu viel kreativem Fug und Unfug an: Sie verwandeln sich in Kaputzen, Rhythmusinstrumente, Luftfangsäcke, Rutschen übers nasse Gras, Schlitten über glatte Schneeflächen und Duschen im heißen Sommer.	
350	**Reifenschaukel** Balance Kraft	Wenn wir einen Autoreifen an ein Abschleppseil binden und das ganze an einen starken Ast hängen, erhalten wir eine Schaukel. Ein Jutesack zwischen Seil und Ast schützt vor dem Durchscheuern. • Wenn viele Mitspieler das Seil über einen Ast oder eine Querstange ziehen, kann sich ein Spieler in einen schwingenden Aufzug setzen	

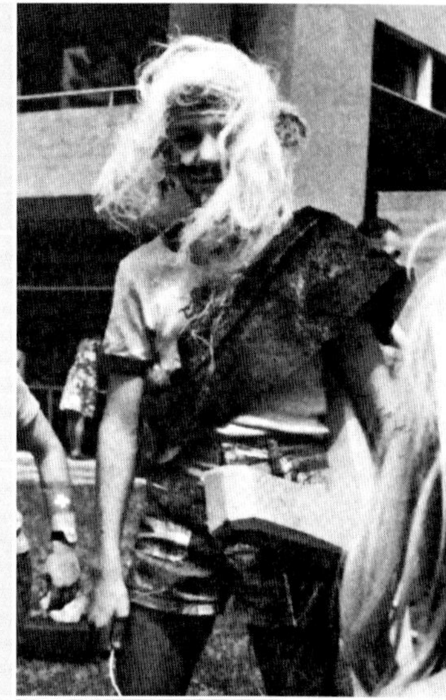

5 Spiele mit Medien

Eine Zeitung kommt als Fertigprodukt ins Haus. Medien nötigen uns im Allgemeinen einen gehörigen Respekt ab und erwecken als gedruckter Text wie als ausgestrahlte Sendung im Fernsehen oder Rundfunk den Eindruck des unantastbaren Ein-für-allemal-Fertigen.
Sie können aber ebensogut Ausgangspunkt für Tätigkeiten, Spiele und Überlegungen aller Art sein. Diese Aktivitäten helfen von Fall zu Fall, ein Medium weniger ernst zu nehmen, oder sich von ihm anregen zu lassen.

Nr.	Name der Spielform Ziele	Beschreibung	Hinweise/Organisation
351	**Katalog-Merkspiel** Produktivität	Wir beschaffen uns zwei Exemplare desselben Warenhauskatalogs. Jetzt können wir leicht gute Bilder des gleichen Formats auswählen und auf Halbkarton aufkleben. Mit dem zweiten Katalog bekommen wir Paare, die es leicht machen, Lotto, Domino, Memory und ähnliche Spiele zu basteln.	Gruppenarbeit
352	**Gefühls-Mosaik** Flexibilität	Aus Zeitschriften und Illustrierten haben wir lachende, staunende, fröhliche, traurige, nachdenkliche, wütende, strahlende Gesichter ausgeschnitten. Jeder Spieler sitzt mit ein paar Aufnahmen in der Hand im Kreis und macht zur Geschichte, die der Spielleiter erzählt, gegebenenfalls ein passendes Gesicht.	Als Themen für eine Geschichte zum Erfinden eignen sich für das Mosaik der Gefühlsausdrücke z. B. „Zirkusbesuch", „Zahnarzt", „Schulausflug", „Betriebsfest", „Weltreise".
353	**Blitz-Satz** Schnelligkeit Fantasie	Wer ist der schnellste Setzer? Wir stellen Zeitungen, Schere, Leim und einen großen Bogen festes Papier für jeden Spieler zur Verfügung. Wer hat zuerst ein spaßiges Inserat, eine dramatische Titelgeschichte, einen witzigen Report geklebt?	
354	**Zeitungs-Schnüffler** Schnelligkeit Konzentration	Wir sind mit Zeitungen und Illustrierten ausgerüstet. Mit einem Schreibzeug in der Hand unterstreicht jeder in der abgemachten Zeit möglichst viele Wörter mit fünf Buchstaben. Ein Wettbewerb für rasche Leser.	
355	**Ansichtskartenpuzzle** Schnelligkeit	Nachdem wir pro Spieler zwei Ansichtskarten in je sechs gleich große Teile zerschnitten haben, geben wir jedem Spieler einen Kartenteil in die Hand und legen alle übrigen Puzzleteile gemischt in die Tischmitte. Wer hat sein Bild zuerst zusammengestellt?	

Nr.	Name der Spielform Ziele	Beschreibung	Hinweise/Organisation
356	**Die Vogelhochzeit** Kreativität	Unzählige Bilderbücher regen zum Umsetzen in spielerische Tätigkeiten an. Das alte Kinderlied „Ein Vogel wollte Hochzeit machen ...“ (im Coppenrath Verlag von A. Vogel illustriert) ist eine maßgeschneiderte Aufführungs- und Verkleidungsvorlage für Gruppen jeden Alters.	Selbstverständlich sollen weitere Strophen gedichtet werden, z. B.: Die Henne, die Henne, pickte Nudeln in der Tenne Der Papagei, der Papagei, kam erst am andern Morgen heim
357	**Frederick** Fantasie	Leo Lionnis Mäusegeschichte (Middelhauve) fordert heraus zum • Werken und Gestalten mit Krimskrams • Pantomimischen Nachspielen • Sachbegegnung und Sammeln im Freien • Gespräch über Außenseiter um uns	
358	**Wo die wilden Kerle wohnen** Vorstellungskraft	Max tobt in seinem Wolfspelz durchs Haus. • Wir bauen uns aus Tüchern und Mobiliar ein Schiff und fahren wie er übers Meer • Wie die wilden Kerle machen wir einen Umzug mit Lärm und Krawall • Wir erleben die gemeinsame Ruhe nach dem Allotria (M. Sendak, Diogenes Verlag)	
359	**Peter und der Wolf** Kreativität Fantasie Vielseitigkeit	E. Voigt (A. Betz Verlag) u. a. haben das musikalische Märchen von Sergei Prokofjew illustriert. Zur Musik • Erleben wir die Gangart der einzelnen Figuren • Führen wir ein Schattenspiel auf • Begleiten wir auf selbstgemachten Instrumenten	
360	**Max und Moritz** Fantasie Selbstbewusstsein Kreativität	Der Lausbuben-Klassiker von Wilhelm Busch eignet sich mitsamt seinem moralinsauren Ende hervorragend zur Darstellung. Rollenspiel, Pantomime oder Schattenspiel, Geräuschkulisse, Requisitenimprovisationen und Schminken verlocken zu einer schöpferischen Aufführung.	

Nr.	Name der Spielform Ziele	Beschreibung	Hinweise/Organisation
361	**Kiosk** Pantomime	An einem imaginären Kiosk „kauft" sich jeder Spieler eine Zeitung. Im Weitergehen nicken sie alten Bekannten zu.	Für die folgenden Sequenzen genügt ein großer Bogen Zeitungspapier je Spieler.
362	**Spaziergang** Differenzierte Mimik und Gestik	Die Spieler gehen lesend durch den Raum: • Sie lesen eine traurig-ernste Nachricht • Sie lesen eine freudige Nachricht ... und machen ohne Worte andere darauf aufmerksam.	
363	**Spazierstock** Pantomime Spaß	Aus der Zeitung wird ein Spazierstock gerollt: „Gehen Sie als sehr vornehme Person durch den Park und grüßen Sie Bekannte mit Würde (ohne Worte)."	
364	**Hündchen** Fantasie	„Jetzt führen Sie gleichzeitig einen kleinen ungebärdigen Hund an der Leine." Die Spieler setzen ihren Spaziergang fort.	
365	**Gefecht** Requisit umfunktionieren	„Sie werden von allen Seiten angegriffen und müssen sich verteidigen. Zum Glück führen Sie einen Degen mit sich." Aus der zusammengerollten Zeitung wird eine „Waffe".	

Nr.	Name der Spielform Ziele	Beschreibung	Hinweise/Organisation
366	**Stille** Konzentration	Die Spieler halten ihr Zeitungsblatt an zwei Ecken einer Längskante und fächeln damit leicht durch die Luft. Sie lauschen mit geschlossenen Augen auf die feinen Geräusche.	
367	**Leichtes Streifen** Anregen des Tastsinnes und Hinhörens	Die an einer Ecke gehaltene Papierfläche gleitet leicht hin und her. Mit einem Finger der freien Hand streichen die Spieler über eine Blattkante. Sie versuchen auch andere fast unhörbare Geräusche herzustellen.	
368	**Blätterrauschen** Differenziertes Hinhören fördern	Durch bewegteres Fächeln entstehen immer mehr und deutlichere Geräusche. Die Geräusche der einzelnen Blätter vermischen sich. Ist das einzelne Blatt noch herauszuhören?	
369	**Sturmwind** Kontrollierte Bewegungen	Ein stärker werdender Wind saust durchs Geäst. Die Bewegungen werden ausholender. Das Konzert schwillt in der Lautstärke an. Das Blatt mit beiden Händen fassen, damit es nicht reißt.	
370	**Allmähliche Ruhe** Entspannen	Der Sturm verzieht sich allmählich wieder. Die Blätter fächeln leise knisternd weiter. Ruhe vor dem nächsten Sturm?	

Nr.	Name der Spielform Ziele	Beschreibung	Hinweise/Organisation
371	**Regenschauer** Feinmotorik	Jeder Spieler hält seinen Bogen Zeitungspapier an einer Schmalseite. Mit den Fingerspitzen der anderen Hand trommeln sie stark und stärker gegen das Blatt: Regen hat eingesetzt und wird immer stärker.	
372	**Hagelschlag** Fingergeschicklichkeit	Hagel setzt ein: Die Finger klopfen heftige Wirbel, aber so, dass sich die einzelnen Einschläge noch voneinander abheben.	
373	**Blitz und Donner** Aggression kontrollieren lernen	Die eine Hand peitscht mit dem Zeitungspapier durch die Luft (Blitz) und die Handfläche der anderen schlägt knallend dagegen. Dabei darf das Blatt nicht reißen. Später verzieht sich das Gewitter wieder.	
374	**Rhythmus** Bewegung koordinieren	Das Blatt wird an den Breitseiten gefasst. Die Hände drücken es zusammen und ziehen es in wechselndem Rhythmus wieder auseinander. Aus dem Durcheinander von Geräuschen wird mit der Zeit ein konzertierendes Miteinander.	
375	**Eisenbahnfahrt** Durch gemeinsame rhythmische Bewegung beruhigen	Rhythmisches Zusammendrücken und Auseinanderziehen der Zeitungspapiere erzeugt innerhalb kürzester Zeit die akustische Illusion eines fahrenden Zuges. Bergauf langsamer werden und abwärts fahrend wieder in Fahrt geratend machen die Spieler eine bewegte Bahnfahrt mit.	Den Zug ohne Worte „lenken“.

Nr.	Name der Spielform Ziele	Beschreibung	Hinweise/Organisation
376	**Kugelknüllen** Feinmotorik	Die Spieler fassen ein großes Zeitungsblatt mit einer Hand am Rand. Sie versuchen, das Blatt mit den Fingern zusammenzuknüllen und in die Hand zu holen. So wird einhändig eine Kugel geformt.	
377	**Hochwurf** Koordination	Wie hoch lässt sich die Zeitungskugel in die Luft werfen und wieder auffangen? • Geht es auch mit der anderen Hand?	
378	**Bogenwurf** Genauigkeit	Zwischen zwei Spielern, die sich in 6 m Abstand gegenüberstehen, hält ein dritter Spieler einen Reifen in die Höhe. Die beiden anderen Spieler werfen sich den Knüllball durch den Reifen hindurch zu.	
379	**Zielwurf** Genauigkeit	Die Spieler stehen mit einem Zeitungsknüllball in einem Kreis von rund 10 m Durchmesser. Im Zentrum steht eine große Schachtel oder ein Papierkorb. Wer trifft ins Ziel?	
380	**Blindwurf** Ausdauer	Wer trifft mit einem Knüllball blind in ein Ziel mit etwa 4 m Abstand? Die Augen werden vor dem Wurf geschlossen. • Mehrmals üben und Abstand variieren	

Nr.	Name der Spielform Ziele	Beschreibung	Hinweise/Organisation
381	**Balancieren** Koordination	Versuche das zusammengeknüllte Zeitungsblatt auf dem Handrücken durch den Raum zu tragen. • Auf dem Kopf • Auf den Schultern • Auf dem Fußrist	
382	**Achterbahn** Koordination	Der Spieler steht gespreizt und rollt die Papierkugel mit den Händen in Form einer Acht um die Füße herum.	
383	**Schneeballschlacht** Beweglichkeit Spaß	Nachdem jeder Spieler eine Zeitung erhalten hat, dürfen die Blätter geballt werden – und die sanfte Schlacht beginnt.	
384	**Trippelkünstler** Koordination	Die Zeitungsbälle werden auf dem Boden verstreut. Immer zwei Spieler bilden ein Team, das versucht, mit den Füßen die Kugeln so rasch es geht auf einen Haufen zu spielen. Unterwegs müssen sie darauf achten, dass sie beim Hineinspielen mit keinem Ball an einen anderen anstoßen.	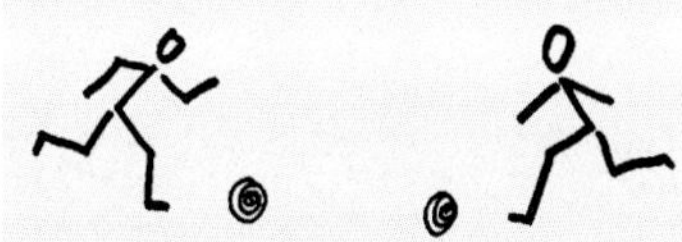
385	**Zeitungsball** Übersicht	Zeitungs- oder Knüllball wird in zwei Mannschaften zu 6 Spielern gespielt. Jeder Spieler mit Ausnahme des Torwarts erhält eine Zeitung. Jeder Feldspieler darf während des Spiels zu jedem günstigen Zeitpunkt in seiner Platzhälfte einen Ball knüllen und losspielen. Bälle, die der Torwart schnappt, fliegen raus.	

Nr.	Name der Spielform / Ziele	Beschreibung	Hinweise/Organisation
386	**Reportage** Ideenreichtum	Ein Illustriertenbild dient als Anstoß und Beleg für eine Kurzreportage.	
387	**Heiße Story** Fantasie	Pro Spieler steht eine Illustrierte zur Verfügung. Aus drei bis zehn Bildern – und evtl. Titeln – die in Wirklichkeit nichts miteinander zu tun haben, stellt sich jeder eine fantastische Geschichte zusammen. Einer nach dem anderen berichtet.	
388	**Antispot** Kritischer Witz	Eine Inseratreklame dient als Vorlage für eine Gegenwerbung. Behalten wird das ursprüngliche Bild, welches jetzt mit einem neuen Text versehen wird.	
389	**Futur-Mix** Kreativität	Bild- und Textelemente verschiedener Werbeseiten dienen als Ausgangsmaterial für die Gestaltung einer futuristischen Nonsensreklame.	
390	**Vorher/Nachher** Kombinationsgabe	Zwei Bilder aus derselben Illustrierten belegen die Wirkung eines angepriesenen Warenartikels. Wir bringen Text/Bilder, die eigentlich nichts miteinander zu tun haben, in einen – scheinbar – logischen Zusammenhang. Wer sucht, der findet!	

Nr.	Name der Spielform Ziele	Beschreibung	Hinweise/Organisation
391	**Tonjäger** Fantasie	Allein oder in Gruppen machen wir uns auf die Suche nach Tönen und Geräuschen. Wir sammeln sie auf einer CD oder wir produzieren selber Beispiele. Wir spielen einander selbstgefundene und eingefangene Beispiele vor. Findet heraus, wer oder was zu hören ist! • Wir können dazu eine passende Geschichte erzählen	
392	**Geräusch-Kim** Merkfähigkeit	Auf einem Musikgerät oder hinter einem Vorhang spielt ein Spieler eine Reihe von Geräuschen. Beim zweiten Abspielen fehlt ein Geräusch oder es ist gegen ein anderes ausgetauscht.	
393	**Rattenfänger** Aufmerksamkeit	Die Spieler stehen verteilt und mit geschlossenen Augen. Der Spielleiter geht mit leiser Musik – Musikgerät, Flöte, o. Ä. – durch die Halle (über den Rasen ...). Wir lauschen, wo die Musik ertönt und folgen blind.	
394	**Geräuschfahnder** Konzentration	Im Haus (Wald) wurde irgendwo ein Musikgerät eingeschaltet und läuft nun ganz leise. Wer findet es? • Ein verstecktes Handy anrufen und suchen lassen	
395	**Konserve** Sozialkompetenz	Wir nehmen gemeinsam einen Gesprächsausschnitt, Lieder, kurze Erlebnisberichte, eine Denksportaufgabe, einen neuen Witz und persönliche Grüße auf. Diese Aufnahme senden wir dann einem kranken Kameraden (die Lösung der Denksportaufgabe separat).	

Nr.	Name der Spielform Ziele	Beschreibung	Hinweise/Organisation
396	**Eigenfabrikation** Kreativität	Wir zeichnen uns unsere eigenen Bilder. So entsteht eine selbsterfundene Bildergeschichte.	
397	**Bild erraten** Fantasie Vorstellungskraft	Der Spielleiter hat eine Reihe von Bildern vorbereitet. Er zeigt nun eines nach dem anderen zu Beginn so unscharf wie möglich und stellt nach und nach die Optik schärfer ein. Wer zuerst errät, was auf der Bildfläche erscheinen wird, bekommt einen Punkt.	
398	**Bildpunkt merken** Konzentration Merkfähigkeit	Auf der Leinwand ist der Kopf eines Clowns zu sehen. Dann wird das Bild ausgeschaltet. Wer kann jetzt vorne auf der Wand die Stelle mit der Clownnase antippen? Wer die Blume auf dem Hut? Zur Kontrolle wird das Bild nochmal projiziert.	
399	**Laterna magica** Bewegungs- improvisation	Vorne erscheint ein Bild (Landschaft, Spielplatz ...). Ein Spieler darf nach vorne gehen und im Bild darin eine Rolle spielen.	
400	**Tagesschau** Ideenreichtum Spontanität	Aus einer Reihe von Bildern darf jeder von uns maximal fünf Bilder auslesen und zu einer Reihe mit selbsterfundenem Text zusammenstellen und dann vorführen. Keine Angst vor Flunkergeschichten, deren „Wahrheit“ durch die Fotos „bewiesen“ wird.	

Nr.	Name der Spielform Ziele	Beschreibung	Hinweise/Organisation
401	**Aufzeichnung** Kreativität Improvisation	Einer spielt eine Szene aus einem soeben gemeinsam betrachteten Film vor. Wer kommt drauf?	
402	**Doppelgänger** Aufmerksamkeit Gedächtnis	Ein Spieler stellt einen bestimmten Darsteller aus einem Film ohne Worte dar. Wer erkennt die Rolle wieder?	
403	**Synchronstimme** Fantasie	Die Gruppe soll herausbekommen, welchen Darsteller der Mitspieler in einem Satz zitiert. • Lasst nur den Ton laufen und versucht, die Handlung zu rekonstruieren (Kontrolle evtl. durch Aufzeichnung)	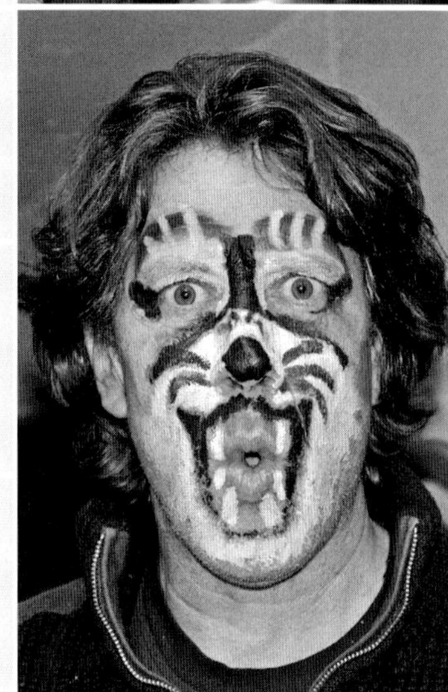
404	**Stichwort** Vorstellungsvermögen Improvisation	Ein Film (DVD) wird an einer bestimmten Stelle unterbrochen, und die Anwesenden spielen selber weiter. Dann erst wird das Filmprogramm fortgesetzt.	
405	**Redensart** Spontanität Urteilsvermögen	Versucht, die Hauptdarsteller in einem aktuellen Film durch eine Redensart oder ein Sprichwort so zu charakterisieren, dass die übrigen Spieler den entsprechenden Rollenträger zuordnen können.	

6 Spielsachen aus Holz

Spielzeug aus Holz und aus Schnur gehört seit Jahrhunderten zu den Lieblingen der Menschen. Neben den Brett- sind es insbesondere die Geschicklichkeitsspiele, welche in einfallsreicher Gestaltung in den verschiedenen Erdteilen, Kulturen und Epochen auftauchen. Ein aufmerksamer Spieler wird von selbst entdecken, was Menschen an einem Peitschenkreisel etwa oder an einem Bilboquet fasziniert und schon immer fasziniert hat. Er wird für sich selber möglicherweise das Diabolo entdecken, ein Spielzeug, das von chinesischen Gauklern ebenso gespielt wurde, wie zur Zeit Napoleons in den Salons von Paris, von unseren Großeltern in der Hofstatt oder im Hinterhof und – mit derselben Begeisterung – heute von Jugendlichen, Zirkusartisten und Erwachsenen jeden Alters.
Beim Spielen mit labilen Gleichgewichten und rotierenden Körpern – vom Diabolo über verschiedene Kreiseltypen bis hin zu Profi-Jojos und zum Gyroskop – werden Erscheinungen sichtbar, die zum Experimentieren geradezu herausfordern. Es ist deshalb bestimmt kein Zufall, dass von Mai bis Oktober 1984 diese Spiele die Besucher der Ausstellung „Phänomena" in Zürich ebenso angezogen haben, wie die große Zahl der naturwissenschaftlichen Demonstrationen und Versuche.
Die Übergänge zwischen Spiel und Wissenschaft sind eben fließend. Ein guter Wissenschaftler und Erfinder ist – zumindest auf seinem Fachgebiet – auch ein guter Spieler.

Nr.	Name der Spielform Ziele	Beschreibung	Hinweise/Organisation
406	**Wurzelzauber** Kreativität	Im Wald und im Geröll des Flussufers suchen wir nach Wurzeln mit möglichst originellen Formen. Manche Wurzelwesen können ohne jede Nachhilfe verwendet werden. Bei anderen können wir mit einfachen Hilfsmitteln und einem Taschenmesser noch etwas nachhelfen, um nachher umso angeregter damit spielen zu können.	
407	**Witwe Bolte** Kraft	Zwar hat in Wilhelm Busch's „Max und Moritz" Witwe Bolte ihren ursprünglichen Spitz mit dem Kochlöffel verfolgt. Aber bei unserem Spiel tun es auch Holzknüppel oder Stöcke. Wir setzen uns auf eine Linie und werfen sie möglichst weit. Wer den kürzesten Wurf tat, holt alle zurück.	
408	**Rindenschiffchen** Kreativität	Wir suchen Kiefernborke und schnitzen uns daraus ein Rindenschiffchen, welches wir noch mit einem einfachen Segel versehen und dann auf dem Wasser schwimmen lassen.	
409	**Schneewittchens Schal** Schnelligkeit	Hier kämpfen Zwerge gegen Kobolde. Sie sind mit kurzen Ästen ausgerüstet. In der Mitte des Spielfeldes liegt ein Tuch oder auch ein alter Pullover, der jetzt über die eigene Linie befördert werden muss. Das Objekt fliegt so von Ast zu Ast.	
410	**Nagelbalken** Geschicklichkeit	In einen Holzbalken sind 70er-Nägel (7 cm) leicht eingeschlagen. Wer hämmert einen Nagel mit möglichst wenig Schlägen ganz ins Holz hinein. Zimmerleute vor!	

Nr.	Name der Spielform Ziele	Beschreibung	Hinweise/Organisation
411	**Jojo** Aufmerksamkeit Timing	Das Spielgerät aus alten Zeiten kann aufgerollt am einfachsten gestartet werden. Eine größere Herausforderung ist der Start, wenn das Jojo ruhig unten hängt. Jetzt ist mehrmaliges Zupfen gefragt, bis das Spielzeug ins Laufen kommt.	Spektakulär sind Profi-Jojos und Triple-Aktion-Jojos. Sie erlauben variantenreiche Übungen und Kombinationen bis hin zum Meisterschaftsniveau.
412	**Nei-Nei** Spannung und Entspannung Kooperation	Nachdem das Nei-Nei kurz eingerollt wurde, lässt es sich jetzt durch rhythmisches Auseinanderziehen und Loslassen in Gang halten. Durch weitere Löcher in der Holzfläche entsteht eine tönende Sturmscheibe. • Zwei Spieler lernen an einem Gerät kooperativ aufeinander einzugehen	Eine einfache Form können wir aus einem Knopf und Bindfaden herstellen. Hervorragend ist bereits die Kombination einer Holzscheibe mit zwei Löchern und einer dünnen Schnur.
413	**Mikado-Raten** Raten	Ein Mikado besteht aus 41 Stäben und besitzt feststehende Regeln. Die Größe kann variieren. Man kann mit dem Mikado aber auch ein indianisches Spiel nachvollziehen, indem man eine Handvoll der Stäbchen ergreift und raten lässt, wieviele es sind. Die Differenz ergibt Minuspunkte.	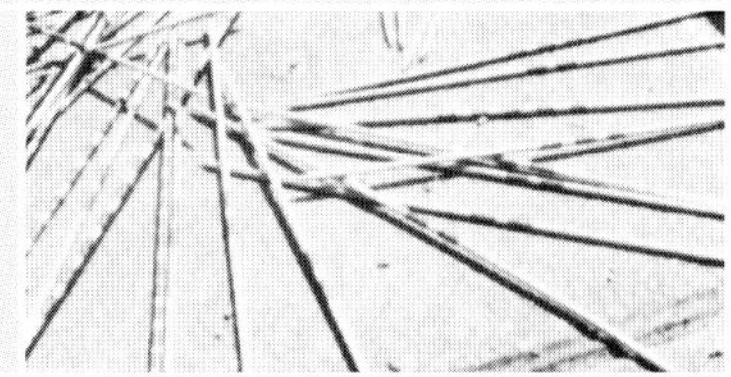
414	**Stelzenlaufen** Balance	Manche Kinder basteln sich ihre Stelzen selber (aus Holzstangen, Bambus oder Büchsen mit Schnüren). Rasch sind dazu Spiel- und Übungsformen gefunden, ja selbst Wettkampfregeln für Mannschaften ausgedacht. Der Sieger darf sich – natürlich auf Stelzen gehend – eine Belohnung holen, die an einem Faden aufgehängt ist.	
415	**Cusanus-Kugel** Ausdauer	Auf den Boden haben wir 9 konzentrische Kreise aufgezeichnet und sie von außen nach innen nummeriert. Die Kugeln mit der Delle rollen wir von außen so in die Zielfelder hinein, dass sie nach ihrer Spiralbahn möglichst im Zentrum zur Ruhe kommen. Wer 34 Punkte erreicht, hat gewonnen.	

Nr.	Name der Spielform Ziele	Beschreibung	Hinweise/Organisation
416	**Stockziehen** Kraft	Zwei Spieler sitzen sich mit gespreizten Beinen gegenüber. Ihre Fußsohlen berühren sich. Sie halten sich an einem kurzen Stab fest und versuchen, den Partner auf ihre Seite zu ziehen.	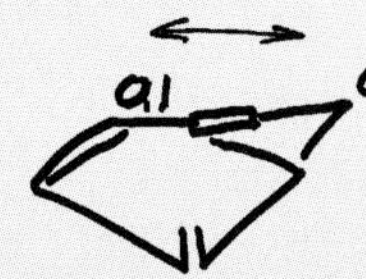
417	**Entwaffnen** Beweglichkeit Kraft	Jeweils zwei Partner halten sich mit einer Hand an einem Stab von 1 m Länge fest. Ohne den Gegner zu berühren oder die andere Hand zu gebrauchen, versucht jeder, dem anderen den Stab zu entwenden.	
418	**Flaschenrollen** Geschicklichkeit Schnelligkeit	Ein Spieler nach dem anderen versucht mittels zweier 50 cm langer Stöcke eine wassergefüllte PET-Flasche um ein 10 m entferntes Ziel herum und wieder zurück zu rollen. • Flaschenrollen kann als Stafette gespielt werden	
419	**Heiße Kartoffel** Gelassenheit Schnelligkeit	Die Spieler sind mit je zwei Stöcken von einem halben Meter Länge (z. B. Diabolostöcke) ausgerüstet und geben im Kreis einen Tennisball weiter, der nur mit den Hölzern berührt werden darf. • Zwei Mannschaften gegeneinander. Das Ziel ist der eigene Korb (oder Schachtel)	
420	**Stocktreiben** Geschicklichkeit	Zwei Spieler schlagen im Wechsel mit einem 50–60 cm langen Stock einen etwa halb so langen Stock wie einen Schlagball in Richtung Nachbar. Vom Landeort her schlägt dieser das kurze Holz zurück. Der Gegner darf versuchen, den fliegenden Stock herunterzuholen. Wer treibt den Stock zuerst hinter die Markierung?	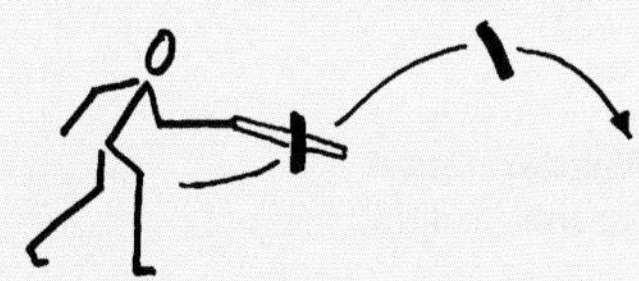

Nr.	Name der Spielform Ziele	Beschreibung	Hinweise/Organisation
421	**Kunststück** Balance	Ein Besen oder eine lange Stange wird auf der Handfläche (dem Kinn, der Stirn) balanciert. Das ist umso einfacher, je weiter weg der Schwerpunkt vom Balancepunkt ist. Eine konische Stange kann also mit dem dickeren Ende in der Luft oben besser im Gleichgewicht gehalten werden als umgekehrt. Tipp: Blick auf die Spitze.	
422	**Ringstechen** Gewandtheit	An einer Schnur hängt ein Ring. Der wird so an einer Stange oben oder an einem Ast befestigt, dass er auf Hüfthöhe über dem Boden schwebt. Knapp zwei Meter davon entfernt stehen mit entsprechend langen Stangen ausgerüstet zwei Spieler nebeneinander, die sich stören und gleichzeitig durch den Ring stechen wollen.	
423	**Lanzenritter** Koordination	Ein selbstgeflochtener oder Tennisring hängt von der Decke oder einem Ast bis auf Kopfhöhe herab. Ein Spieler nach dem anderen versucht aus dem Laufschritt eine zwei Meter lange Stange durchzustecken.	
424	**Bobby und Toby** Kraft	Zwei Spieler stehen hintereinander und tragen auf ihren Schultern gemeinsam zwei solide Stangen. Darauf ruht ein großer Ball, mit dem sie zuerst ruhig, später in größerem Tempo durch den Raum gehen und kurven. • An den Stangen hängt mit Händen und Füßen als „Jagdbeute" ein dritter Mitspieler. Die drei lösen sich gegenseitig ab	
425	**Wanderndes A** Zusammenspiel	Wir haben drei Stangen durch solide Schrauben zu einem A verbunden. An der Spitze werden Seile festgeknüpft. Ein Spieler stellt sich ins A hinein und beginnt, damit durch den Raum oder über den Platz zu wandern, während die Mitspieler ihn mit Hilfe der Seile ausbalancieren.	

Nr.	Name der Spielform Ziele	Beschreibung	Hinweise/Organisation
426	**Kugelfangen** Koordination	Halte das Fangbrettchen am Griff und zupfe die Kugel mit einem kurzen Ruck senkrecht hoch. Versuche sie dann durch das Loch fallen zu lassen. Wiederholen, bis die ganze Schnur aufgewickelt ist.	
427	**Rückwärtsgang** Konzentration	Sofern sich die Schnur regelmäßig um das Brettchen gewickelt hat, kann man es einfach drehen und mit den gleichen Bewegungen wie beim Start die Schnur wieder lösen. • Das Loch über die Kugel so rasch gegen den Boden ziehen, dass sich diese so löst	
428	**Mit Schwung** Koordination	Die Kugel kann auch mit einem guten Schwung vorwärts hochgezogen und dann aufgefangen werden.	
429	**Beidhändig** Strategie	Sobald es mit der „besseren" Hand gut klappt, ist ein Versuch mit der anderen Hand oder beidhändig an der Reihe. So kann man seine Lernerfahrung von einer Hand auf die andere übertragen.	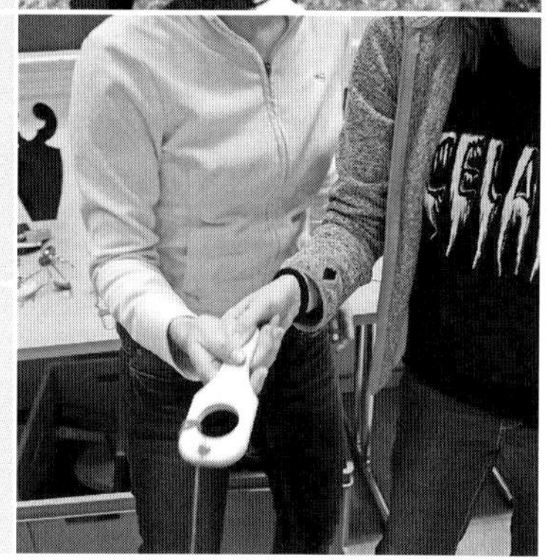
430	**Paarweise** Teamarbeit	Paarweise könnte bedeuten, es mit zwei Fangbrettchen gleichzeitig zu versuchen. Aber eigentlich ist gemeint, dass es zwei Spieler gleichzeitig mit einem Brettchen versuchen. Dies ist eine anspruchsvolle Koordinationsübung.	

6.6 Spiele mit dem Bilboquet

Nr.	Name der Spielform Ziele	Beschreibung	Hinweise/Organisation
431	**Auffangen** Geduld Resilienz	Der Spieler hält den Griff des Bilboquets mt gebeugtem Arm in der Hand. Durch eine rasche Bewegung zupft er die ruhig hängende Kugel senkrecht hoch und lässt sie mit dem Loch auf die hingehaltene Spindel fallen. (Franz. *bille* = Kugel, *boquet* = Speerspitze.)	
432	**Tellerfangen** Ermutigung Präzision Ausdauer	Die hochgezogene Kugel wird mit dem flachen Teil des Griffes aufgefangen. • Dasselbe mit hochschwungener Kugel	
433	**Zweihändig** Ruhe	• Das Bilboquet wird in beide Hände genommen und zuerst auf der Spindelspitze, dann auf dem Teller aufgefangen • Derselbe Versuch, nun mit der anderen Hand	
434	**Bilboquet à deux** Koordination Reaktion	Den Griff halten zwei Spieler und versuchen, durch eine gemeinsame Bewegung die Kugel mit der einen, später mit der anderen Seite des Griffes aufzufangen. • Ein Spieler hält in jeder Hand ein Bilboquet und versucht, beide gleichzeitig aufzufangen	
435	**Kendama** Koordination Geschicklichkeit Ausdauer	Das in Japan weit verbreitete Spielgerät hat vier Auffangmöglichkeiten. Wer schafft die vier Aufgaben ohne Fehlversuch dazwischen?! – Könner spielen schier unglaubliche Tricks und Abfolgen bis hin zu internationalen Meisterschaften. (Ein analoges Gerät aus der Maja-Kultur heißt Ticayo.)	

Nr.	Name der Spielform / Ziele	Beschreibung	Hinweise/Organisation
436	**Vorübung** Fingerspitzengefühl	• Starten eines Kreisels mit der rechten Hand • Starten eines Kreisels mit der linken Hand • Starten zweier Kreisel gleichzeitig	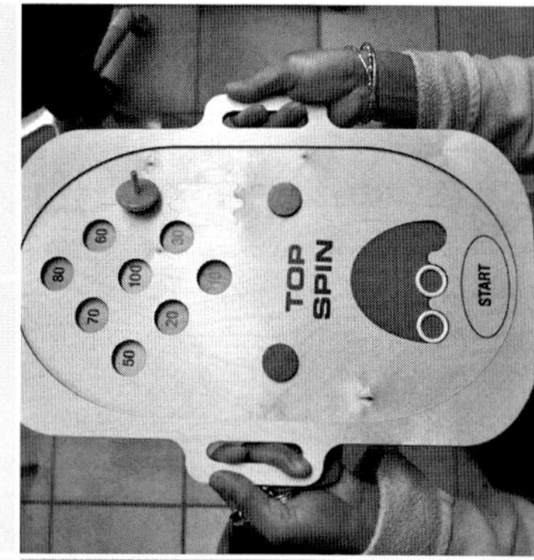
437	**Spielfeld** Reaktion	Starte einen Kreisel im Deckel einer Schachtel. Halte den Deckel so in einer oder beiden Händen, dass der Kreisel nie am Deckelrand anstößt. • Varianten mit dem Top-Spin erfinden	
438	**Kreiselwechsel** Koordination	Mehrere Spieler starten ihren Kreisel auf einem Schachteldeckel, Holzbrett o. Ä. und tauschen die Unterlagen mit den laufenden Kreiseln untereinander aus.	
439	**Kreiselrennen** Teamwork	Es braucht zwei oder mehr Mannschaften mit je vier oder mehr Spielern. Der Startspieler jeder Mannschaft bringt einen Kreisel auf einem Holzbrett oder Karton (15 x 30 cm) zum Laufen, geht damit um einen 10 m weiter vorne stehenden Stuhl herum und zurück. Der Kreisel muss sich solange drehen. Dann startet der zweite Spieler.	
440	**Kreiselrekord** Resilienz Ausdauer Übersicht	Wer kann auf einer Tischfläche über 30 Kreisel gleichzeitig laufen lassen? Kreisel, die vom Tisch runterfallen, müssen ins Spiel zurückgebracht werden, bevor neue Kreisel ins Rennen kommen.	

Nr.	Name der Spielform Ziele	Beschreibung	Hinweise/Organisation
441	**Beidhändig** Koordination	Der Kreisel wird zwischen beide Hände genommen und durch eine rasche gegenläufige Bewegung beider Handflächen zum Drehen auf dem Boden gebracht. Ein schwieriges Unterfangen, siehe deshalb 442/443.	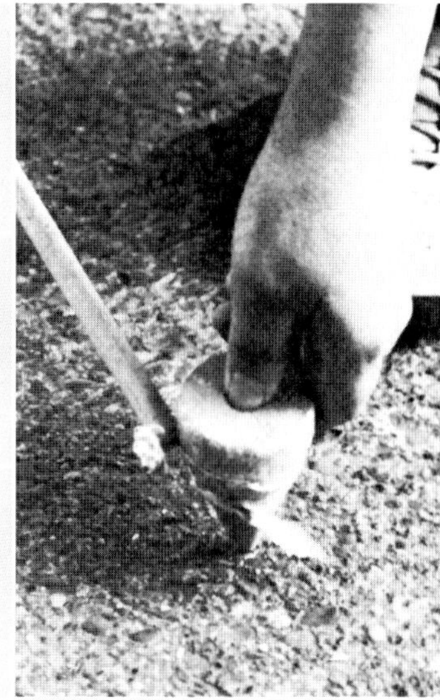
442	**Kreisel einwickeln** Geschicklichkeit	Das Schnurende der Peitsche wird von oben gegen die Spitze auf den Kreisel gelegt und dann im Uhrzeigersinn von unten nach oben um den Kreisel gewickelt. Linkshänder müssen andersherum wickeln.	
443	**Kreisel starten** Koordination	Der Spieler hält den Kreisel von oben her in gebückter Haltung mit der linken Hand knapp über dem Boden. Dann reißt er mit der rechten Hand rasch die Peitsche zurück und lässt gleichzeitig den Kreisel los.	
444	**Kreisel schlagen** Geschicklichkeit	Der Kreisel ist einer, der Schläge liebt. Wenn möglich sollte er aber nur geschlagen werden, wenn er senkrecht steht, sonst fällt er leicht um. Um in gut zu treffen, sollte man etwas Abstand halten und flach schlagen. • Wer kann zwei oder mehr Kreisel gleichzeitig am Laufen halten?	
445	**Kreisel steuern** Umgang mit der Aggression	Der Kreisel wird nach dem Start mit geschickten Schlägen auf ein Ziel zu befördert. • Diese Übung eignet sich hervorragend für einen Wettbewerb zwischen mehreren Spielern	

6

Nr.	Name der Spielform Ziele	Beschreibung	Hinweise/Organisation
446	**Schnurkreisel** Timing	Der Schnur- oder Fadenkreisel wird zum Starten am Ring oben gehalten. Dann ziehen wir die Schnur rasch heraus und lassen sie los. Sie wickelt sich sofort von selber auf. Erst jetzt stellen wir den Schnurkreisel auf den Boden. • Man kann ihn auch im „Kopfstand" starten und laufen lassen	
447	**Griffkreisel** Koordination	Zum Start halten wir den Kreisel etwas über den Boden und ziehen die Schnur mit kräftigem Zug ganz heraus. Der Kreisel fällt aus dem Griff auf den Boden und läuft bisweilen minutenlang selbstständig weiter.	
448	**Wendekreisel** Geschicklichkeit	Kinder unter sechs Jahren und viele Erwachsene können diese Kreisel häufig nicht so schnell starten, dass sie sich beim Drehen auch noch zu wenden beginnen und zuletzt auf ihrem Stiel weiterlaufen. Doch macht auch hier die Übung den Meister.	
449	**Maß für die Zeit** Konzentration	Bei kurzen Übungen und Intervallen können wir den Kreisel als Maß für die Zeit nehmen. Er ersetzt das Zählen oder die Stoppuhr. Solange der Kreisel läuft, darf die entsprechende Mannschaft laufen, klettern, schwimmen. Während sich der Kreisel dreht, hält der Suchende im Versteckspiel die Augen noch geschlossen.	
450	**Kreiselpiste** Flexibilität Aufmerksamkeit	Ein Kreisel ist nicht einfach ein Kreisel. Sobald wir ein Potpourri von verschiedenen Typen, Farben und Mustern miteinander laufen lassen, gibt es Vieles zu sehen, zu staunen und zu beobachten, was Menschen schon seit Jahrhunderten fasziniert hat.	

Nr.	Name der Spielform Ziele	Beschreibung	Hinweise/Organisation
451	**Starten** Koordination	Das Diabolo liegt auf der Schnur am Boden. Der Spieler steht mit den Stöcken in der Hand dahinter. Der rechte Stock zeigt nach unten. Jetzt zieht ihn der Spieler aus dem rechten Handgelenk heraus rasch hoch, geht sofort wieder nach unten und zieht in rascher Folge weiter hoch, so dass das Diabolo schnell dreht. (Griech. *dia-bolein* = durch-werfen.)	
452	**Ruck-zuck** Aufmerksamkeit	Das Diabolo ist umso stabiler in seiner Lage, je rascher es auf der Schnur rotiert. In schnelle Drehung können wir es auch versetzen, indem wir es mit kurzen knappen Bewegungen des rechten Handgelenkes ruckartig wieder und wieder hochholen. Die linke Hand bleibt dabei ruhig; der Stock leicht aufwärts.	
453	**Korrigieren** Reaktion	Wenn sich das Diabolo seitwärts abdreht, geht man hintendran am besten mit. Sobald es aus seiner waagrechten Lage kippt, folgt die linke Hand: Wenn das Diabolo nach vorne kippt, geht die Linke auch vor. Senkt es sich nach hinten gegen mich, nehme ich den linken Stock ebenfalls zurück.	
454	**Sausen** Kraft	Besonders rasch kann ich ein Diabolo durch peitschende Schläge aus der rechten Hand heraus in Bewegung bringen. Selten sind Diabolos so konstruiert, dass sie bei hohen Drehzahlen einen markanten Ton erzeugen.	
455	**Einschlaufen** Rhythmus Timing	Der Spieler umschlingt das drehende Diabolo mit dem rechten Stock im Gegenuhrzeigersinn. Durch die größere Reibung bringt er das Diabolo rascher in eine maximale Rotation. • Im Rhythmus ein- und ausschlaufend weiterspielen	

Nr.	Name der Spielform Ziele	Beschreibung	Hinweise/Organisation
456	**Taktschlagen** Rhythmus Kreativität	Ich fahre mit dem rechten Stock vor dem linken durch und halte ihn dann quer darüber. Jetzt kann ich mit dem rechten auf dem linken Stock während des Spielens einen beliebigen Rhythmus klopfen. Beschleunigen und Korrigieren sind weiterhin möglich.	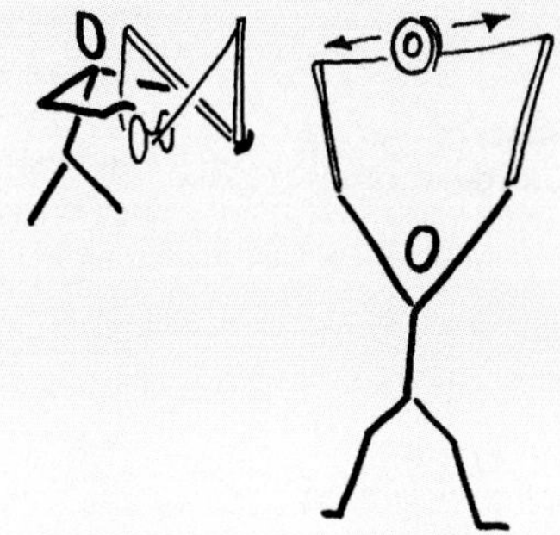
457	**Seiltänzer** Koordination Aufmerksamkeit	Wenn das Diabolo rasch dreht, spanne ich die Schnur an und halte die Stöcke gleichzeitig fast senkrecht hoch. Steigt die Schnur leicht nach links an, scheint das Diabolo auf der Schnur stillzustehen. Je nach dem Neigungswinkel der Schnur kann ich es aber auch hin und her rutschen lassen.	
458	**Lift** Timing Attraktivität Voraussicht	Um das rasch drehende Diabolo beschreibe ich mit dem rechten Stock im Gegenuhrzeigersinn einen raschen Kreis. Wenn ich jetzt die linke Hand hochstrecke, saust das Diabolo in der so entstandenen Schlaufe senkrecht hoch. Nach dem Herunterrollen kann ich ausschlaufen und weiterspielen.	
459	**Waage** Koordination	Ich lasse die linke Hand „im Raum" stehen und gehe während des Spielens rechts darum herum, bis ich meiner früheren Position gegenüber stehe. Ich spiele mit gekreuzten Armen weiter und lasse die Stöcke dabei leicht hängen.	
460	**Meditation** Rhythmus Antizipieren	Das Diabolo dreht nahe beim rechten Stock. Mit dem Handrücken nach oben zieht ihn die Rechte jetzt vor dem Diabolo nach links. Dort dreht sich die Hand und streckt die Schnur mit einer raschen Rechtsbewegung (Handrücken nach unten) wieder an. Eine der schönsten und schwierigsten Diabolobewegungen (zu Musik).	

Nr.	Name der Spielform Ziele	Beschreibung	Hinweise/Organisation
461	**Fingerhüpfer** Koordination	Das Diabolo dreht rasch und waagrecht. Jetzt nehmen wir beide Stöcke wie ein „V" in die linke Hand. Mit dem rechten Zeigefinger fahren wir auf der Schnur von rechts nach links unter dem Diabolo durch. Das Diabolo hüpft mit etwas Übung noch und noch, bevor wir wieder beschleunigen müssen.	
462	**Stockroller** Balance	Aus dem Spielen heraus drehe ich den linken Stock in die Verlängerung der Schnur. Jetzt kann ich das Diabolo auf den Stock rollen und später wieder auf die Schnur zurückrutschen lassen (Linkshänder auf rechten Stock). • Vom Stock aus hochwerfen und dann fangen	
463	**Umschwung** Koordination	Das Diabolo wird um den linken (oder rechten) Stock herumgeschwungen und landet auf der Schnur. Bevor es zu langsam wird, schwingt es der Spieler wieder zurück und spielt weiter. Selbst wenn es neben die Schnur fällt, dreht es in der Schlinge drin weiter und kann meist zurückgeschwungen werden.	
464	**Looping** Timing Resilienz	Aus dem Spiel heraus hält der Spieler den rechten Stock quer vor den linken. Dann schwenkt er die Stöcke so, dass das Diabolo einen großen Kreis beschreibt und – ohne einzuschlaufen – frei weitergespielt werden kann.	
465	**Fußhüpfer** Balance Reaktion	Ich halte meinen rechten Fuß über das Diabolo und drücke rechts leicht gegen die Schnur, während ich die linke Hand kurz hochziehe. Das Diabolo hüpft über den Schuh wieder auf die Schnur zurück, gleitet unter meinem Fuß durch, usw. Dies tut es oftmals hintereinander, wenn ich mit der linken Hand weiter beschleunige.	

Nr.	Name der Spielform Ziele	Beschreibung	Hinweise/Organisation
466	**Hochwerfen** Spaß Staunen	Ich werfe das Diabolo erst hoch, wenn es waagrecht auf der Schnur liegt und rasch dreht. Dann reiße ich den rechten Stock senkrecht hoch, so dass es drei bis vier Meter in die Höhe fliegt. Dies kann ich auch erreichen, indem ich die Schnur rasch waagrecht anspanne. Auch haushohe Würfe sind möglich.	
467	**Auffangen** Antizipation Selbstwirksamkeit	Hole das Diabolo dort, wo es herunterkommt. Fasse die Mitte des Diabolos ins Auge und gehe ihm mit der Spitze des rechten Stockes entgegen. Sobald es auf der Schnur gelandet ist, wird diese locker gelassen und beim Weiterspielen die Lage des Diabolos sofort korrigiert.	
468	**Im Fadenkreuz** Timing Fingerspitzengefühl	Nach dem Hochwerfen bildet der Spieler mit der Schnur blitzschnell ein Fadenkreuz. Jetzt fängt er das Diabolo im Kreuz wieder auf. Dann lässt er die Schnur los und spielt wie gewohnt weiter.	
469	**Raketenstart** Koordination Attraktion	Wer bereits gut spielt, kann das Diabolo durch einmaliges Hochziehen des rechten Stockes aus dem Stillstand vom Boden fünf bis zehn Meter in die Höhe katapultieren und dabei in so rasche Drehung bringen, dass es beim Herunterkommen sicher zu fangen ist.	
470	**Spring, Kobold!** Lockerheit Timing	Wenn ich das Diabolo beim Herunterkommen mit der angestreckten Schnur erwarte und sie nicht locker lasse, springt das Gerät wieder hoch. Das tut es viele Male hintereinander. Im Moment des Auftreffens kann ich es auch etwas beschleunigen und notfalls korrigieren.	

Nr.	Name der Spielform Ziele	Beschreibung	Hinweise/Organisation
471	**Pirouette & Co.** Präzision Koordination Timing	Nach dem Hochwerfen eine oder mehrere Drehungen. Dann wieder auffangen. • Als „Waage" hochwerfen und nach einer halben Drehung wieder auffangen • Nach dem Hochwerfen ein oder mehrere Male „Seilspringen" und dann wieder auffangen	
472	**Schnurkreuz** Geschicklichkeit Koordination	Während das Diabolo hochfliegt, wird die Schnur so gegriffen, dass ein Kreuz entsteht, in dem das Diabolo aufgefangen wird. Sobald es langsamer wird, können wir es wieder hochwerfen oder mit der Schnur fallenlassen und weiterspielen.	
473	**Zusammenspiel** Kooperation Attraktivität	Zwei Partner können sich das Diabolo am einfachsten zuspielen, wenn sie in angemessenem Abstand Seite an Seite stehen. • Ein Rechts- und ein Linkshänder stehen frontal zueinander/Seite an Seite, damit sie sich das Gerät gegenseitig nicht abbremsen	
474	**Katarakte** Teamwork Attraktivität	Mehrere Spieler stehen nebeneinander. Der erste wirft das Diabolo dem zweiten zu, dieser dem dritten, usw. Der letzte Spieler in der Reihe wirft es dem ersten zurück. • Mit mehreren Diabolos gleichzeitig	
475	**Zirkus-Show** Kreativität Spaß	Das Diabolo bietet fantastische Möglichkeiten, um beispielsweise zu Zirkusmusik allein oder in Gruppen performt zu werden. • Figuren und Übergänge nach eingespielter Absprache • Choreografie • Kombination mit Jongliertellern u. a.	

6

Nr.	Name der Spielform Ziele	Beschreibung	Hinweise/Organisation
476	**Balance** Aufmerksamkeit Reaktion	Auf der Hand oder auf einem waagrecht gehaltenen Handstab stehend kann der Devil Stick balanciert werden. Wer das obere Ende des Sticks im Auge behält, hat mehr Erfolg.	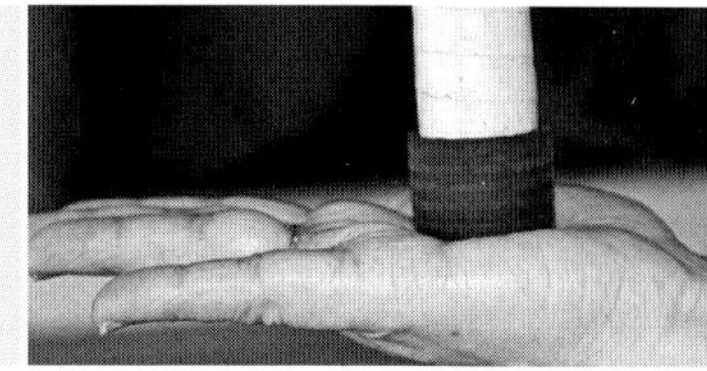
477	**Drehwürfe** Kraftdosierung Timing	Der Devil Stick liegt quer auf beiden Handstäben. Jetzt lässt er sich so hochwerfen, dass er vor uns im Uhrzeiger- oder Gegenuhrzeigersinn eine halbe Drehung macht. Dann fangen wir ihn ab. Wer etwas über Kopfhöhe wirft, hat mehr Zeit.	• Die gleiche Übung mit einer ganzen Drehung • Eine halbe Drehung rechts und links herum waagrecht
478	**Labiles Gleichgewicht** Resilienz Lockerheit Antizipieren	Die Handstäbe schlagen einwärts hoch und halten so den pendelnden Stick in der Luft. Wenn die Spitzen der Stäbe leicht nach vorne einwärts gerichtet sind, bleibt der Stick eher beim Spieler und fällt nicht nach vorne weg.	
479	**Rotation** Koordination Präsenz	Wir wirbeln den Devil Stick nach rechts um den rechten Handstab. Diesen während der leichten Drehbewegung gleichzeitig immer etwas anheben!	
480	**Partnerspiel** Teamarbeit Koordination	Zwei Partner werfen sich den Devil Stick hin und her zu. • Vor dem Werfen den Stick bei sich selber auf eine der vier Arten (siehe Übung 477) drehen • Beim Zuwerfen den Stick dann genauso drehen lassen	

7 Spiele mit Hölzchen, Papier und Bleistift

Bei Spielen mit Papier und Bleistift existiert eine eigentliche Subkultur. Sie gedeiht auf dem Boden langweiliger Unterrichtsstunden und lebt nicht zuletzt von dem Nervenkitzel, beim verbotenen Spielen vom Lehrer nicht erwischt zu werden. Dieses doppelte Risiko – im Spiel und beim Spielen – stellt an den Spieler selbst höchste Ansprüche und ist nichts für Leute mit schwachen Nerven. So sind es denn seltsamerweise meist die intelligentesten und die dümmsten Spieler, welche ein derartiges Unterfangen durchstehen. Alle anderen werden mangels Übung vorzeitig erwischt oder fangen gar nicht erst an.
Am Beispiel der Hölzchen soll gezeigt werden, dass selbst bei einem einfachen Material denksportliche Fähigkeiten, strategisches Denken, räumliches Vorstellungsvermögen, logisch-mathematisches Denken, Kreativität, Fingerfertigkeit, Allgemeinbildung und eine gute Portion Spielwitz gefragt sind, um alle Klippen zu meistern. Die Lösungen befinden sich gleich daneben. Sie können aber auch leicht abgedeckt werden. Und wer will, kann dieselben Aufgaben nach zwei bis drei Monaten nochmals lösen und dann vergleichen, ob ein Lerneffekt festzustellen ist.

Nr.	Name der Spielform Ziele	Beschreibung	Hinweise/Organisation
481	**Zehn Punkte** Fantasie	Jeder Spieler zeichnet auf ein Blatt Papier willkürlich verteilt zehn Punkte. Der Spielleiter sammelt die Blätter ein und verteilt sie neu. Jetzt hat jeder von uns drei Minuten Zeit, die deutlich markierten Punkte in eine Zeichnung einzubeziehen. Die Kunstwerke stellen wir anschließend aus.	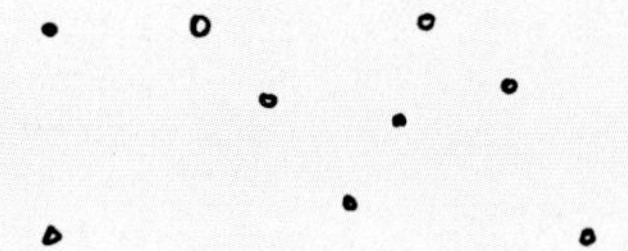
482	**Neun Punkte** Intelligenz	Vier aneinanderhängende Geraden sind so zu legen, dass jeder Punkt berührt wird: · · · · · · · · ·	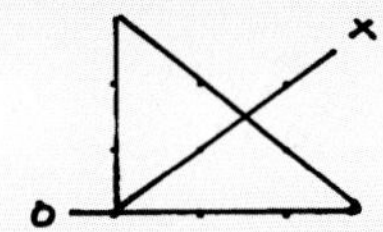
483	**Sechzehn Punkte** Vorstellungsvermögen	Sechs zusammenhängende gerade Linien sollen alle untenstehenden sechzehn Punkte treffen: · · · · · · · · · · · · · · · ·	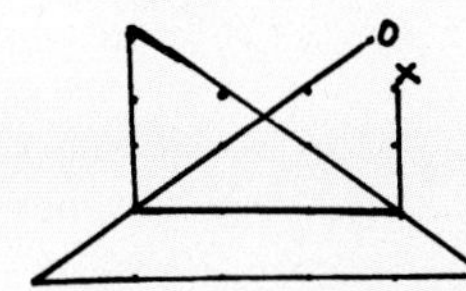
484	**Autorennen** Reaktion	Auf ein Blatt zeichnen wir gut verteilt zwanzig oder mehr Punkte. Zur Musik kurvt jeder mit dem Bleistift in seinem Tempo und Rhythmus zwischen den Punkten herum. • Noch besser eignen sich hier Kreide und Papierbogen im Plakatformat	
485	**Zahlen-Tippen** Lockerheit	Auf einem Blatt Papier werden durcheinander und in unterschiedlicher Größe die Zahlen von 1 bis 50 aufgezeichnet. • Wie lange dauert es, sie in dieser Reihenfolge wieder aufzufinden? • Geht es beim zweiten Versuch schneller?	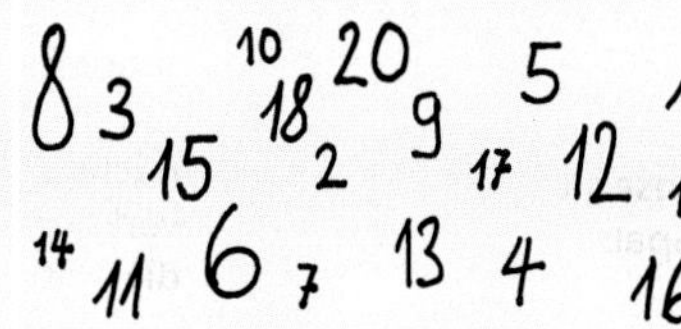

Nr.	Name der Spielform Ziele	Beschreibung	Hinweise/Organisation
486	**Selbstporträt** Kennenlernen	Wie für ein Inserat schreibt jeder Spieler eine Reihe von persönlichen Angaben über sich selber in Kurzform auf (Liebhabereien, Ferienwünsche, Geschwister, usw.). Dann werden die Blätter eingesammelt und neu verteilt. Die Spieler lesen reihum jeder eine fremde Beschreibung und alle raten, wen es wohl betrifft.	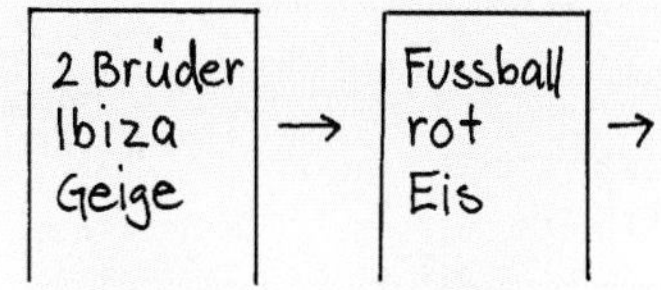
487	**Steckbrief** Kennenlernen	Wir versuchen, jeder für sich, einen persönlichen Steckbrief zu verfassen, indem wir Antworten aufschreiben auf Fragen wie: „Was wärst du, wenn du ein Musikinstrument wärst oder ein Gebäude, ein Land, ein Getränk, Buch, Politiker, Bum, Tier, Filmstar oder eine Blume?“ Wir raten, wessen Steckbrief der Spielleiter vorliest.	Im Kreis kann der „Steckbrief“ auch gespielt werden, indem sich alle eine anwesende Person merken und ein Gruppenmitglied von außen hereinkommt und mit Fragen nach „Buch“, „Auto“, usw. versucht zum Ziel zu kommen
488	**Superhirn** Gedächtnis	Der Spielleiter liest in ruhigem Tempo 30 Gegenstände vor. Dann hat jeder Zeit, sich in der angesagten Zeit (z. B. zwei Min.) so viele Begriffe aus der Reihe wie möglich zu notieren.	
489	**Mitternachtstext** Staunen	Wir vergleichen, wer im Dunkeln oder mit geschlossenen Augen einen vorgelesenen Satz am schönsten niederschreiben kann. • Mit geschlossenen Augen einen Baum mit Ästen und Früchten zeichnen oder eine Lokomotive mit drei Wagen oder …	
490	**Inserat** Spaß	Jeder beantwortet auf seinem Blatt die Frage: „Wer will etwas verkaufen?“. Wenn die Antwort notiert ist, wandert der gefaltete Zettel zum nächsten Spieler. Jetzt schreibt jeder die Antwort zu „Was will er verkaufen?“ und gibt das gefaltete Blatt weiter. Zuletzt notieren wir die Antwort zu „Weshalb verkauft er?“.	So entstehen recht ungewohnte Inserate, die wir reihum vorlesen. Als mögliches Beispiel: „Der Bundespräsident will eine Fußballmannschaft verkaufen, weil sein Hund sonst Flöhe kriegt.“

Nr.	Name der Spielform Ziele	Beschreibung	Hinweise/Organisation
491	**Was würdest du tun?** Fantasie	Jeder denkt sich ein Problem und eine entsprechende Lösung aus. Jetzt lässt er seinen linken Mitspieler das Problem notieren und diktiert die entsprechende Lösung seinem rechten Nachbarn. So entstehen verrückte und erstaunliche Vorschläge.	Andere Variationen sind denkbar mit Tieren und dem entsprechenden Futter, mit zu Berufen passenden Freizeitbeschäftigungen oder mit Sportlern und Trainingstipps.
492	**Team-Story** Spaß	Jeder Spieler erzählt in drei bis vier Sätzen den Anfang einer Geschichte. Dann wird der Text zurückgefaltet, so dass nur noch die letzten Worte sichtbar sind, und das Blatt weitergegeben. Nach zwei bis drei weiteren Wechseln ist es Zeit zum Vorlesen.	Mit dem Hinweis auf Anschlusswörter wie „Darauf …", „Und so …", „Deshalb kam es, dass …", kann der Spielleiter das Weiterschreiben erleichtern.
493	**St. Nikolaus** Antizipation	„Das ist das Haus vom Ni-ko-laus". Wir ziehen zu jeder Silbe eine weiterlaufende Linie, so dass das entsprechende Haus entsteht. Es gibt mehrere Lösungen. Wer findet weitere Lösungen?	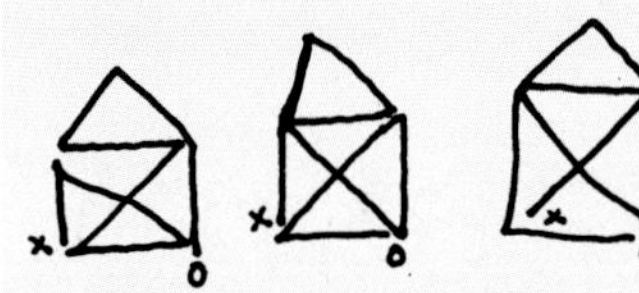
494	**Eselschwanz** Spaß	Auf einen großen Papierbogen haben wir einen schwanzlosen Esel gezeichnet und das Werk an der Wand festgemacht. Ein Spieler nach dem anderen versucht jetzt mit dem Schreibstift in der Hand aus angemessener Distanz mit geschlossenen Augen an den Bogen zu treten und den Schwanz an der passenden Stelle zu markieren.	
495	**Wort-Bilder** Kreativität	Wir verdeutlichen einzelne Begriffe sinngemäß durch ein neues Schriftbild.	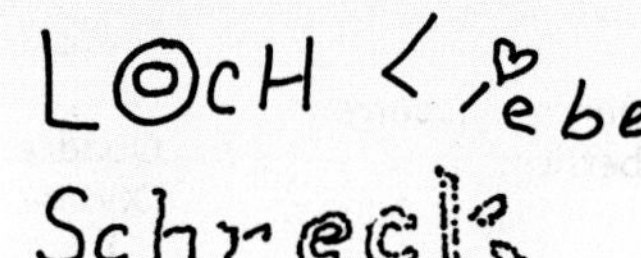

Nr.	Name der Spielform Ziele	Beschreibung	Hinweise/Organisation
496	**Zeichenkünstler** Fantasie Cleverness	Wechselnde Vorzeichner versuchen einen vom Spielleiter gegebenen Begriff so zu zeichnen, dass die Mitspieler das Wort möglichst bald herausfinden. Wie beim Fernsehspiel „Montagsmaler" können auch zwei Gruppen gegeneinander antreten	Falls vorhanden, eignet sich hier auch eine Tafel oder Flipchart mit Kreide gut.
497	**Vier gewinnt** Zielstrebigkeit	Zwei Spieler sitzen sich an einem karierten Blatt Papier gegenüber. Abwechselnd setzen sie ihre Kreuze und Kreise. Gewonnen hat, wer zuerst vier seiner Zeichen im Viererblock oder in einer waagrechten, senkrechten oder diagonalen Linie gesetzt hat.	Wer beginnt und konsequent und angriffig auf Sieg spielt, wird mit Sicherheit gewinnen.
498	**Fünf gewinnt** Strategie Übersicht	Dies ist wie Vier gewinnt ein Strategiespiel für zwei Personen. Die beiden Gegenüber setzen in ein Feld von 10 x 10 Quadraten abwechselnd ihr Zeichen (Kreuz oder Kreis). Gewonnen hat, wer zuerst fünf seiner Symbole waagrecht, senkrecht oder diagonal auf einer Geraden hat.	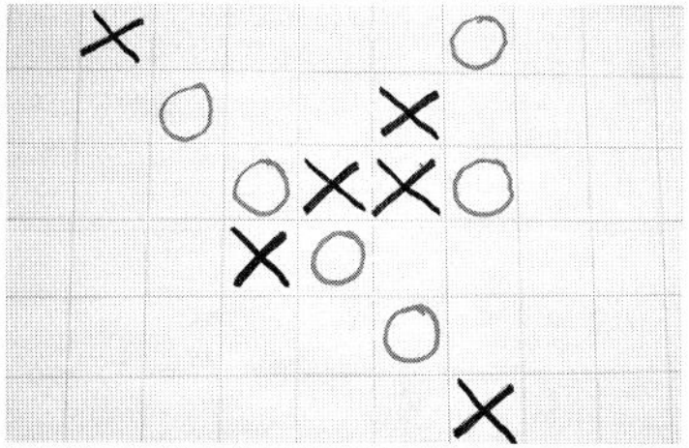
499	**Hühner einsperren** Übersicht	Zwei Spieler haben auf ein kariertes Blatt die nicht allzu großen Umrisse eines „Hühnerhofes" gezeichnet. Einer nach dem anderen zieht jetzt im Innern im Wechsel einen Strich von der Länge eines Quadrats. Wer ein Viereck abschließen kann, setzt sein Zeichen hinein (X oder O) und darf noch einmal weiterfahren.	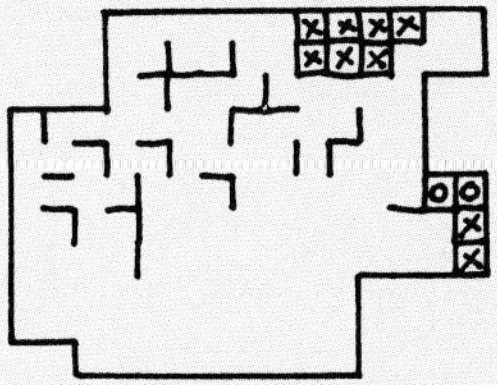

Nr.	Name der Spielform Ziele	Beschreibung	Hinweise/Organisation
500	**LOGO** Übersicht Strategie	Dieses Denkspiel für zwei Personen wird mit Papier und Bleistift gespielt. Die vier Ebenen mit je 4 x 4 Feldern muss man sich im Geist übereinander angeordnet vorstellen. Die beiden Spieler setzen ihre Zeichen (Kreuz oder Kreis) im Wechsel in eines der 64 Felder. Gewonnen hat, wer vier seiner Zeichen in eine waagrechte, senkrechte oder diagonale Linie auf einer der vier Flächen oder räumlich über alle vier Ebenen hinweg setzen kann. Es gibt 76 Lösungen.	Es verlangt als zweidimensionale Variante, was im Spiel Sogo mit hellen und dunklen Kugeln auf einem Brett mit 16 Stäbchen dreidimensional gespielt wird. Das Spiel ist analog auf einem Schachbrett mit schwarzen und weißen Figuren, Münzen gegen Büroklammern, usw. spielbar! Die vier Ebenen sind dann jeweils die 16 Felder A 1–D 4, E 1–H 4, E 5–H 8, A 5–D 8.

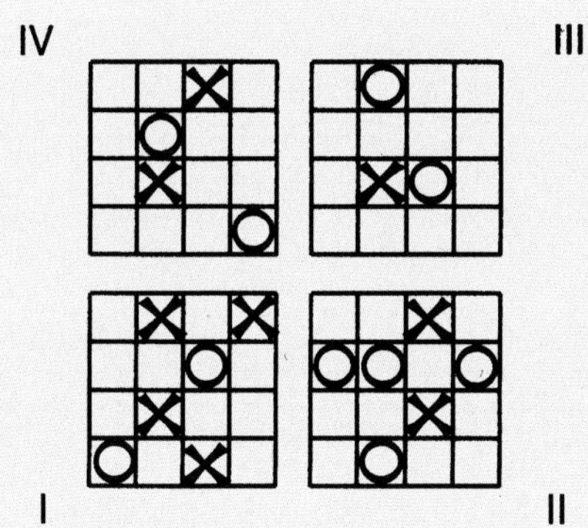

Nr.	Name der Spielform / Ziele	Beschreibung	Hinweise/Organisation
501	**Unterwegs** Fantasie	Was bedeutet: 	Mexikaner im Kanu
502	**Pech gehabt** Abstraktes Denken		Regenwurm klettert über eine Rasierklinge
503	**Paradiesisch** Fantasie		Eva im Orangenberg
504	**Unglaublich** Fantasie		Schlange verschluckte Apfelbaum
505	**Das kommt davon** Analysieren Kombinieren	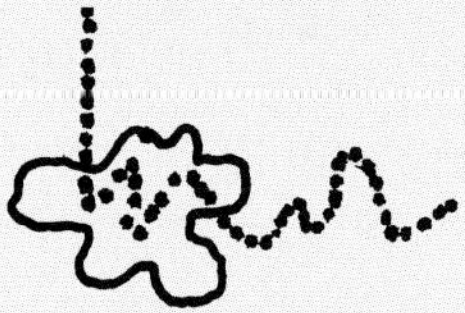	Ameisen beim Durchqueren einer Branntweinpfütze

Nr.	Name der Spielform Ziele	Beschreibung	Hinweise/Organisation
506	**Verpackung** Wortwitz	$\frac{\text{Sch}}{8}$	Schachtel (Sch/Achtel)
507	**Im Verkehr** Kombination	$\frac{\text{Strassen}}{g^{G}}$	Straßenübergang (über g an G)
508	**Berufsmann** Wortlogik	$\frac{\text{nehmer}}{\text{H dels}}$	Handelsunternehmer (H an dels)
509	**Hilfreicher Mensch** Variieren	S T D	Beistand (bei S T an D)
510	**Gar nicht eckig** Kombinieren	r +	rund

Nr.	Name der Spielform Ziele	Beschreibung	Hinweise/Organisation
511	**Allerhand Tiere** Wortschatz	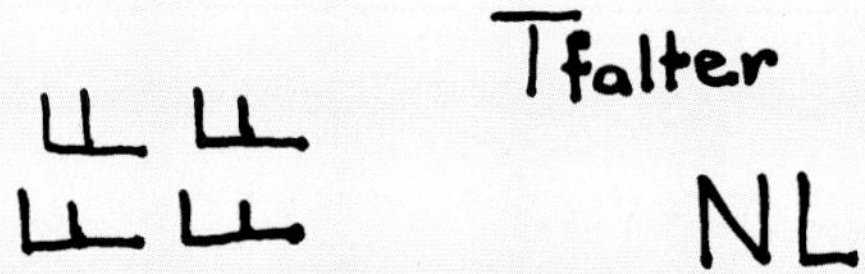	Fliegen (vier F liegen) Nachtfalter (nach T falter) Forellen (vor L N)
512	**Aber, aber …** Staunen Witz		Emma verkehrt in schlechten Kreisen
513	**Oh weh!** Kreativität		Weh am kleinen Zeh
514	**Herrschaften** Kombinationsgabe		Zwei große Beamte im Kreisamt (zwei große B am T im Kreis am T)
515	**Das merke** Logik Umdenken	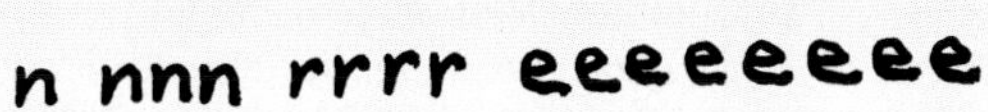	Einen treuen Führer achte (ein n, drei n, vier r, acht e)

7

Nr.	Name der Spielform Ziele	Beschreibung	Hinweise/Organisation
516	**Raus und rein** Schnelligkeit	Jede Mannschaft ist mit einer gefüllten Streichholzschachtel ausgerüstet. Ein Spieler nach dem anderen nimmt ein Streichholz aus der Schachtel, schließt sie wieder, öffnet sie auf der anderen Seite, versorgt das Hölzchen, schließt die Schachtel wieder und gibt sie weiter. Wer gewinnt?	Auch für altersgemische Gruppen gut geeignet.
517	**Streichholzschachtel-punkte** Rechnen	Eine Streichholzschachtel liegt so flach auf einer Tischkante, dass sie zu einem Drittel darüber hinausragt. Einer nach dem anderen darf mit den Fingern von unten her dagegen schlagen. Wenn sie flach landet, ergibt das 1 Punkt, landet sie auf der Reibfläche, sind es 2 Punkte und bei der Schmalseitenlandung 4 Punkte.	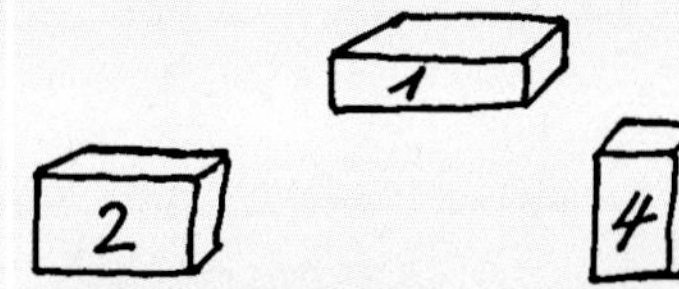
518	**Zwerg Nase** Spaß	Zwei oder mehr Mannschaften sitzen in einer Reihe. Der erste Spieler hat den Deckel einer Streichholzschachtel auf seine Nase gestülpt. Ohne Hilfe der Hände wandert der Deckel jetzt von Nase zu Nase weiter.	
519	**Schüttelraten** Aufmerksamkeit	Wir spielen zu zweit, jeder mit einer Schachtel Streichhölzer ausgerüstet. Ich leere meine Schachtel bis auf 10, 9, ... 1 Streichholz. Dann schüttle ich die Schachtel. Mein Partner rät, wie viele Hölzchen er gehört hat. Hat er richtig geraten, bekommt er sie. Andernfalls gibt er mir die Differenz.	
520	**Packesel** Fingerfertigkeit	Drei bis sechs Spieler sitzen um eine Flasche herum. Jeder ist mit der gleichen Anzahl Streichhölzer ausgerüstet. Reihum versuchen sie, ihre Hölzchen auf die Flaschenöffnung aufzustapeln. Wer den Stapel zum Stürzen bringt, muss die heruntergefallenen Hölzchen zu sich nehmen. Wer ist zuerst seine Hölzchen los?	

Nr.	Name der Spielform Ziele	Beschreibung	Hinweise/Organisation
521	**Fingerspitzengefühl** Konzentration	Wir halten mit Daumen und Zeigefinger jeder Hand zwei Streichhölzer fest. Damit geben wir von einem Spieler der Mannschaft zum nächsten einen Tischtennisball weiter.	
522	**Gute Reaktion** Geschicklichkeit	Auf meinem Handrücken liegt ein Streichholz. Ich werfe es hoch und fange es mit der offenen Hand. Dann versuche ich es mit zwei, drei, ... Hölzern. Sobald ich das erste Mal ein Hölzchen nicht mehr erwische, kommt der Nächste dran. Ab zehn Hölzern habe ich einen zweiten Versuch gut.	
523	**Jedes mit jedem** Tüfteln	Sechs Hölzchen sind so hinzulegen, dass jedes jedes andere berührt.	
524	**Röntgenblick** Experimentieren	Sobald ich meinen Röntgenblick einschalte, kann ich sagen, auf welcher Seite in der Schachtel die Köpfe der Streichhölzer liegen. Wer kanns auch?	Ich werfe die Schachtel hoch. Sie wird mit dem schwereren Teil zuerst landen. Auf diese Seite zeige ich.
525	**Leicht gesagt** Aufmerksamkeit	Jeder Spieler soll mit geschlossenen Augen aus acht Streichhölzern ein Quadrat legen. Das ist leichter gesagt als getan. • Evtl. Zeitlimit: 3 Min.	

Nr.	Name der Spielform / Ziele	Beschreibung	Hinweise/Organisation
526	**Gefangene befreien** Knobeln Tüfteln	Drei ganze und ein gebrochenes Hölzchen bilden das Haus, in dem ein Streichholz gefangen ist. Wie kannst du es befreien, obwohl du es nicht berühren darfst?	Einen Tropfen Wasser auf die Bruchstelle auf dem Dachfirst geben und das Gefängnis öffnet sich.
527	**Münze in die Flasche** Zauberei	Auf der Flaschenöffnung liegt ein gebrochenes Streichholz und darauf eine kleine Münze. Wie bekomme ich sie in die Flasche ohne das Geldstück zu berühren?	Auch hier beginnt sich das Streichholz zu strecken, sobald ich einen Wassertropfen auf die geknickte Stelle gebe. Die Münze fällt dann von selber in die Flasche.
528	**Kopf hoch** Tüfteln	Vier Streichhölzer sind so auf den Tisch zu legen, dass kein Kopf die Platte berührt.	 Die Köpfe liegen auf dem darunterliegenden Ende auf.
529	**Gewusst wie** Flexibilität	Zwei Hölzer liegen auf dem Tisch, ein drittes quer darüber. Wer kann das dritte unter die beiden anderen legen, ohne sie zu bewegen?	Ich lege das dritte Streichholz ganz einfach unter den Tisch!
530	**Viel verlangt** Knobeln	Wer kann aus acht Streichhölzern zwei Quadrate und zugleich acht Dreiecke legen?	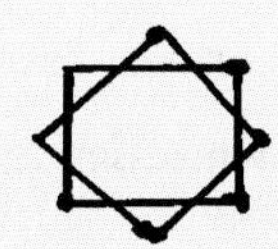

Nr.	Name der Spielform Ziele	Beschreibung	Hinweise/Organisation
531	**Kiste zimmern** Flexibilität	Wer weiß, wie man aus neun Streichhölzern eine Kiste baut?	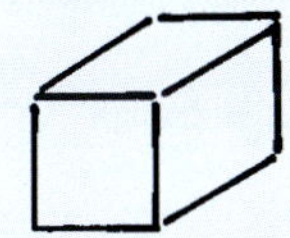
532	**Zaun vergrößern** Knobeln	Ein Farmer hat seine Rinder in einem zehnteiligen Gatter untergebracht. Was tut er, wenn sich der Viehbestand verdoppelt und er nur noch zwei weitere Zaunteile übrig hat? 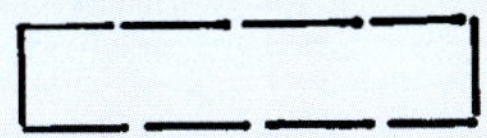	
533	**Eber versorgen** Kreativität	Sechs Eber sind Seite an Seite eingestellt. Als ein Pferchteil zertrümmert wird, muss der Schweinezüchter eine neue Lösung finden. 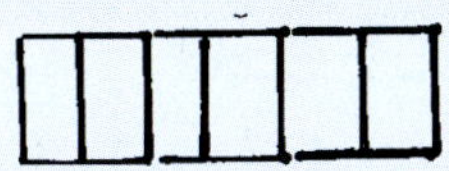	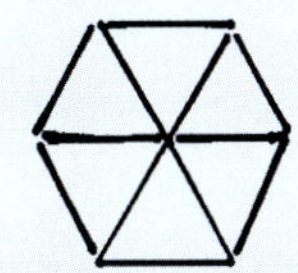
534	**Pferdekoppel** Vorstellungsvermögen	Ein Cowboy hat acht Hengste zu betreuen. Infolge eines Missgeschicks werden drei Zaunteile zerstört. Wer hilft ihm, ein neues Gatter für jedes der acht Pferde zu bauen? 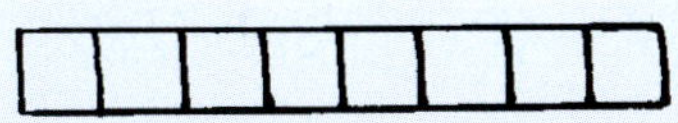	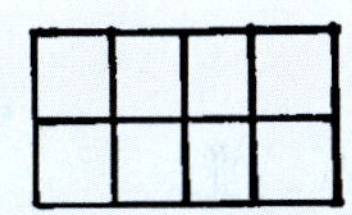
535	**Rettet die Prinzessin** Denksport	Wer rettet die Prinzessin auf der Insel? Die Piraten haben nur zwei Balken zurückgelassen, die aber nicht länger sind als der Wassergraben breit ist. 	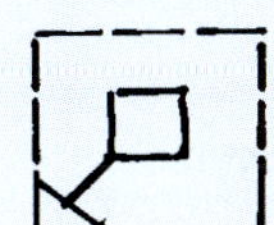

Nr.	Name der Spielform Ziele	Beschreibung	Hinweise/Organisation
536	**Pannenhilfe** Tüfteln	Wer verschiebt drei Hölzchen so, dass der Lastwagen dadurch wieder aufgestellt wird? 	
537	**Im Tannenwald** Denksport	Nur ein Streichholz muss verschoben werden – und schon ist aus dem Tännchen eine alte Tanne geworden. 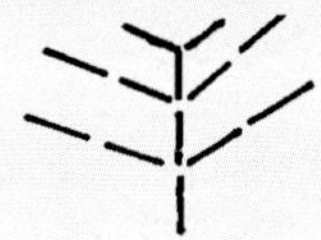	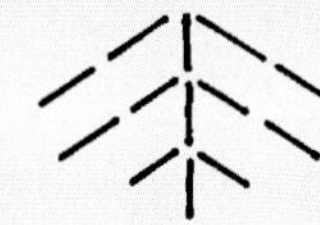
538	**Unmöglich?** Flexibilität	Bilde aus der folgenden Konstellation ein Quadrat. Allerdings darfst du nur ein Streichholz bewegen. 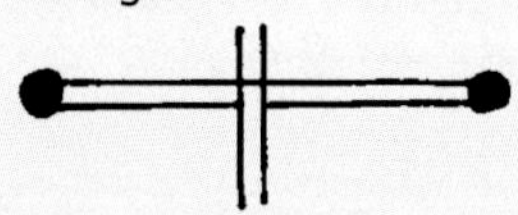	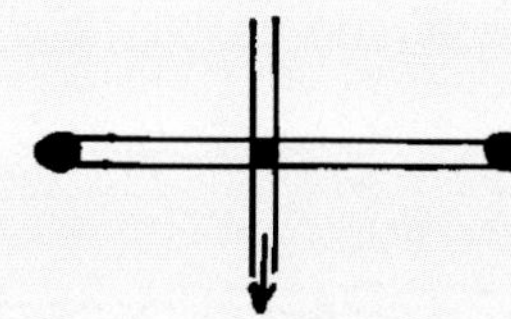
539	**Bürodienst** Knobeln	Zwei Hölzchen dürfen verschoben werden, um den Radiergummi wieder auf den Tisch zu bringen. 	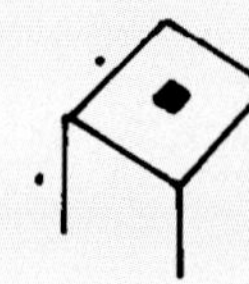
540	**Straßenkehrer** Fantasie	Wer hilft dem Straßenkehrer, den Schmutz auf die Schaufel zu bringen? Es dürfen dazu zwei Streichhölzer bewegt werden. 	

Nr.	Name der Spielform Ziele	Beschreibung	Hinweise/Organisation
541	**Aus zwölf mach zwei** Fantasie	Du bekommst zwölf Hölzchen in die Hand. Kannst du daraus zwei machen, ohne eines wegzuwerfen?	
542	**Fluris Beweis** Denksport Staunen	Ich habe zwölf auf dem Tisch. Wenn ich davon elf Hölzchen wegnehme, liegen auf dem Tisch immer noch elf. Wer soll das glauben? Ich kann's beweisen.	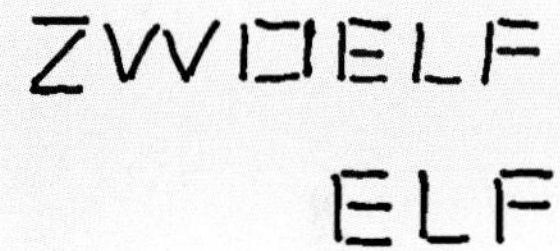
543	**Versuch es mal** Experimentieren	In drei Reihen liegen zwölf Streichhölzer. Wer kann sie so umgruppieren, dass in jeder waagrechten und senkrechten Reihe vier sind? 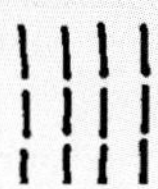	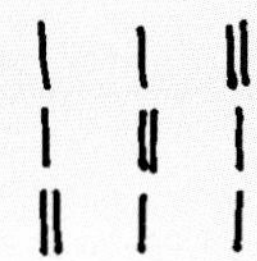
544	**Geheimnis** Wortschatz	Wer aus der folgenden Anordnung vier Hölzchen wegnimmt, erhält etwas, wozu es zwei braucht. 	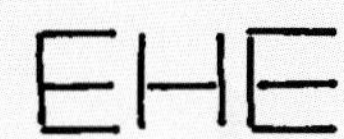
545	**Wunderbar** Wortwitz	Wer kann Tinte in Wein verwandeln, ohne etwas hinzuzufügen oder wegzunehmen?	

Nr.	Name der Spielform Ziele	Beschreibung	Hinweise/Organisation
546	**Schlimme Elf** Strategie	In einer Reihe liegen elf Streichhölzer. Zwei Spieler nehmen davon im Wechsel 1–3 Hölzchen weg. Wer das letzte nehmen muss, hat verloren.	
547	**Das 15. verliert** Aufmerksamkeit	Zwei Spieler nehmen aus einer Reihe von 15 Hölzchen im Wechsel 1–3 weg. Verloren hat, wer das letzte nehmen muss.	
548	**Nie die 25** Antizipieren	25 Streichhölzer liegen in einer Reihe. Im Wechsel nehmen zwei Spieler davon jedes Mal nach freier Wahl 1, 2, 3, oder 4 Hölzer weg. Wer das letzte nehmen muss, hat die Runde verloren.	
549	**Das Letzte gewinnt!** Voraussicht	In einer Reihe liegen 30 Hölzchen. Abwechslungsweise nehmen zwei Spieler davon 1–6 Stück weg. Gewonnen hat, wer das letzte Streichholz erobert.	
550	**Marienbad** Konzentration Strategie	16 Hölzchen sind in einer Pyramide von 7–5–3–1 angeordnet. Zwei Spieler dürfen im Wechsel aus einer beliebigen Reihe so viele nehmen, wie sie wollen. Wer das letzte nehmen muss, der hat verloren. • Das Spiel lässt sich auch mit Steinen, Flaschen, Menschen, Radfahrern im Freien spielen	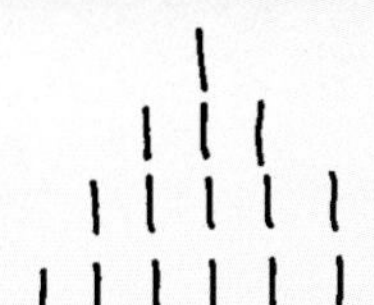

Nr.	Name der Spielform Ziele	Beschreibung	Hinweise/Organisation
551	**Denksport** Vorstellungsvermögen	Mit sechs Streichhölzern sollen vier gleichseitige Dreiecke hergestellt werden. Wer findet die Lösung?	Pyramide 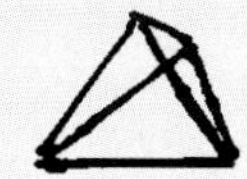
552	**Tüftelei** Raumvorstellung	Wer kann mit neun Hölzchen gleichzeitig drei Quadrate und zwei gleichseitige Dreiecke machen, die alle miteinander verbunden sind?	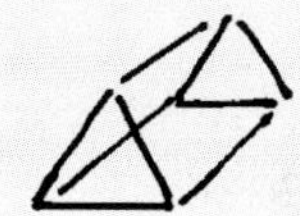
553	**Aus vier mach fünf** Fantasie	Statt der vier Quadrate sollen aus den untenstehenden Hölzchen fünf Quadrate werden. 	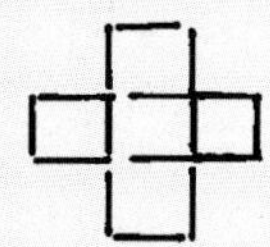
554	**Aus drei werden zwei** Vorstellungskraft	Fünf Streichhölzer sind so umzulegen, dass am Schluss nur noch zwei Quadrate bleiben. 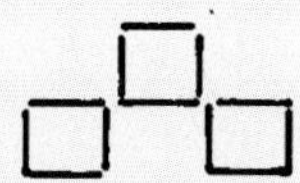	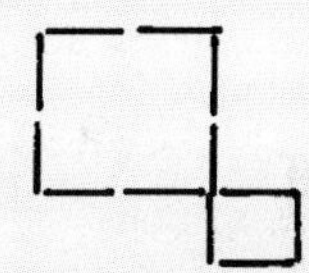
555	**Sternenwandel** Kreativität	Sechs Hölzer am Stern sind zu verschieben, und schon haben sich sechs Vierecke gebildet. 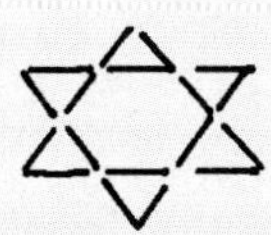	

Nr.	Name der Spielform Ziele	Beschreibung	Hinweise/Organisation
556	**Wer wagt, gewinnt** Vorstellungsvermögen	Aus zwölf Hölzchen sind vier Quadrate entstanden. Wenn du jetzt zwei Hölzer wegnimmst, sind es nur noch zwei Quadrate. 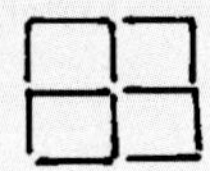	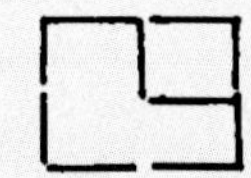
557	**Zuwachs** Kreativität	Wer in der folgenden Figur die richtigen vier Streichhölzer versetzt, gewinnt ein Quadrat hinzu. 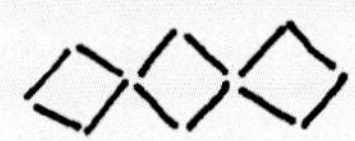	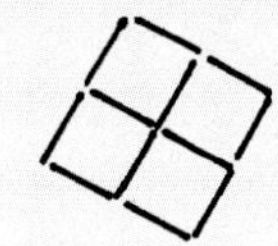
558	**Weggeputzt** Flexibilität	24 Streichhölzer liegen in folgender Form. Welche acht Hölzer muss ich entfernen, wenn ich nur noch zwei Quadrate haben will? 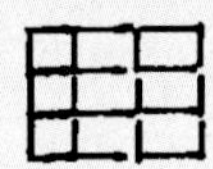	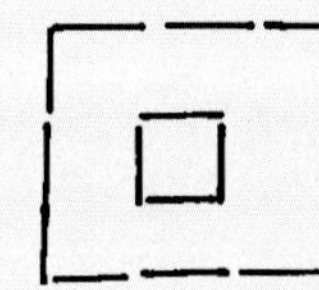
559	**Umbau** Experimentierfreude	Versetze vier Hölzer so, dass drei Quadrate entstehen. 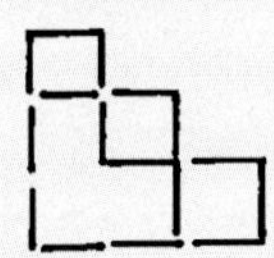	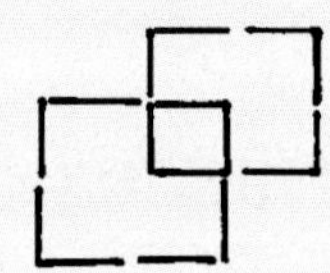
560	**Kleine Umstellung** Umdenken Staunen	Zwei Streichhölzer sind so zu verschieben, dass sich zwei Rechtecke und zwei Quadrate in vier Quadrate verwandeln. 	Es sind mehrere Lösungen möglich. 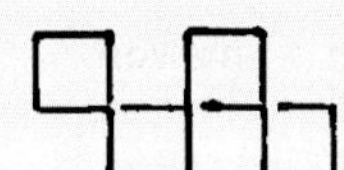

Nr.	Name der Spielform Ziele	Beschreibung	Hinweise/Organisation
561	**Viel verlangt** Findigkeit	Lege aus fünf normalen Streichhölzern einen Meter, ohne die Hölzer zu spalten oder sonstwie zu verändern.	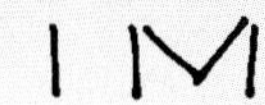
562	**Vermehren und vermindern** Wissen	Wer kann mit fünf Streichhölzern sechs oder vier legen, ohne eines wegzunehmen oder hinzuzufügen?	
563	**Verwandlungen** Flexibilität	Ich kann vier Hölzchen in zwei, fünf, zehn oder gar tausend verwandeln. Versuch es auch!	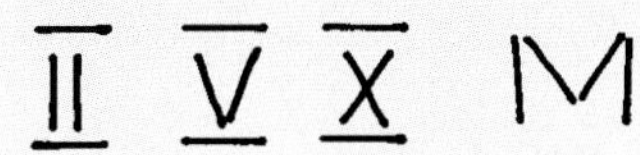
564	**Ausgeglichen** Fantasie	Wenn das richtige Streichholz versetzt wird, stimmt die folgende Gleichung ganz genau. 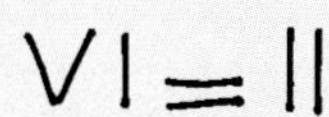	Die Wurzel aus 1 ist 1. 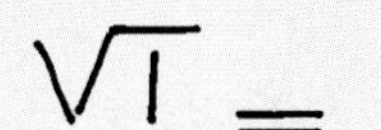
565	**Die Hälfte von zwölf ist sieben** Umdenken	Dass die Hälfte von zwölf nicht unbedingt sechs sein muss, sondern auch sieben sein kann, lässt sich mit Hilfe von vier Streichhölzern einfach beweisen.	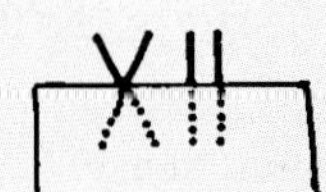 Die Hälfte von 12 mit Blatt abdecken.

7

8 Spiele mit Würfeln und Karten

Seit 5000 Jahren werden Würfel dazu verwendet, Spiele und Schicksale mitzubestimmen. Als demokratischstes aller Spielmittel bringen sie den Zufall mit ins Spiel. In manchen Fällen „machen" sie das Spiel, in anderen Fällern fördert oder hemmt jeder einzelne Wurf die Strategie des entsprechenden Spielers. Als Spieler hat man die Würfel nicht mehr in der Hand, als sie den Spieler in der Hand haben. Wie bei den Karten spielen beim Würfeln Glück und Pech eine große Rolle. Als Karten- und Würfelspieler begibt man sich in eine stückweise unberechenbare Situation. So gesehen ist man für den Spielausgang gar nicht voll verantwortlich. Dieses Bewusstsein kann helfen, Sieg oder Niederlage mit einer gewissen Gelassenheit entgegenzunehmen.

Nr.	Name der Spielform Ziele	Beschreibung	Hinweise/Organisation
566	**Staat und Nachbarn** Glück	Jeder Spieler beginnt mit 3 Marken. Wir würfeln reihum. Wer eine „1" würfelt, gibt dem Nachbarn links eine Marke, wenn er eine „2" würfelt, wird der Nachbar zur Rechten beglückt. Wer eine „5" würfelt, gibt eine Marke in die Mitte. Wer dem Staat die letzte Steuer berappt, hat gewonnen.	In der Regel wird im Uhrzeigersinn – also linksherum – gewürfelt.
567	**Pyramide bauen** Zufall	Wir würfeln reihum. Sobald einer der Spieler eine „6" gewürfelt hat, zeichnet er dies auf. Jetzt muss er auf die „5" warten. Natürlich hat der Spieler gewonnen, welcher als erster die krönende „1" würfelt. (Zuerst darum würfeln, wer beginnen darf.)	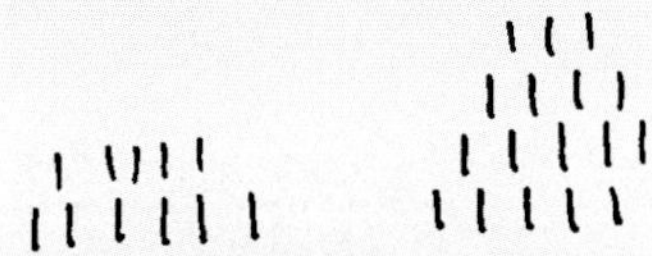
568	**Würfelkreiseln** Fingerfertigkeit	Die Spieler stellen der Reihe nach den Würfel auf eine Ecke und starten ihn wie einen Kreisel. Die Anzahl der Sekunden, die er dreht, wird mit der liegenden Punktzahl multipliziert. Gewonnen hat, wer nach sieben Runden die höchste Summe erreicht hat.	
569	**Stumme Julia** Selbstbeherrschung Glück	Jeder darf reihum einmal würfeln und gibt dann den Würfel weiter. Im Unterschied zur „Pyramide" wartet jeder zuerst auf seine „1" und schreibt sie auf, usw. bis zur „6". Dann muss von „6" bis „1" jede Zahl wieder der Reihe nach gestrichen werden. Aber Achtung: Wer dabei ein Wort redet, beginnt von vorn!	
570	**Verflixte Eins** Risiko abschätzen	Ein Spieler nach dem anderen würfelt, so oft er will und zählt die Punkte zusammen. Würfelt er allerdings eine „1", so erhält er keinen Punkt. Er muss also selber abschätzen, wann er den Würfel weitergeben will. In jeder Runde beginnt ein anderer Spieler. Gewonnen hat, wer in 10 Runden am meisten Punkte erwürfelt hat.	

Nr.	Name der Spielform Ziele	Beschreibung	Hinweise/Organisation
571	**RisiKO** Strategie Glück	Die Spieler würfeln reihum mit einem Würfel. Während der erste Spieler vorher die Augen schließt, versteckt der zweite unter einem von sechs Verstecken (Becher, Untertassen, Karten) eine Münze. Jetzt wirft der erste Spieler den Würfel. Diese Zahl wird multipliziert mit der Anzahl der Verstecke, die der Spieler lüftet, ohne dass die Münze auftaucht. Taucht aber z. B. nach einer gewürfelten Fünf unter dem dritten Becher die Münze auf, dann gibt das 15 Minuspunkte.	Gewonnen hat, wer nach zwölf Runden die meisten Punkte aufweist. Es macht Sinn, wenn in die neue Runde der jeweils folgende Spieler startet.
572	**Traumzahl** Berechnung Zufall	Mit vier einzelnen Würfen (z. B. „4" – „1" – „2" – „6") erwürfeln wir die Traumzahl der Runde (also 4126). Jetzt darf ein Spieler nach dem anderen würfeln. Nach jedem Wurf entscheidet er, an welcher Stelle er die gewürfelte Zahl einsetzt (1.–4. Stelle). Gewonnen hat der Spieler, welcher der Traumzahl am nächsten kommt.	
573	**Kartenwürfeln** Glück Geschicklichkeit Rechnen	36 Karten (von 6 bis As) werden gemischt und verdeckt ausgelegt. Kreisum darf jeder Spieler einmal auf die Karten würfeln. Liegt der Würfel mit der Augenzahl 1, 2 oder 3 vollständig auf einer Karte, gehört sie dem Spieler. Bei 4 und 5 bekommt der Spieler eine Karte auch, wenn der Würfel nur teilweise darauf liegt. 6 gewinnt jede Karte, die der Würfel berührt. Sieger ist, wer am meisten Karten gewinnt. • Gewonnen hat, wer am meisten Punkte holt	
574	**21** Glück Abschätzen	3–7 Spieler geben je einen Chip in die Mitte. Spieler A startet mit dem Ziel, 21 Punkte zu erreichen. Er kann auch vorher stoppen. Wer 21 übertrifft, scheidet aus. Die nächsten Spieler versuchen, die Vorgabe zu toppen. Falls mehr als einer das Höchstresultat würfelt, spielen sie um den Sieg. • Die 1 zählt 1 oder 10 Punkte	Die folgende Runde wird durch den Spieler B gestartet, usw.

8

Nr.	Name der Spielform Ziele	Beschreibung	Hinweise/Organisation
575	**Hoch gewinnt** Würfelglück	Wir würfeln pro Runde 5-mal. Wer dabei die höchste Summe erreicht, hat einen Punkt gewonnen. • Im Sekundentakt würfeln	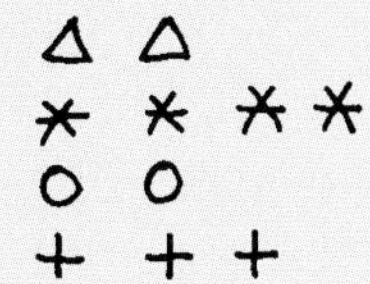
576	**Kuhschwanz** Konzentration	Jeder Spieler hat vor sich ein bis sechs Hölzchen gelegt oder Striche gemacht. Es wird reihum je einmal gewürfelt. Wer eine „5" hat, eliminiert die 5er-Reihe usw. Es muss nicht der Reihe nach gehen. Wer ist zuerst fertig?	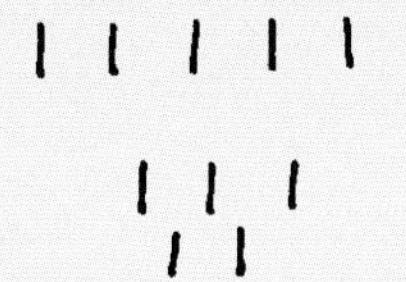
577	**Glückskäfer** Spaß	Zuerst notiert jeder von uns auf seinem Blatt seine ganz persönliche Glückszahl zwischen „1" und „6". Wir würfeln reihum. Wer seine Glückszahl wirft, darf einen Teil seines Käfers – angefangen vom Körper bis zum letzten Fühler – zeichnen. Wessen Käfer krabbelt als erster davon?	
578	**Zahlen abbauen** Konzentration	Wir haben – ein jeder für sich – die Zahlen 1–5 notiert. Jetzt wandert der Würfel rundum. Jeder hat einen Versuch und streicht die entsprechende Zahl weg. Bei jeder „6" aber muss eine neue Zahl aufgeschrieben werden, und zwar zuerst eine „1", nach dem zweiten Sechser eine „2" usw.	
579	**Blitzwürfeln** Schnelligkeit	Jeder Spieler darf 30 Sek. würfeln und fortlaufend die Punkte zusammenzählen. Wer kommt mit großem Tempo und etwas Glück auf das höchste Punktekonto?	

Nr.	Name der Spielform Ziele	Beschreibung	Hinweise/Organisation
580	**Glück im Haus** Glück Strategie	Als Spielplan zeichnen wir ein fünfstöckiges Haus plus Dachstock. 3–6 Spieler wollen je 15 Chips (Muscheln, Nüsse, Hölzer) loswerden. In der ersten Runde macht jeder einen Wurf. Ins entsprechende Stockwerk des Hauses darf ein Chip gelegt werden. Ist die Zahl aber besetzt, muss der Spieler den Chip zu sich nehmen. Bloß im Dachgeschoss (6er-Wurf) darf alles liegen bleiben. Ab der zweiten Runde muss jeder einmal würfeln. Er darf dann so lange weiterspielen, wie er keinen Chip nehmen muss. Sind zu viele Felder besetzt, kann er den Würfel aber auch schon vorher weitergeben.	

Nr.	Name der Spielform Ziele	Beschreibung	Hinweise/Organisation
581	**Lügen, Mäxchen, Meier 21** Spielspaß	Einer nach dem anderen würfelt, blickt unter den Becher und sollte einen höheren Wert vorfinden als der Vorgänger. Am meisten gilt die Kombination „2"/„1", dann folgt die Augenzahl 6/6–1/1, später die Hausnummer 6/5–3/1. Wer weniger ansagt, bekommt einen Chip vom Vorspieler. Deshalb lügt er in diesem Fall und gibt verdeckt weiter.	Der nachfolgende Spieler darf aber kontrollieren. Sollte der Vorspieler nicht gelogen haben, bekommt der Kontrolleur einen Verlustpunkt. Gewonnen hat, wer seine Chips zuerst losgeworden ist. (Start mit 6 Chips.)
582	**Der Vielfraß** Würfelglück	Wir beginnen jeder mit 5 Chips. Wer z. B. „5" und „3" würfelt, muss einen Chip bei der 8 hinlegen. Sollte die 8 aber besetzt sein, darf er den Chip an sich nehmen. Nur wer eine 7 erreicht, muss seine Marke in den Bauch geben – wo sie für immer bleibt – und noch einmal würfeln. Der Letzte wird gewinnen.	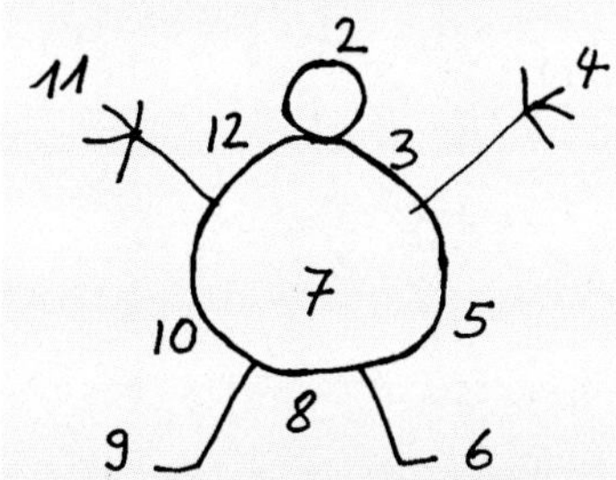
583	**2 bis 36** Rechnen	Die Punktzahlen der beiden Würfel werden multipliziert. Wer in der Runde am höchsten kommt, gewinnt den Punkt. Wir spielen z. B. auf 12 Punkte. Wird die höchste Zahl der Runde von zwei oder mehr erreicht, gibt es • ein Entscheidungswürfeln oder • für jeden einen Punkt	
584	**Tolpatsch und Xanthippe** Zufall	Gewonnen hat, wer zuerst einen Tolpatsch (z. B. 2/2, 4/4) gewürfelt hat und unmittelbar daran eine Xanthippe (Wurf mit 7 Punkten als Summe: 6/1, 5/2, 4/3) anschließen kann.	
585	**Gletscherspalte** Zusammenspiel	Wir beginnen (mit 2 Würfeln) bei Null. Ab 30 wird der Aufstieg so steil, dass jeder nur noch mit einem Würfel weitermachen darf. Der Gipfel ist mit 50 Punkten erreicht. Aber Achtung: Zwischen 37 und 40 befindet sich eine Gletscherspalte. Wer in 38 oder 39 fällt, der scheidet leider aus. Hals- und Beinbruch.	

Nr.	Name der Spielform Ziele	Beschreibung	Hinweise/Organisation
586	**Trick-Track** Strategie Glück	Auf einem Blatt haben wir die Felder 1–9 aufgezeichnet. Runde für Runde versucht jeder Spieler so viele der neun Zahlen wie möglich auszuschalten. Beim Wurf 5/3 darf er z. B. die 8, aber auch die 5 + 3, die 6 + 2 oder die 7 + 1 abdecken. Wer einen Wurf nicht ganz auswerten kann, notiert die offene Restsumme.	Wer im Verlauf des Spiels auf 45 Punkte oder darüber kommt, der scheidet aus. 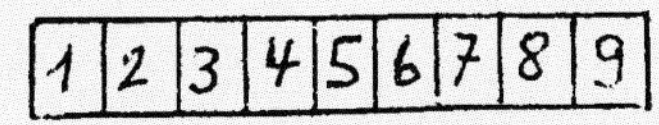
587	**Glücks-Sieben** Würfelglück Plausch	3–7 Spieler haben sich mit je 30 Spielchips (Nüssen, Hölzchen, Münzen) ausgerüstet. Sie würfeln reihum mit zwei Würfeln. Wer nicht 7 würfelt, muss einen Chip in die Mitte geben. Wer einen Pasch (1/1, 2/2, ...) würfelt, gibt zwei Chips.	Wer genau 7 Punkte würfelt, bekommt den Einsatz in der Mitte. Falls dort jedoch noch nichts liegt, gibt ihm jeder Spieler einen Chip. Es gewinnt, wer am Schluss am meisten Chips hat.
588	**Glückshaus** Zusammenspiel	Wer in diesem alten Landsknechtspiel mit den beiden Würfeln eine 3, 4, 5, 6, 8, 9, 10 oder 11 erreicht, gibt eine Spielmarke auf das betreffende Feld oder darf eine nehmen, falls es besetzt ist. Die 7 bleibt immer liegen. Wer 2 oder 12 erreicht, darf die 7 abräumen und nochmals würfeln.	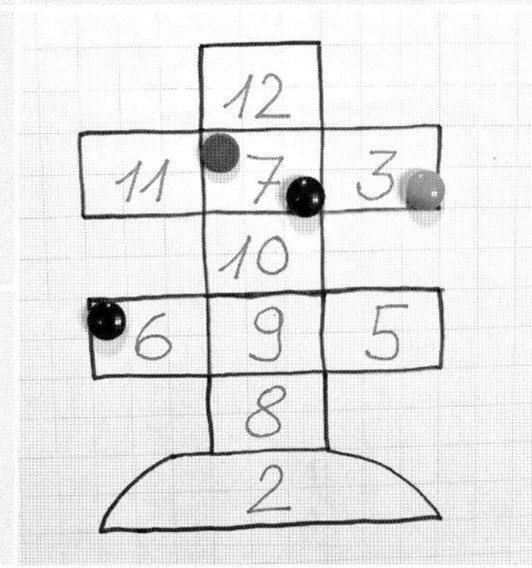
589	**Karten würfeln** Zufall	Ein Stapel Karten wird offen in die Tischmitte gelegt. Wir würfeln reihum um die oberste Karte. Für den Buben braucht es 3 (2/1), für die Dame 4 (2/2 oder 3/1), für den König 5, für die Sechs bis Zehn 6–10 Punkte und für ein As 11 Punkte. Wer Glück hat, bekommt die Karte und darf noch einmal würfeln.	
590	**Siebener iss!** Spaß	Wer in seinem Wurf die Augensumme 7 erreicht, darf mit Messer und Gabel von der Schokolade in der Tischmitte zu essen beginnen oder sich (mit übergezogenen Handschuhen) über die Erdnüsschen hermachen, bis der Nächste auch eine Siebener-Zahl erreicht.	Wir können auch die Doppelzahlen (5/5, 3/3, usw.) mit einem Strich vermerken. Der Spieler mit den meisten Markierungen stiftet den Preis.

Nr.	Name der Spielform Ziele	Beschreibung	Hinweise/Organisation
591	**Folge** Zufall	Einer nach dem anderen darf 3-mal mit 3 Würfeln werfen. Gezählt werden nur die Folgen, d. h. drei aufeinanderfolgende Zahlen, z. B. 2–3–4. Wer pro Runde die höchste Zahl erreicht, erhält einen Punkt. Die Anzahl der Runden wird im Voraus festgelegt.	
592	**Matroseneins** Glück	Wir losen den ersten Spieler aus. Der beginnt zu würfeln. Einer nach dem anderen kommt an die Reihe. Wird eine „1" gewürfelt, bleibt sie liegen und das Spiel geht mit zwei Würfeln weiter. Auch die zweite „1" wird beiseite gelegt. Wer die dritte „1" würfelt, gewinnt einen Punkt.	
593	**Stop bei 21** Berechnen	Nach einem Wurf mit 3 Würfeln darf man nach Belieben mit drei, zwei oder einem Würfel weiterwürfeln, allerdings nur noch einmal. Wer genau 21 erreicht, der gewinnt. Wer darüber hinaus würfelt, scheidet aus. Wenn zwei Spieler gleich nahe an 21 heranwürfeln, gewinnt der, welcher am wenigsten Würfel eingesetzt hat. Wer gewinnt, beginnt neu.	
594	**Macao** Strategie Risiko	Jeder Spieler legt 1 Chip. A würfelt mit den 3 Würfeln. Dabei sollte er 12 Punkte erreichen. Wenn er mehr hat, ist er draußen. Sonst kann er mit einem Würfel noch 1- oder 2-mal würfeln. Dann ist der Nächste dran. Der Beste gewinnt. 12 in 3 Würfen ist z. B. besser als 11 in einem Wurf. • Die folgende Runde startet B	
595	**Kaiser Nero** Abschätzen	Zwei Spieler würfeln im Duell. Sobald der erste eine „6" gewürfelt hat, lässt er sie liegen. Er kann auch den Rest liegen lassen oder aber mit 2 oder 1 Würfel noch einmal oder zweimal weiterwürfeln. Der andere muss mit der gleichen Anzahl Würfen die Punktzahl übertreffen. Dann wird gewechselt.	

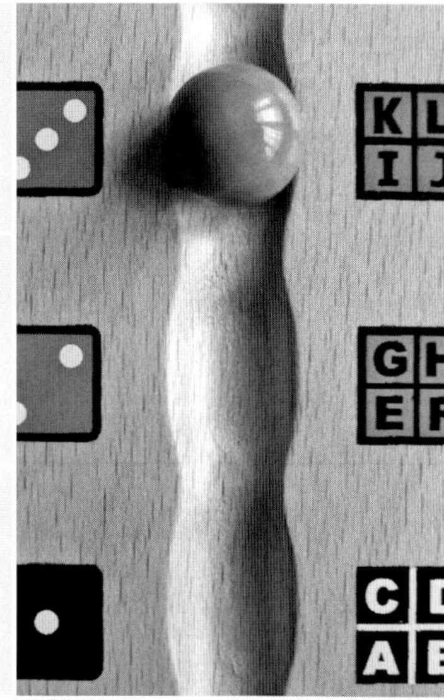

Nr.	Name der Spielform Ziele	Beschreibung	Hinweise/Organisation
596	**Eine Hand** Verstand	Wir würfeln reihum. Wer zuerst eine Punktzahl von 5 in einem Wurf erzielt (2–2–1, 3–1–1), gewinnt den Punkt der Runde. • Mit Schikane: Die Schikane besteht darin, dass ein Würfel umgekehrt und die Gegenseite gerechnet werden kann (statt „5" gilt „2", statt „3" die „4", statt „6" die „1")	
597	**1 + 2 = 3** Glück	Einer nach dem anderen versucht mit 3 Würfeln einen Wurf zu erzielen, bei dem die Augenzahl des ersten und zweiten Würfels zusammen die Punkte des dritten ergeben (z. B. „4" + „1" = „5"). Nach spätestens 5 Würfen kommt der nächste Spieler an die Reihe. Wer braucht am wenigsten Versuche?	
598	**Weniger ist mehr** Konzentration	Jeder darf der Reihe nach immer einmal werfen. Liegen über 10 Punkte, muss sich der Spieler einen Abzug von 10 gefallen lassen (5–4–3 (12) = 2 Punkte), hingegen werden Summen unter 10 um 10 Punkte erhöht (z. B. 2–2–1 (5) = 15 Punkte). Wer 100 Punkte erreicht oder überspielt, hat gewonnen.	
599	**Bockwürfeln** Zufall	Der erste Spieler würfelt mt 1 Würfel. Die entsprechende Augenzahl ist in diesem Spiel „Bock". Jetzt geht es mit 3 Würfeln weiter. Jede Bockzahl ergibt einen Punkt. Solange ein Spieler eine oder mehr Bockzahlen verzeichnen kann, darf er weitermachen, sonst kommt der nächste dran. Wir spielen auf 15 Punkte.	
600	**Würfel blasen** Rechnen	Einer nach dem anderen schüttelt 2 Würfel im Becher und stülpt ihn auf den Tisch. Den dritten Würfel legt er – mit der „1" nach oben – auf die Becherkante und bläst ihn herunter. Diese Zahl wird mit der Summe der beiden anderen Würfel multipliziert. Wer in der Runde die höchste Zahl erreicht, gewinnt einen Punkt.	

Nr.	Name der Spielform Ziele	Beschreibung	Hinweise/Organisation
601	**Flucht und Angriff** Reaktion	Im Abstand von 2 m stehen sich die Schüler in zwei Reihen gegenüber. Eine Reihe ist „gerade", die andere „ungerade". Der Spielleiter rollt einen großen Schaumstoffwürfel in die Gasse hinein. Bei der Zahl „4" z. B. rennen die „Geraden" voran und versuchen, möglichst viele der Gegner zu erwischen.	10 m hinter jeder Mannschaft ist eine Linie gezogen. Wer sie überquert, ist gerettet. Die angreifende Mannschaft erhält für jeden Gefangenen einen Punkt.
602	**Treppauf und -ab** Glück	Jeder Spieler ist mit einem Würfel versehen und beginnt in der Mitte einer Treppe. Wenn wir „3" würfeln, bleiben wir stehen. Für jeden Punkt weniger gehen wir eine Stufe tiefer, für jeden Punkt mehr, steigen wir hinauf. Bei „5" also zwei Treppenstufen aufwärts. Wer ist zuerst oben?	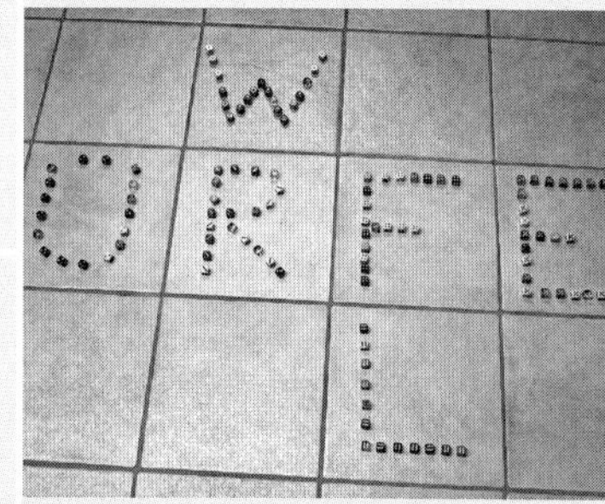
603	**Parallelslalom** Gewandtheit	Die Spieler zweier Mannschaften sind von 1 bis 6 nummeriert und sitzen sich in zwei Reihen auf Stühlen gegenüber. Ein Würfel wird in die Mitte gerollt. Die entsprechenden Spieler absolvieren einen Slalom die Reihe hinauf und hinunter. Der Sieger erhält für seine Gruppe einen Punkt, der Verlierer darf würfeln.	
604	**Parcours** Spielfreude	Auf einem Platz oder in einem Raum haben wir Felder markiert. Darunter gibt es Hindernisse (z. B. Langbank oder einen 2 Felder breiten „Wassergraben"). Die Spieler würfeln sich den Regeln entsprechend vorwärts. So muss man auf der Hürde oben einmal aussetzen und im „Wassergraben" 3 Felder zurück.	
605	**Postenwürfeln** Fitness	An acht bis zwölf Posten sind unterschiedliche Übungen vorgeschrieben (Klimmzüge, Liegestütz, Rollen, Ball in Korb werfen, usw.). Jeder Spieler geht einzeln durch und würfelt an jeder Station, wie oft er die entsprechende Übung ausführen muss.	

Nr.	Name der Spielform Ziele	Beschreibung	Hinweise/Organisation
606	**Bewegungskonzert** Kreativität Reaktion	Jede Farbe hat ihre Bedeutung. Je nachdem, was gewürfelt wird, klatscht die Runde, summt, stampft, fuchtelt und schnippt mit den Fingern, veranstaltet ein Pfeifkonzert oder trommelt auf Stuhl, Tisch oder Boden. Die einzelnen Phasen dauern etwa 15 Sek. Ein Spieler nach dem anderen darf würfeln.	
607	**Tic-Tac-Toe** Strategie Konzentration	Analog zum Spiel 1010 können zwei Spieler gegeneinander antreten, wenn sie die neun Felder auf ein Blatt Papier zeichnen und mit je drei verschieden farbigen Würfeln (1–2–3) oder je drei unterschiedlich großen Münzen (Kopf oder Zahl) spielen. Drei in einer Reihe gewinnt.	
608	**Punktespiel** Rechnen	Wir spielen mit zwei Farbwürfeln. Jede Farbe hat ihren Punktewert. Jeder kommt reihum immer einmal dran. Die Punktwerte zweier gleicher Farben werden nicht zusammengezählt, sondern multipliziert. Wer kommt in zehn Runden am weitesten?	
609	**Rechensport** Konzentration Glück	Je nach den rechnerischen Voraussetzungen der Spieler können die einzelnen Farben auch große Zahlen und Bruchwerte ($3\frac{1}{2}$, $15\frac{1}{4}$) bedeuten. Wenn jetzt mit mehreren Würfeln pro Wurf und allen Grundrechenarten gespielt wird, kann es schon für Einzelne und Mannschaften zu anspruchsvollen Geistesübungen kommen.	
610	**Sechskampf** Beweglichkeit	Es werden Übungen bestimmt in den Bereichen: • Rot: Werfen / Stoßen • Blau: Hüpfen / Springen • Grün: Laufen / Rennen • Gelb: Klettern / Hangeln • Weiß: Balancieren / Konzentrative Übung • Schwarz: Ruhen / Zusehen	

Nr.	Name der Spielform Ziele	Beschreibung	Hinweise/Organisation
611	**Kartenwerfen** Geschicklichkeit	Zwei oder mehr Spieler stehen mit gleichviel Karten in der Hand nebeneinander. Wir werfen der Reihe nach je eine Karte vor uns auf den Boden. Wer seine Karte auf eine andere werfen kann, bekommt je nach Absprache • alle am Boden liegenden Karten oder • die getroffene Karte	
612	**Schnipp-Schnapp** Reaktion	Die Karten verteilen wir unter drei oder mehr Spielern. Jeder legt sie als verdeckten Stapel vor sich hin. Im Takt nimmt jeder eine und legt sie offen auf den Tisch. Sieht er bei einem anderen Spieler einen gleichen Wert, ruft er „Schnapp" und kassiert die Karte oder auch mehrere, falls sie nicht schon früher beansprucht wurden. Was nicht geschnappt wird, bleibt liegen.	Wer irrtümlich „Schnapp" ruft, legt seine Karte(n) in die Mitte, wo sie von einem Spieler, der den gleichen Wert aufdeckt, mit „Schnipp" geholt und unter den eigenen Stapel gelegt werden kann.
613	**Quartett** Gedächtnis	Zu einem Quartett gehören vier gleichwertige Karten (z. B. vier Könige). Sind die Karten verteilt, kontrolliert jeder, ob er bereits ein Quartett ablegen kann. Sonst fragt einer nach dem anderen rundum weitere Teile zu einem Quartett zusammen. Wer Glück hat, darf weiterfragen. Wer die meisten Quartette hat, der siegt.	
614	**Hau ruck** Schnelligkeit Aufmerksamkeit	Es wurden gleich viele Quartette gemischt und verteilt, wie es Spieler hat. In der Mitte liegt eine Spielmarke (oder Haselnuss) weniger als Mitspieler. Mit „Hau" nimmt jeder eine unpassende Karte und legt sie bei „Ruck" verdeckt zum Nachbarn. Wenn jetzt einer ein Quartett hat, schnappt er sich eine Marke und die schnellsten Kameraden ebenfalls.	Die Übrigen brauchen also selber kein Quartett zu besitzen. Der langsamste Spieler der Runde geht jeweils leer aus.
615	**Kreuzritter** Konzentration	Aus einem Spiel nehmen wir drei Könige. Wir verteilen die Karten, inkl. Kreuz-König. Paare, z. B. zwei Achten, werden abgelegt. Jeder zieht vom rechten Nachbarn eine Karte und versucht weiter abzulegen. Wem der Kreuz-König bleibt, der hat (wie im Schwarzen Peter) verloren – oder er wird zum Ritter geschlagen.	

Nr.	Name der Spielform Ziele	Beschreibung	Hinweise/Organisation
616	**Kartendomino** Aufmerksamkeit	Dazu wird ein vollständiges Kartenspiel, also 52 Karten, gebraucht. Jeder Spieler erhält die gleiche Anzahl Karten. Herz 7 legt zuerst aus. Daran schließt rundum der Reihe nach an, wer eine anschließende höhere oder niedrigere Karte hat. Die Farbe spielt dabei keine Rolle. Wer seine Karten zuerst platziert hat, gewinnt.	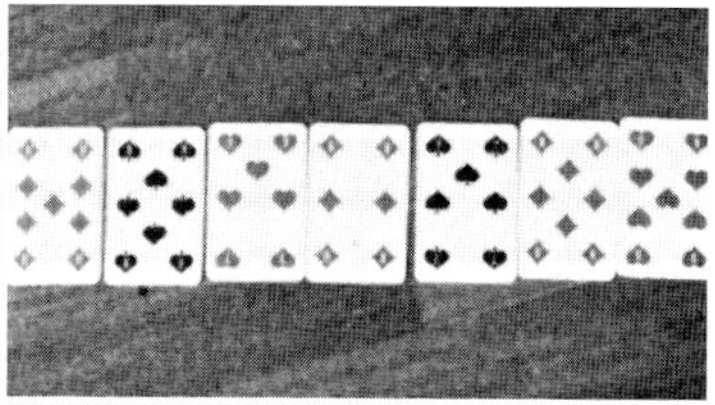
617	**Tschau Sepp** **Mau-Mau** Spaß Taktik	Je nach Anzahl der Spieler erhält jeder fünf bis sechs Karten. Auf eine offen ausgelegte Karte muss der Reihe nach eine Karte derselben Farbe oder des gleichen Wertes (neun auf neun) gelegt oder vom Reststapel eine weitere Karte genommen werden. Wer einen Buben legt, kann eine neue Farbe bestimmen. Bevor ein Spieler seine letzte Karte hinlegt, sagt er „Tschau" und mit dem Ablegen der letzten Karte hat er das Spiel gewonnen.	Die Kartenwerte in den Händen der anderen Spieler werden ihm gutgeschrieben. Wer 301 Punkte erreicht, gewinnt.
618	**Quartettwürfeln** Geschicklichkeit Strategie	Die Karten (z. B. 6–As) liegen offen auf dem Tisch. Der Reihe nach würfeln die Spieler mit dem Ziel, komplette Quartette (4 Karten des gleichen Wertes) herauszuwürfeln. Bei der Augenzahl 1–3 muss der Würfel ganz auf der Karte liegen, bei 4, 5 und 6 genügt es, wenn er sie nur zum Teil berührt. Pro Spieler dürfen max. zwei Quartette gleichzeitig begonnen werden.	
619	**Gemsch** Übersicht Reaktion Spielwitz Simultankompetenz List	Vier Spieler erhalten je vier Karten. Jene zwei, die sich diagonal gegenüber sind, spielen zusammen. Zuvor haben sie ein Geheimzeichen abgemacht. In der Mitte liegen vier Karten offen auf dem Tisch. Ziel der Spieler ist es, ein Quartett in die Hand zu bekommen (z. B. vier Zehner). Dazu dürfen permanent einzelne unpassende Karten in die Mitte gelegt und dafür günstigere genommen werden. Findet kein Austausch mehr statt, wechselt der Geber die Karten in der Tischmitte durch neue aus. Wer ein vollständiges Quartett besitzt, darf das nicht direkt melden, sondern muss unauffällig das Geheimzeichen des Teams machen. Wenn der Partner das merkt, ruft er „Gemsch". Bemerkt ein Gegner das vorher, ruft er „Bock". Besitzt jeweils der Partner selber	auch ein Quartett, meldet er sofort „Doppelgemsch". Pro Erfolg gibt es einen (bei „Gemsch") oder zwei Punkte (bei „Doppelgemsch"). Sogar drei Punkte bekommt, wer das gegnerische Geheimzeichen errät. Wer hingegen fälschlicherweise ruft, gibt entsprechend einen, zwei oder drei Punkte ab.

8

Nr.	Name der Spielform Ziele	Beschreibung	Hinweise/Organisation
620	**Kartenhaus** Geschicklichkeit Kreativität Resilienz	Wer baut das schönste Kartenhaus?	
621	**Bettelmann** Partnerspiel	Ein gut gemischtes Kartenspiel teilen wir auf zwei Spieler auf. Jeder legt seinen Stapel verdeckt vor sich hin. Jetzt kehren beide eine Karte nach der anderen um. Wer den höheren Wert in der Hand hält, darf beide Karten unter seinen Stapel legen. Nach dem ersten Durchgang wird weitergespielt, bis einer alle Karten erobert hat. Bei gleichen Werten legt jeder eine weitere Karte verdeckt darauf und die darauf folgende entscheidet.	
622	**Charakir** Abschätzen	Jedem Spieler werden 2 Karten ausgeteilt. 5 Karten legen wir offen auf den Tisch. Jeder bildet in Gedanken eine möglichst hochwertige Kombination von Karten gleichen Wertes in seiner Hand und auf dem Tisch. Wir können Wetteinsätze machen und vergleichen (drei Achten sind z. B. höher als zwei Asse).	
623	**Einfacher Trick** Konzentration	Wahrsagen ist mit Karten einfach, wenn du einen Stapel davon auf den Tisch legst, von dem du dir die unterste gemerkt hast. Ohne dass du hinsiehst, kann einer von der Gruppe eine Karte herausziehen und obendrauf legen. Wenn jetzt noch einmal abgehoben wird, kommt die gemerkte Karte automatisch auf die gesuchte zu liegen.	

Nr.	Name der Spielform Ziele	Beschreibung	Hinweise/Organisation
624	**Couleur** Merkfähigkeit Bluff Spaß List	Die Karten werden gut gemischt und gleichmäßig unter die 3–5 Spieler aufgeteilt. Der Spieler mit dem Herz-As beginnt. Er legt eine Karte verdeckt hin und sagt: „Herz". Die folgenden Spieler legen reihum jeder ebenfalls eine Karte verdeckt hin und behaupten „Herz", unabhängig davon, ob das auch stimmt oder nicht. Der jeweils folgende Spieler darf das kontrollieren.	War es wirklich eine Herz-Karte, dann muss er alle liegenden Karten zu sich nehmen. War die Behauptung aber falsch, muss der „Lügner" alle Karten holen. Wer Karten nehmen muss, darf beim Ausspielen die nächste Farbe (je nachdem, von welcher Sorte er selber am meisten hat) bestimmen. Gewonnen hat, wer zuerst keine Karten mehr besitzt.
625	**Super-Memory** Gedächtnis Resilienz	36 Spielkarten liegen in einem Quadrat von 6 x 6 gut gemischt, verdeckt auf dem Tisch. Jetzt versuchen die 3–7 Spieler reihum Paare aufzudecken. Jeder darf pro Versuch zwei Karten aufdecken. Zu einem gültigen Paar gehört entweder ein Herz und eine Schaufel (Pik) oder die Kombination Ecke (Karo) und Kreuz. Mit „Deutschen Karten" bilden Rosen und Eichel sowie Schilten mit Schellen Paare. Zusätzlich braucht es pro Paar zu einem hohen Wert den entsprechend tiefen. Gültige Paare sind demzufolge: Herz-As und Schaufel-Sechs oder Ecke-Dame und Kreuz-Acht, oder Herz-Zehn und Schaufel-Zehn oder Ecke-Bauer und Kreuz-Neun. Wer kein Paar aufdeckt, legt die Karten wieder verdeckt hin. Wer ein gültiges Paar aufdeckt, darf weiterfahren. Gewonnen hat, wer sich die meisten Paare holt.	

Nr.	Name der Spielform Ziele	Beschreibung	Hinweise/Organisation
626	**Karten-Dieb** Schnelligkeit Übersicht	Ein vollständiges Kartenspiel wird auf dem Tisch ausgelegt. Der Spielleiter hat aber zuvor eine Karte stibitzt. Wer merkt was fehlt, wird Spielleiter.	Evtl. zuerst nur mit einer Farbe starten.
627	**Lagewechsel** Gedächtnis	Zwölf Spielkarten liegen in einer Reihe. Die Spieler erhalten kurz Zeit, sich die Positionen der einzelnen Karten einzuprägen. Dann lässt der Spielleiter, von den anderen unbemerkt, zwei Karten die Plätze tauschen. Eine Aufgabe für aufmerksame Beobachter.	
628	**Sind alle da?** Lockerheit	Die Figuren eines Schachspiels sind willkürlich auf dem Brett verteilt. Wer findet am raschesten heraus, ob alle 32 da sind oder was fehlt!?	
629	**Figurenwechsel** Merkfähigkeit	Auf dem Brett steht eine Auswahl von Schachfiguren, die sich die Spieler merken müssen. Dann schließen sie die Augen und es werden eine oder mehr Figuren • weggenommen • hinzugestellt Wer kann über Zuwachs oder Abgang Auskunft geben?	
630	**Stellungswechsel** Gedächtnis Konzentration	Die Spieler prägen sich eine bestimmte Stellung auf dem Schachbrett ein. Dann schauen sie weg, während der Spielleiter einen Zug macht. Wem fällt der Wechsel auf? • Es lassen sich in der Zwischenzeit auch mehrere Züge ausführen	

9 Spiele mit alten und neuen Spielmitteln

Der Band 1012 enthält eine Reihe von Neuheiten. So sind hier wohl erstmals in der Spielliteratur Diabolo-Varianten festgehalten (451–475). Auch Spielformen mit Fluri-Ballons (771–790) erscheinen hier zum ersten Mal. Im Unterschied zum Diabolo kann man bei Fluba-Spielen aber keineswegs auf generationenlange Tradition verweisen, da der Verfasser dieses Buches sie um 1970 erfunden und vor allem in Spielekursen eingesetzt hat. Sie bilden eine bislang ungewohnte Kombination der Elemente Luft und Wasser, eine Verbindung von leicht und schwer.
Das Ergebnis ist ein verblüffend lebendiges Ding, ein Clown unter den Spielzeugen, das scheinbar unberechenbar und gerade deshalb so reizvoll ist.
Auch andere Spielmaterialien, wie etwa Fallschirme, Melodieröhren oder Strumpfbälle gab es zu Cleopatras Zeiten noch nicht. Sie werden in Spielgruppen und bei Spielfesten erst seit wenigen Jahrzehnten verwendet und bringen sehr viel Spaß – vorausgesetzt, das Material ist überhaupt erhältlich. Verschiedene Ausleihstellen bieten Geräte und Materialien an, die man so nicht kaufen oder selber herstellen muss. Entsprechende Auskunft ist bei der www.spielakademie.ch (s. S. 240) erhältlich.

9

Nr.	Name der Spielform Ziele	Beschreibung	Hinweise/Organisation
631	**Ins Loch** Augenmaß Erinnerung	Von einem bestimmten Punkt aus versucht jeder, 3 Kugeln ins Loch zu rollen. Kugeln, die im Loch landen, dürfen wir behalten. Der beste Spieler darf dann versuchen, ums Loch herum liegende Murmeln hineinzustupsen. Solange dies gelingt, gehören sie ihm, sonst kommt der nächste Spieler an die Reihe.	Wir können das Ziel, z. B. auf einem Spannteppich, auch mit einem Fadenkreis legen.
632	**Verteilen** Präzision	2 Meter vor uns und dann alle 50 cm haben wir 6 Linien gezogen. Jeder Spieler versucht, 5 Kugeln so zu rollen, dass zuletzt in jedem Feld eine Kugel seiner Farbe liegt.	
633	**Schiefe Ebene** Antizipieren	Auf den Platz haben wir eine Zielscheibe gezeichnet. Von einem bestimmten Punkt aus darf ein Spieler nach dem anderen seine Murmel über ein Brett auf den Boden in Richtung Ziel rollen lassen. Den Neigungswinkel der Startrampe bestimmt jeder selber.	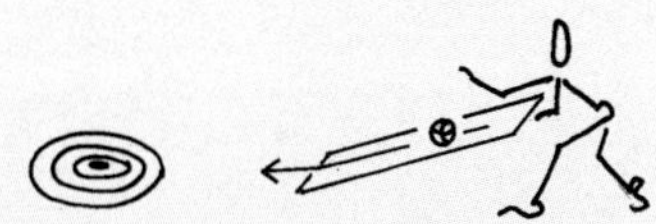
634	**Torbogen** Strategie Übersicht	In eine Kartonschachtel wurden verschieden große Eingänge geschnitten. Jeder Torbogen ist mit einer Punktzahl überschrieben – je kleiner der Eingang, desto höher die Punktzahl. Wer erreicht in 10 Versuchen die höchste Summe?	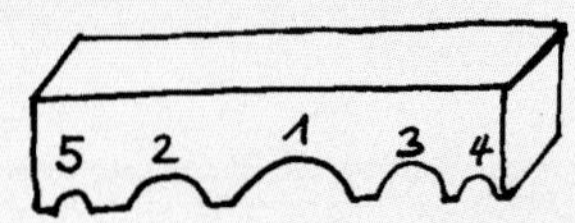
635	**Dorf besetzen** Fingerspitzengefühl	5 Kartonschachteln werden mit Torbogen versehen und als „Schule“, „Fabrik“, „Restaurant“, „Rathaus“ und „Kirche“ angeschrieben. Jeder Spieler startet mit 5 Murmeln. Wer platziert mit der geringsten Anzahl von Versuchen in jedem Haus eine Kugel? • Zwei Häuser mit Hinterausgang	

Nr.	Name der Spielform Ziele	Beschreibung	Hinweise/Organisation
636	**Lotterie** Gruppenbilden	Eine einfache Möglichkeit, Spieler in 2er-, 4er- u. a. Gruppen einzuteilen, besteht darin, eine entsprechende Anzahl je gleichfarbiger Murmeln in ein Gefäß zu geben und die Spieler blind eine Murmel nehmen zu lassen. So ergeben sich die Gruppen von selber.	Diese Art eingeteilt zu werden, ist für die meisten Spieler angenehmer als andere Wahlverfahren.
637	**Wer gewinnt?** Spaß	Jeder Spieler beginnt mit drei beliebigen Murmeln. Alle beginnen zu tauschen, können viele bekommen oder alle verschenken. Von Zeit zu Zeit unterbricht der Spielleiter. Spieler mit einer bestimmten Anzahl (4, ungerade) oder bestimmten Merkmalen (rote) scheiden aus.	Der Zufall ist weitgehend König in diesem eigenartigen Spiel. Wer ausscheidet, darf mithelfen, das folgende Ausscheidungsmerkmal zu bestimmen.
638	**Murmel-Piste** Geschicklichkeit	Aus einem Spannteppichrest (z. B. 70 cm x 2 m) lässt sich leicht ein zusammenrollbares Murmelspielfeld mit Startfeld und Zielscheibe herstellen. Gespielt werden kann eine bestimmte Anzahl Runden oder auf eine gewisse Zahl (12 Runden oder 50 Punkte).	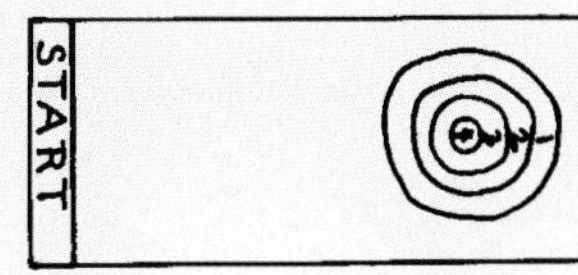
639	**Murmel-Wettbewerb** Konzentration	Unterschiedlich gestaltete Murmelpisten ermuntern bald zum Durchführen von Wettbewerben, in denen Einzelmeister auf den verschiedenen Pisten, Gesamtsieger und Meistermannschaften erkoren werden können.	
640	**Murmellabyrinth** Kreativität	Aus Kartonröhren, Schläuchen, Wasserrädchen, Schachteln und Glockentreppen lässt sich mit etwas Fantasie und Klebmaterial gut ein Labyrinth basteln. Sind verschiedene Ausgänge möglich oder landet die Kugel zuletzt in einer Ebene mit Punkteinteilung, ist's ein Glücksspiel.	

Nr.	Name der Spielform Ziele	Beschreibung	Hinweise/Organisation
641	**Murmeltreiben** Genauigkeit	Zwei Spieler knien sich an der Schmalseite eines Feldes von 4 x 1 m gegenüber. 1 m vor jedem Spieler ist eine Grenze gezogen. Die beiden versuchen im Wechsel, die Zielkugel (Z) mit einer Murmel über die Grenze zu treiben und so zu erobern.	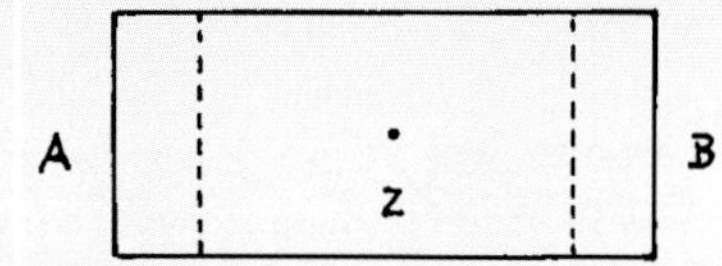
642	**Blitzschlag** Augenmaß	Jeder Spieler legt eine Murmel in einen Kreis von 15 cm Durchmesser. Aus Augenhöhe lässt einer nach dem anderen eine Murmel fallen. Kugeln, die getroffen aus dem Kreis rollen, gehören ihm. Murmeln, die nicht treffen, bleiben drin.	Für 4–6 Spieler. Sind nur noch zwei oder weniger Murmeln im Kreis, kann der nächste Spieler verlangen, dass jeder eine Murmel dazulegt.
643	**Turmherr** Geschicklichkeit	Zwei Spieler sitzen sich mit gegrätschten Beinen gegenüber. Jeder baut vor sich ein Türmchen aus drei Murmeln unten und einer vierten obendrauf. Im Wechsel versuchen sie mit einer Murmel den Turm des Partners zu treffen und diese Kugeln zu erobern.	Selbstverständlich gehören alle Murmeln, die danebenrollen, dem gegnerischen Turmherrn. Abstände der Spieler nach Wunsch ca. 3 m.
644	**Hasenböhnchen** Genauigkeit Konzentration	Jeder Spieler legt ein paar seiner Murmeln mit 3–4 cm Abstand auf eine Linie. Nach einer ausgelosten Reihenfolge versucht jeder, von einer 3 m entfernten Abrolllinie aus eine Murmel in der Reihe zu treffen und zu gewinnen. Danebengerollte Kugeln dürfen ebenfalls getroffen werden.	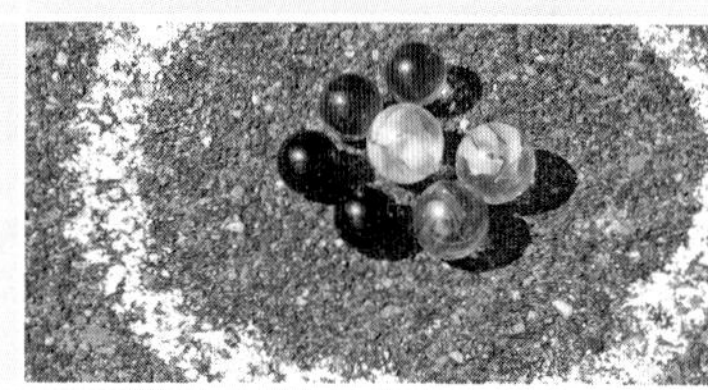
645	**Abpraller** Präzision und Zufall	Von einer Linie aus werden Murmeln gegen eine Wand geworfen. Trifft eine abprallende Kugel eine andere, gehören dem Schützen alle am Boden liegenden Murmeln.	• Die Kugel muss beim Herunterfallen direkt treffen • Es genügt auch, wenn sie beim Wegrollen eine andere berührt

Nr.	Name der Spielform Ziele	Beschreibung	Hinweise/Organisation
646	**Amors Kugeln** Genauigkeit	Im Zentrum eines Kreises von 4–5 cm Durchmesser legen die Spieler aus ihren gemeinsamen Murmeln ein Herz. Wer vom Rand aus eine der Kugeln trifft, bekommt sie. Wessen Kugel im Herzen darin liegen bleibt, darf es nochmal versuchen. Wer daneben trifft, legt die Murmel in die Herzlinie.	
647	**Gegen die Wand** Geschicklichkeit	Von einer festgesetzten Linie aus rollt jeder Spieler eine Murmel gegen eine Mauer, Schatten am Boden, Wand, usw. Jener Spieler, dessen Kugel am nächsten liegt, hat die anderen gewonnen.	
648	**Auf die Linie** Augenmaß	Die Spieler rollen je eine Murmel zu einer Linie (Kreidestrich, Muster auf der Bodenplatte, Linie im Kies). Wessen Kugel am nächsten (vor oder hinter der Linie) liegen bleibt, gewinnt.	
649	**An die Grenze** Fingerspitzengefühl	Es wird gegen eine Grenzlinie (Bordsteinkante, Kreidestrich, o. Ä.) gespielt. Gewonnen hat der Spieler, der seine Kugel am nächsten an die Grenze gespielt hat. Murmeln, die über die Grenze hinaus gerollt sind, zählen nicht und gehören dem Gewinner.	
650	**In die Mitte** Präzision	In der Mitte eines Kreises von 5 m Durchmesser liegt ein Stein. Jeder Spieler versucht, mit 3 Murmeln möglichst nahe an den Stein zu treffen. Gewonnen hat der Spieler, dessen eine Murmel am nächsten zum Ziel gerollt ist.	

Nr.	Name der Spielform / Ziele	Beschreibung	Hinweise/Organisation
651	**Jeder gegen Jeden** Fingerspitzengefühl	Jeder rollt eine Kugel ins Feld. Nach einer jetzt abgemachten Reihenfolge darf einer nach dem anderen mit seiner Kugel versuchen, die Murmel eines anderen zu treffen und dadurch zu gewinnen. Wer getroffen hat, darf es gleich nochmal versuchen.	
652	**Zielkugel** Genauigkeit	Einer rollt eine Zielkugel ins Feld. Jetzt versucht jeder Spieler sie zu treffen. Wem dies gelingt, der erhält von jedem Mitspieler eine Murmel. Im Übrigen gewinnt der Spieler mit der am nächsten liegenden Murmel.	
653	**Murmel-Boule** Teamwork	Es spielen zwei Mannschaften zu zwei Spieler. Jeder Spieler besitzt 3 Kugeln. Ein ausgeloster Spieler rollt die Zielkugel und dann eine seiner Murmeln. Jetzt spielt immer die Gruppe, deren nächste Murmel weiter vom Ziel weg ist. Dann sind die anderen an der Reihe.	Es wird auf 15 Punkte gespielt. In jeder Runde gewinnt die näher liegende Mannschaft so viele Punkte, wie sie Murmeln näher bei der Zielkugel hat. Sie spielt dann die Zielkugel aus.
654	**Murmelgolf** Präzision	Auf einem Platz werden mit je 3–4 m Abstand Kreise von 20 cm Durchmesser aufgezeichnet. Aus 6–10 Kreisen entsteht so ein ausgedehnter Parcours. Jeder Spieler versucht nun, seine Murmel Zug für Zug in den ersten und jeden weiteren Kreis zu rollen.	Der Spieler, dessen Kugel nach der kleinsten Zahl von Zügen im letzten Kreis ankommt, gewinnt die Murmeln seiner Mitspieler. (Wo möglich, werden die Kreise durch Löcher ersetzt.)
655	**Kreismurmeln** Antizipieren	Auf einer gedachten Kreislinie von etwa 5 m Durchmesser werden 8 Kreisfelder von 20 cm Durchmesser aufgezeichnet. Die Spieler versuchen, in möglichst wenig Versuchen den Kreisparcours zu bewältigen. Im Unterschied zum Murmelgolf dürfen die Kugeln in den Kreisstationen durchrollen.	

Nr.	Name der Spielform Ziele	Beschreibung	Hinweise/Organisation
656	**Münzenstafette** Schnelligkeit Gelassenheit	Wir sitzen im Kreis und geben die Münze von einem Handrücken zum nächsten weiter. Bei genügend Spielern vergleichen wir, welche Reihe den schnellsten Geldtransport garantiert.	
657	**Schatzsuche** Aufmerksamkeit	Der Spielleiter versteckt im Raum eine echte Münze oder eine Schokoladenmünze in Goldfolie. Die Spieler kommen von draußen herein und machen sich auf die Suche. Wer auf den Schatz stößt, hat gewonnen.	
658	**Münze klopfen** Präsenz	An den Längsseiten eines Tisches sitzen sich zwei Gruppen gegenüber. Eine lässt unter dem Tisch eine Münze wandern. Sobald die Beobachter „Hoch!" rufen, strecken sie die Fäuste in die Luft und auf „Ab!" schlagen sie die Hände flach auf den Tisch. Haben die Beobachter gehört, wer die Münze aufgeschlagen hat, so ist ihre Gruppe dran.	
659	**Unsichtbares Ziel** Versuch und Irrtum	Mitten unter der Längskante eines Tisches befindet sich am Boden eine Büchse oder Schachtel. Von der Seite gegenüber darf jeder Spieler versuchen, hintereinander fünf Münzen quer über den Tisch in die unsichtbare Kasse zu schubsen.	
660	**Münzen-Cup** Feinmotorik	Zwei Spieler oder Mannschaften bringen auf einem Tisch eine vereinbarte Anzahl von Münzen ins Spiel. Die eine Seite spielt mit Kopf, die andere mit Zahl oben. Ziel ist es, mit den eigenen Münzen die fremden vom Tisch zu schubsen. Es wird Zug um Zug im Wechsel gespielt.	

Nr.	Name der Spielform Ziele	Beschreibung	Hinweise/Organisation
661	**Stöckeln** Präzision	Jeder Spieler legt eine Münze auf einen Holzsockel von 10–15 cm Durchmesser. In einer ausgelosten Reihenfolge wirft einer nach dem anderen von einem bestimmten Punkt aus mit einem Stein auf das Ziel. Wer trifft, erhält die Münzen, welche mit der Zahl nach oben liegen bleiben. Die übrigen Geldstücke werden wieder obenauf gelegt.	Faustgroße Steine genügen!
662	**Punktewettbewerb** Feinmotorik	Auf einem Papiertischtuch o. Ä. sind Kreise als Parkfelder für Münzen aufgezeichnet. Die einzelnen Felder tragen unterschiedliche Punktzahlen. Die Kopf- und die Zahlgruppe spielen gegeneinander. Welcher Gruppe gelingt es, mit ihren Münzen in der festgesetzten Anzahl von Kicks die größte Punktesumme abzudecken?	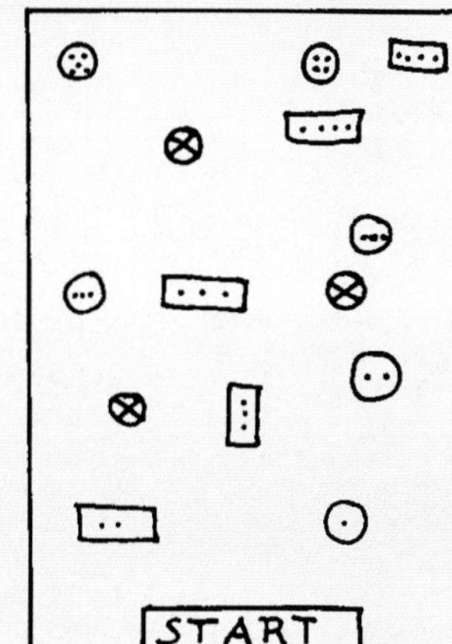
663	**Multi-Kicken** Fingerspitzengefühl	Große Münzen, kleine Münzen und Büroklammern (beide Gruppen gleiche Anzahl und Größe) werden vom Startfeld aus mit den Fingerspitzen über den Plan gekickt. Achtung: Was auf oder über ein rotes Hindernisfeld rutscht, muss an den Start zurück.	
664	**Präzisionswurf** Geschicklichkeit	Wir werfen die Münze auf eine 2 m entfernte Linie. Der Spieler, dessen Münze am nächsten liegt, nimmt alle Geldstücke auf, sagt „Kopf" oder „Zahl" und wirft sie in die Luft. Was seiner Voraussage entsprechend fällt, gehört ihm. Dann darf der zweitbeste Spieler hochwerfen.	
665	**Hallo, Nachbar!** Präzision	A wirft seine Münze, dann wirft B. Nun drückt B mit seinem Daumen die eigene Münze auf den Boden fest. Wenn er jetzt mit dem Zeigefinger die Münze von A berühren kann (Spanne), gehört diese ihm. Andernfalls hat er die eigene verloren. Dann ist Wechsel.	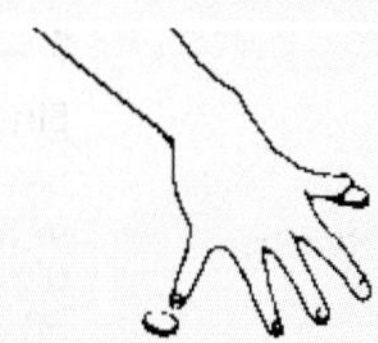

Nr.	Name der Spielform Ziele	Beschreibung	Hinweise/Organisation
666	**Nussknobeln** Logik Aufmerksamkeit	Jeder der 3 (4) Spieler bekommt vom Vorrat in der Tischmitte drei Haselnüsse und gibt davon nach Belieben hinter seinem Rücken 0–3 in die Faust. Diese streckt er geschlossen vor. In jeder Runde beginnt ein anderer zu raten, wieviele Nüsse sie zusammen vorstrecken. Pro Runde darf jede Zahl nur einmal genannt werden.	Wer richtig rät, darf eine Nuss vom Vorrat essen.
667	**Ratespiel** Gedächtnis	Unter etwa 20 Nussschalen sind 5 Haselnüsse versteckt worden. Die Spieler dürfen reihum eine Schale heben und die Nuss – falls eine darunter ist – essen. Das Spiel kann so gespielt werden, dass die Spieler beim Verstecken zusehen können und die Schalen gemischt werden.	
668	**Nussfechten** Wendigkeit	Zwei Fechter sind mit einem Suppenlöffel ausgerüstet, in dem eine Nuss drin ist. Sie versuchen, sich gegenseitig die Nuss vom Löffel zu befördern.	
669	**Chinesisch essen** Geschicklichkeit	Beinahe chinesisch wird im Esswettbewerb gegessen, indem jeder Spieler versucht, in möglichst kurzer Zeit mit Hilfe einer Hand und 3 Zahnstochern 10 Haselnüsse zu knabbern.	
670	**Verwünschte Nuss** Spannung	Fin Spieler ist draußen. Die anderen wählen von 10 oder mehr Haselnüssen auf dem Tisch eine aus. Der Einzelspieler kommt jetzt herein und darf gemütlich eine Nuss um die andere verzehren. Will er aber die verwünschte Nuss berühren, stoßen alle ein zischendes Geräusch aus, und der nächste Hungrige ist dran.	

Nr.	Name der Spielform Ziele	Beschreibung	Hinweise/Organisation
671	**Mäuschen – Schiffchen – Körbchen** Spaß	Jeder beginnt mit acht oder mehr Nüssen. Fallen die Schalen so: △ △, bedeutet das Mäuschen, ▽ ▽ ist Schiffchen und △ ▽ ist Körbchen. Werfe ich Mäuschen, muss ich eine Nuss auf den Plan legen oder wenn die Maus gefüllt ist, einen nehmen (bei Schiff zwei, bei Korb drei).	Wir setzen uns um den Spielplan (s. Zeichnung) und würfeln reihum mit zwei Nussschalen. 
672	**Nuss-Poker** Spannung	Pro Runde legt jeder eine Nuss in die Mitte. Wir würfeln mit drei Nussschalen. Jede Schale, die flach △ liegt, zählt einen Punkt. Haben in einer Runde mehrere Spieler am meisten Punkte, würfeln diese weiter, bis der Gewinner des Einsatzes ermittelt ist.	
673	**Nusstafel** Zufall	Wir würfeln mit 4 Nussschalen und nebenstehendem Plan. Jede flach liegende △ Schale zählt einen Punkt. Wer Null hat, legt eine Nuss auf die Null. Wer 1, 2 oder 3 hat, gibt oder nimmt eine Nuss, je nachdem ob das entsprechende Feld belegt oder leer ist. Wer 4 würfelt, leert das 0-Feld.	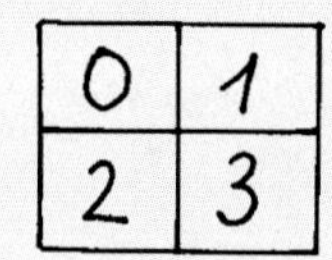
674	**Vorratskammer** Spaß	Wir zeichnen einen schneckenförmigen Plan und nummerieren die Felder von außen nach innen, von 1–12. Jeder Spieler gibt eine Nuss in die Vorratskammer (Feld 12). Reihum würfeln wir mit 3 Walnussschalen. △ ▽ ▽ zählt einen, △ △ ▽ zählt zwei und △ △ △ zählt drei Punkte. Wer mit seinem Spielstein zuerst die 12 erreicht, bekommt den Vorrat.	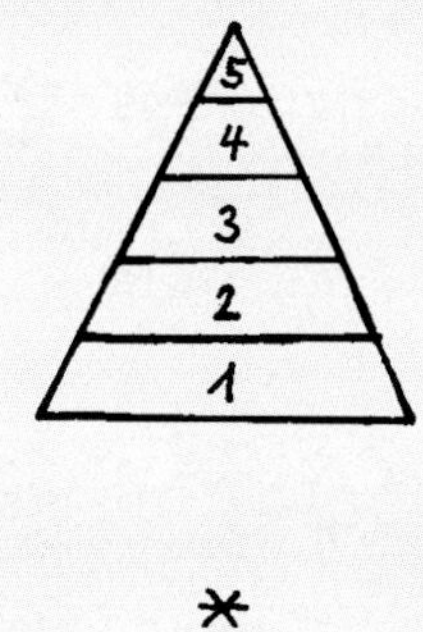
675	**Nusswerfen** Geschicklichkeit	Auf den Boden haben wir eine Pyramide gezeichnet. Einer nach dem anderen rollt/wirft vom Abwurfpunkt, aus 3 m Entfernung, 5 Nüsse. Er zählt die Punkte in den Feldern und nimmt nur diese Nüsse zurück. Wer die höchste Punktzahl hat, gewinnt alle Nüsse, die daneben gelandet sind.	

Nr.	Name der Spielform Ziele	Beschreibung	Hinweise/Organisation
676	**Vom Podest holen** Reaktion Mut	Zwei Spieler stehen sich auf zwei Hockern (Stühlen, Kisten, Steinen, Sprungkasten) gegenüber und halten sich an einem Seil. Auf „los" beginnen sie mehr oder weniger sanft am Seil zu ziehen, um den Partner vom Sockel zu holen. Der Griff am Seil darf vom Start weg nicht mehr verändert werden.	Als Sockel eignen sich Abschnitte von Baumstämmen besonders gut.
677	**Giganten stürzen** Geschicklichkeit	Vier Widersacher stehen sich auf zwei oder vier Langbänken im Viereck gegenüber. Durch ein Seil verbunden versuchen sie – jeder gegen jeden – die anderen drei vom Thron zu holen. Der Sieger darf gegen drei weitere Widersacher antreten.	Es gewinnt nicht immer der stärkste Spieler.
678	**Rückzug** Kraft	Vier Spieler sind durch ein Seil verbunden. 1–2 m hinter jedem von ihnen steht eine Flasche (Keule, Ball). Auf „los" versucht jeder so kräftig zurückzuziehen, dass er mit einem Fuß den hinter ihm liegenden Gegenstand wegzustoßen vermag. Der Sieger kämpft eine Runde weiter.	Zwei Spieler, die verloren haben, können als Paar weiterspielen.
679	**Riesenkampf** Teamarbeit Kraft	Zwei Mannschaften stehen sich am Tau gegenüber. Die Mitte des Taus ist markiert und befindet sich über der Mittellinie. 3 m beidseitig der Mitte befindet sich eine weitere Markierung. Gewonnen hat, wer die Seilmitte über diese Linie zurückziehen kann. • Desgleichen mit liegendem Start von einer Linie 5 m hinter den Seilenden (Le-Mans-Start)	
680	**Seilwelle** Koordination Teamwork	Wir knüpfen die Enden eines langen Seiles zusammen. Daran halten sich die Spieler außen herum in einem großen Kreis fest. Durch das Bücken und Hochstrecken wandert eine Welle rundum.	

9

Nr.	Name der Spielform Ziele	Beschreibung	Hinweise/Organisation
681	**Esel und Heuhaufen** Kraft	Zwei Spieler sind durch ein Seil verbunden und stehen sich gegenüber. Zwei Körperlängen dahinter befindet sich ihr Ziel (Flasche, Tennisring, o. Ä.). Wer kann es zuerst erreichen? • Erfindet andere Zugspiele mit Seil!	
682	**Auf den Schwanz** Beweglichkeit	An einer Schnur hat ein Spieler einen Tennisring festgebunden und zieht ihn hinter sich durch den Raum. Die anderen versuchen ihn zu berühren. • An der Schnur ist ein Stück Papier festgebunden, auf das die anderen Spieler Jagd machen, indem sie versuchen daraufzutreten	
683	**Fuchsfalle** Reaktionsvermögen	Mit ihren Händen halten zwei Spieler über dem Boden ein Seil bereit, in das sie eine Schlinge gemacht haben. Die Füchse versuchen der Reihe nach durchzuschlüpfen, bevor die beiden die Schlinge zuziehen können.	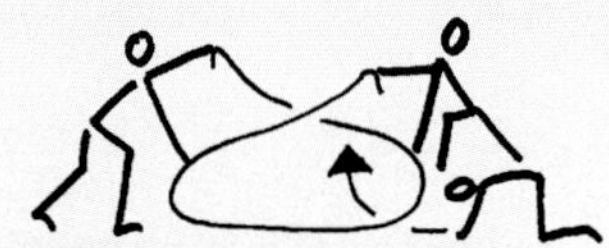
684	**Schnur legen** Kurzzeitgedächtnis	Eine Schnur oder ein Seil ist als Schlaufe in einer mehr oder weniger schwierigen Form ausgelegt. Wir haben Gelegenheit, uns die Figur ein paar Augenblicke lang einzuprägen. Wer kann sie in paar Meter entfernt nachlegen, ohne nochmals hinzugucken?	
685	**Seiltänzer** Pantomime Fantasie	Wir haben am Boden ein Seil ausgelegt. (Bei der Variante mit offenen Augen genügt auch eine Linie.) Jetzt darf einer nach dem anderen darauf ein paar Hochseil-Akrobatik-Kunststücke vorführen. • Wer versucht es sogar mit verbundenen Augen? Achtung: „Absturzgefahr"	

Nr.	Name der Spielform Ziele	Beschreibung	Hinweise/Organisation
686	**Solo** Sprungkraft	Wir stellen uns in einen Sack (z. B. aus Jute), der uns mindestens bis zur Hüfte reicht, halten ihn mit beiden Händen fest und hüpfen los. • Aus dem Stand lassen wir uns mit Geräusch zusammensacken	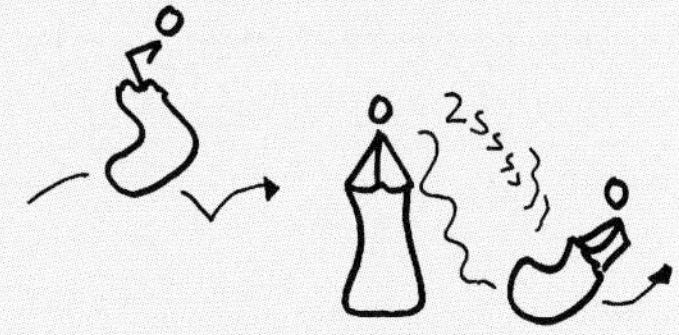
687	**Stehaufmännchen** Konzentration Resilienz	Wir suchen uns im Freien einen leichten Abhang aus und hüpfen ruhig hinunter. Bei Sturzgefahr notfalls den Sack loslassen, abrollen und mit den Händen auffangen. • Wer kann den Abhang hinauf hüpfen?	
688	**Sackballett** Ausdauer Kraft	Zu passender Musik hüpfen wir im Takt: vorwärts – links – rückwärts – rechts, usw. Später sprechen wir weitere Bewegungsfolgen ab. • Im Zickzack hüpfen wir über ein Seil	
689	**Hoppeldipopp** Kondition	In einem abgegrenzten Feld hüpfen einige Kampfhähne und rempeln sich sanft an: „Hoppeldipopp!" Wer seinen Sack loslassen muss oder stürzt, scheidet aus und gibt seinen Sack an einen nächsten Spieler weiter. Dasselbe tun auch müde, aber unbesiegte Hüpfer.	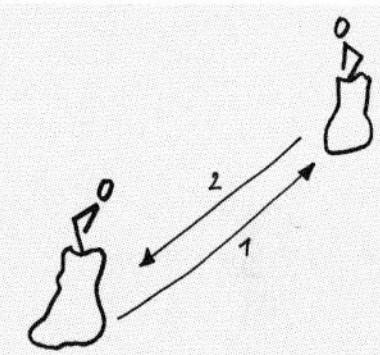
690	**Rundstreckenhüpfen** Kraft	Auf einer Rundstrecke sind zehn oder mehr Posten markiert. Je Mannschaft starten halb so viele Spieler wie es Posten hat. Der erste hüpft mit dem Sack zum nächsten Posten, übergibt den Sack und rennt zum nächsten freien Posten voraus, z. B. Posten sechs.	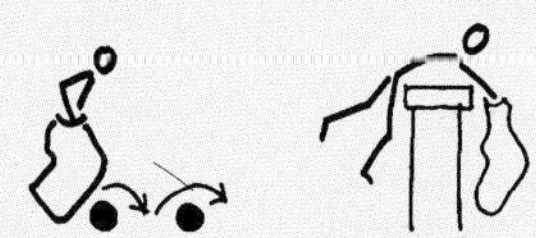

Nr.	Name der Spielform Ziele	Beschreibung	Hinweise/Organisation
691	**Paarlauf** Kooperation	Zwei Holzbretter mit angenagelten Lederstreifen ergeben die völlig unkomplizierte Rasenskiausrüstung. Es braucht zum Fahren weder Sicherheitsbindungen noch Stöcke. Gefahren wird meist zu zweit, zu dritt oder zu viert. Am besten im Takt.	
692	**Verkehrt?** Koordination	Was bei einem Rasenski hinten oder vorne sei, ist oft schwer auszumachen. Ausnahmsweise lässt man bei Unklarheiten die einen so und die anderen andersherum aufsteigen und marschiert so hin und zurück.	
693	**Lastentransport** Balance	Profis transportieren auf ihren Brettern nebst Personen auch noch Frachten. Aber Vorsicht: An heißen Sommertagen kommen volle Getränkeflaschen meist leer zurück.	
694	**Kurvengang** Koordination Kommunikation	Wenn es mit dem Links-Rechts-Rhythmus klappt, dürfen die ersten größeren Bögen versucht werden. Vorsicht, Schleudergefahr!	
695	**Nachtzug** Koordination Kommunikation	Rund 15 m weiter vorne hat das Rasenskiteam mit zwei Stöcken ein 2 m breites Tor markiert. Jetzt richten sie die Latten genau aus. Dann schließen sie die Augen und starten zur Nachtfahrt – hoffentlich zwischen den Markierungen hindurch. Wer übt, gewinnt!	

Nr.	Name der Spielform Ziele	Beschreibung	Hinweise/Organisation
696	**Geschicklichkeits-fahren** Koordination	Die Spieler versuchen während der Fahrt: • Einen Ball mit dem Fuß ins 10 m entfernte Tor zu stoßen • 3 Tennisringe über aufgestellte Pfosten zu legen • Einen Hut von einem Ast zu holen und auf eine Stange zu hängen • An einen herunterhängenden Ballon zu schlagen	
697	**Hindernisfahren** Geschicklichkeit Timing Voraussicht	Als Hindernisse haben wir u. a. vorgesehen: • Wippe aus breitem Brett und Baumstamm • 50-cm-Hürde, die es mit dem Rad zu überqueren gilt • Slalom zwischen aufgestellten Hindernissen • Fahrt über ein 3 m langes Brett • Tief gespannter Wollfaden, unter dem man nur tief gebückt durchfahren kann	
698	**Zugpferd** Kraft Kondition	Drei alte Fahrradschläuche werden so verknüpft, dass eine Zuginstallation entsteht. Das eine Ende fixieren wir am Fahrrad (über den Lenker ziehen). Ein Spieler stellt sich in den Schlauch am anderen Ende, und das Abschleppen des Fahrers kann beginnen.	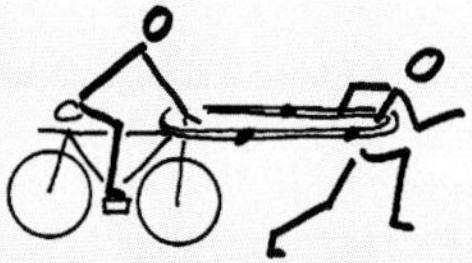
699	**Glücksstopp** Reaktion und Zufall	Wir fahren auf dem Platz kreuz und quer herum. Sobald der Spielleiter mit der Fahrradglocke läutet, halten wir an. Der Spieler, dessen Hinterradventil in diesem Augenblick zufälligerweise am nächsten am Boden ist, gewinnt einen Punkt.	
700	**Zwirbeln** Glück Spaß	Das Fahrrad steht auf Lenker und Sattel. An der Hinterradgabel haben wir mit Wäscheklammern ein Stück Karton befestigt, das etwas in die Speichen hineinreicht. Zwischen die Speichen sind Nummern geklebt. Die Spieler erhalten Losnummern. Wir drehen das Rad. Es gewinnt die Nummer, bei welcher das Rad bremst.	

9

Nr.	Name der Spielform Ziele	Beschreibung	Hinweise/Organisation
701	**Info-Dienst** Koordination	Jede Gruppe erhält eine Liste mit Aufgaben, die verteilt und mit Hilfe der Fahrräder gelöst werden: • Jahreszahl auf einem bestimmten Gebäude suchen • Grabstein-Inschrift abschreiben • In einem bestimmten Geschäft einen Prospekt holen • Öffnungszeiten der Bibliothek herausfinden • Treppenstufen vor dem Schulhaus zählen, etc.	
702	**Parallelfahren** Kooperation	Zwei Fahrräder sind durch eine 10 m lange Schnur verbunden. Immer zwei Spieler fahren nach Absprache Figuren auf einem Platz, so dass die Schnur nie den Boden berührt.	
703	**Tiefflieger** Reaktion	An einem Fahrrad haben wir eine lange Schnur festgebunden. Ein Spieler sitzt in der Mitte des Feldes und hält das Schnur-Ende in der Hand, während der Fahrer langsam im Kreis fährt. Die übrigen Spieler im Feld legen sich flach auf den Boden oder springen über die vorbeikommende Schnur.	
704	**Ballsammler** Timing Präzision	Der Fahrer hat an seinem Fahrrad einen Anhänger angekoppelt mit einem Korb oder einer großen Kartonschachtel darauf. Er fährt auf einer Linie hin und her. Die übrigen Spieler stehen 4 m entfernt auf einer parallelen Linie. Jeder hat Tennisbälle bekommen und versucht, sie in den Behälter zu werfen.	
705	**Schneckenslalom** Geschicklichkeit	Mit Flaschen oder Malstangen haben wir einen Parallelslalom aufgestellt. Die Fahrer jeder Mannschaft radeln so langsam wie möglich entlang ihren Markierungen geradewegs ans andere Ende und kurven dann zwischen den Hindernissen zurück. Wer vorzeitig den Boden berührt, erhält Zeitabzug.	

Nr.	Name der Spielform Ziele	Beschreibung	Hinweise/Organisation
706	**Reifeln** Geschicklichkeit	Mit Hilfe eines Stockes treiben wir Fahrradfelgen an und versuchen, sie um ein Hindernis herumzusteuern. • Pendelstafette	
707	**Rad umrunden** Timing	Die Spieler treiben ein Rad, eine Felge oder einen Reifen in eine gerade Bahn und laufen – während des Rollens – einmal darum herum.	
708	**Grätschsprünge** Reaktion	Die Spieler sind in 3er-Gruppen eingeteilt. Immer zwei von ihnen stehen im Abstand von mindestens 6 m und rollen die Felge oder das Einzelrad hin und her, während der Mitspieler in der Mitte jeweils im Grätschsprung über das heranrollende Rad hinweghüpft.	
709	**Pedalo** Balance	Auf dem Pedalo üben wir unseren Gleichgewichtssinn. Je nach Modell können auf einem Pedalo auch zwei oder drei Spieler gleichzeitig fahren. Die Dreiradpedalos erfordern schon ein hohes Maß an Geschicklichkeit. (Bezugsquellen: siehe Anhang.)	
710	**Staffelrennen** Teamwork	Die Strecke ist in verschiedene Abschnitte eingeteilt. Für jeden Abschnitt ist ein Spieler mit einem bestimmten Vehikel zuständig: Rollbrett, Trottinett, Rollschuhe, Pedalo, Dreirad, Fahrrad. Welche Mannschaft absolviert den rollenden Sechskampf in der kürzesten Zeit? Anschließend Fahrzeugwechsel.	

Nr.	Name der Spielform Ziele	Beschreibung	Hinweise/Organisation
711	**Sturmscheibe** Flexibilität Timing	Das Gerät heißt im Unterschied zum Jo-Jo auch Nei-Nei. Zum Start wird es leicht aufgezwirbelt. Dann können wir es durch rhythmisches Auseinanderziehen und Loslassen in Gang halten. • Wenn ein Arm seitwärts hochgestreckt bleibt und der andere zieht und loslässt, entsteht die Variante „Pfeilbogenschießen“ • Und bei Seitenwechsel eine isometrische Übung	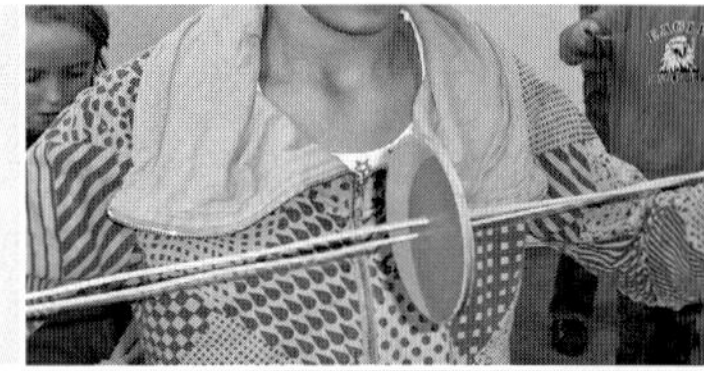
712	**Hui-Maschine** Fingerfertigkeit Timing	Geschicktes Reiben über den gezackten Stab bringt den Propeller zum Drehen. Auf „Hui!“ dreht sich der Propeller in die andere Richtung. • Verschiedene Aktionen dienen der Ablenkung der verblüfften Zuschauenden	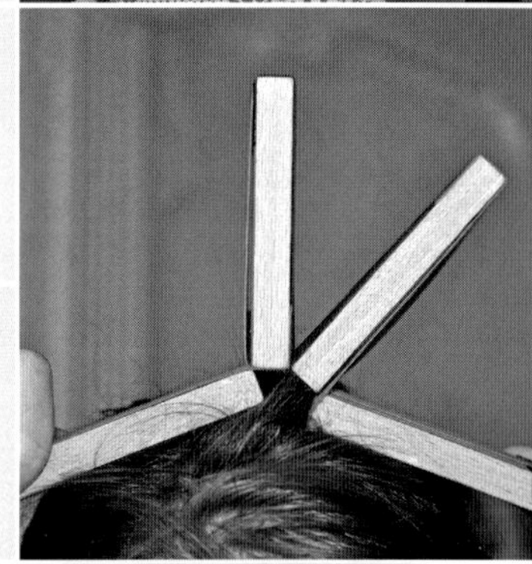
713	**Jakobsleiter** Beweglichkeit Witz	Durch eine einfache Bewegung des Handgelenkes klappert die sechsteilige Jakobsleiter Teil um Teil nach unten. • Die Jakobsleiter verwandelt sich mit ein paar Handgriffen in einen Tisch, eine Klapperschlange, eine Mühle, einen Frosch und den Spieler selber in einen Pfau oder einen Osterhasen	
714	**Japanisches Zauberkästchen** Aufmerksamkeit Show Zauberei	Eine simple Bewegung, ein einfacher Spruch und schon ist eine Münze verschwunden! Glücklicherweise bringt ein anderer Spruch sie wieder zum Vorschein. • Plötzlich dreht sich das Geldstück im geheimnisvollen Kästchen auf engstem Raum auf seine andere Seite	
715	**Schnäpperli** Logisches Denken Show Resilienz	Das Schnäpperli ist ein approbierter Intelligenztest. Je länger einer hat, um den Trick herauszufinden, desto intelligenter ist er.	

Nr.	Name der Spielform Ziele	Beschreibung	Hinweise/Organisation
716	**Peng** Reaktionsvermögen Gelassenheit	Es ist so einfach: Das Peng durchdrücken – wenden – fallen lassen und nach dem Hochspringen abfangen. • Zu einem Partner auf den Boden werfen. Es springt und der Partner fängt es auf • Der Partner wartet mit geschlossenen Augen, bis er das Peng springen hört. Dann öffnet er die Augen und fängt es ruhig auf	
717	**Zauberrad** Timing Gelassenheit	Das Zauberrad lässt sich mit minimalem Einsatz so stark beschleunigen, dass es auch senkrecht hochsteigt.	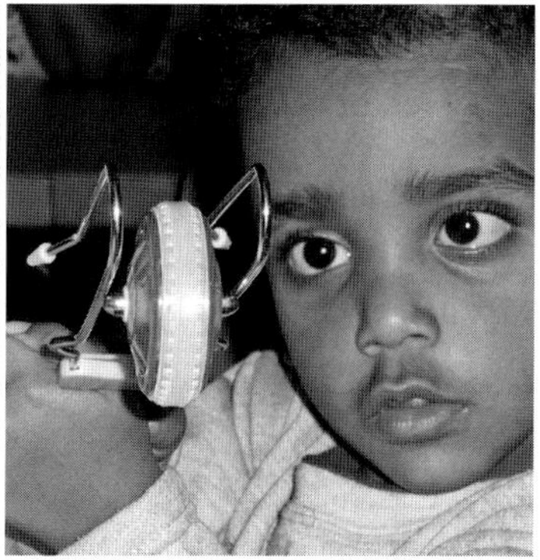
718	**Drahtspirale** Lockerheit Show	Wenn die Spirale auf dem Zeigefinger liegend locker auseinander gezogen wird, scheint das Objekt immer länger zu werden. Gleiten die Finger einwärts, tritt die umgekehrte Illusion ein. Wer aber mit Druck arbeitet, blockiert das System.	
719	**Chatterring** Attraktivität Präzision Koordination Timing	Die Kunst besteht darin, die fünf kleinen Ringe mit einem sanften aber präzisen Schubs zu starten. Durch kontinuierliches Weiterdrehen des großen Ringes bleibt alles in Fahrt.	Das Gerät lehrt uns: Es kann nicht immer auf Anhieb gelingen! 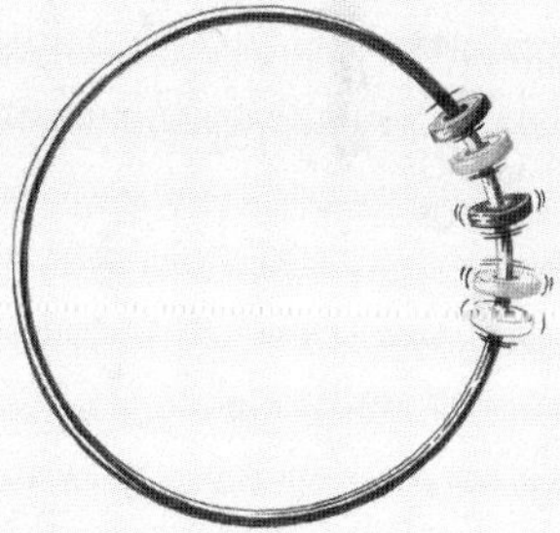
720	**Wirbelnde Ringe** Geschicklichkeit Geistesgegenwart Teamarbeit Selbstwirksamkeit	Während der Vorführung lässt sich der große Ring um sich selber drehen. • Oder wir können um den Ring herum wandern • Wir spielen ihn einhändig • In voller Aktion wird er hochgeworfen und wieder aufgefangen • Er wandert laufend von Partner zu Partner weiter	

9

Nr.	Name der Spielform / Ziele	Beschreibung	Hinweise/Organisation
721	**Helikopter** Beweglichkeit	Wir lassen die Melodieröhre über dem Kopf rascher und rascher kreisen – „starten, fliegen und landen" – und verfolgen, wie sich die Tonhöhe entsprechend der Rotationsgeschwindigkeit verändert.	
722	**Mehrstimmig** Schwung Koordination	Zwei oder mehr Spieler lassen ihre Geräte im Takt rundum sausen und konzertieren so ein- oder mehrstimmig. • Der einzelne Spieler kann es auch mit zwei Röhren versuchen	
723	**Ruf des Elefanten** Fantasie	Wir nehmen den Kunststoffschlauch wie einen Rüssel vor den Mund und variieren den ausgestoßenen Ton durch Drehen und Biegen des Schlauches.	
724	**Telefonleitung** Kooperation	Wenn wir mehrere Melodieröhren ganz genau aneinanderhalten, können wir durch die mehrere Meter lange Leitung einen geflüsterten Satz ans andere Ende weitergeben. Achtung: Nie laut sprechen oder rufen, wenn ein Spieler sein Ohr am anderen Ende hat.	
725	**Kommandant Orion** Einfühlungsvermögen	Wenn ich den Schlauch entsprechend biege, kann ich mir selber oder einem Mitspieler ins Ohr hinein sprechen (Vorsicht!). Das tönt dann wie die Übertragung aus einer Raumkapsel – sozusagen außerirdisch.	

Nr.	Name der Spielform Ziele	Beschreibung	Hinweise/Organisation
726	**Wie in einer Schüssel** Schwung Lockerheit	Der Teller liegt umgekehrt auf dem Boden. Den Stab wirbeln wir jetzt ganz locker in seinem Innenteil, wie wenn wir eine Salatsauce anrühren oder einen Rahmbesen schwingen würden.	
727	**Locker am Stock** Koordination Timing Resilienz	Wir halten den Stab mit dem oben hängenden Teller mit gestrecktem Zeigefinger am unteren Ende fest. Wir strecken den Arm weit nach oben. Jetzt lassen wir den Stab im Teller auswärts (Rechtshänder im Gegenuhrzeigersinn) immer schneller drehen, bis der Teller rasch wirbelt. Dann stoppen wir – und der Teller zentriert sich von selber auf der Spitze!	• Den Teller mit dem Zeigefinger der anderen Hand in der Mitte übernehmen, drehen lassen und mit der Spitze des Stabes zurückholen
728	**Tellerbalance** Beweglichkeit Konzentration	Jetzt lässt sich der Stab mit dem rasch drehenden Teller auf die Spitze des Zeigefingers stellen und balancieren. Auge auf den Teller richten, nicht auf die Fingerspitze! Aktiv aus dem Ellbogen balancieren und notfalls etwas mitgehen.	• Ohne Mithilfe der anderen Hand den Stab mit dem drehenden Teller von einer Fingerspitze zur anderen wandern lassen
729	**Chinesisch** Spaß Geschicklichkeit Loslassen	Wir beschleunigen den Teller und öffnen unten vor dem Stoppen die Hand. Der Stab steht jetzt auf der flachen Hand und der Teller eiert oben eine ganze Weile auf der Spitze, bevor er – noch vor dem Herunterfallen – wieder beschleunigt wird.	
730	**Fliegender Teller** Koordination Präzision	Der Tellerrand wird nach unten gebogen. Zahlreiche Eigenschaften verbinden den flachen Teller mit einem Frisbee oder Wurfring (siehe ab 731): Mit viel Drall schräg nach oben geworfen, kehrt er zum Werfer zurück. Schräg nach links oder rechts geneigt, beschreibt der Teller eine entsprechend berechenbare Kurvenbahn zum Fänger.	• Auf einer flachen Unterlage können wir Teller (mit umgebogenem Rand oder normal) ganz einfach wie einen Kreisel drehen lassen

Nr.	Name der Spielform Ziele	Beschreibung	Hinweise/Organisation
731	**Bumering** Präzision	Wenn der Wurfring mit genügend Drall schräg nach oben geworfen wird, kehrt er wie ein Bumerang zum Werfer zurück.	
732	**Murmelrollen** Geschicklichkeit Lockerheit	Ein umgekehrter Wurfring ergibt eine wunderbare Murmelbahn. • Zu passender Musik oder durch eigenes Summen begleitet rhythmisch kreisen lassen • Auch mit der anderen Hand und in beide Richtungen	
733	**Schwebender Heiligenschein** Genauigkeit Raumgefühl	Zwei oder mehr Spieler werfen sich einen oder mehr Wurfringe gegenseitig zu. Vor dem Wurf rufen sie den Fänger an. • Mit unterschiedlichen Neigungswinkeln geworfen, beschreibt der Wurfring eine berechenbare Kurve zum Ziel	
734	**Hochachtungsvoll** Präzision Gelassenheit	Wenn der Fänger das Kommando „hoch“ bekommt, streckt der seinen Arm nach oben. Der Werfer zielt jetzt den Wurf so, dass der Ring ohne viel Nachhilfe des Fängers landen kann. Der wird aufmerksam beobachten, was von oben herab heranschwebt.	
735	**Weitwurf** Geschicklichkeit Zusammenspiel	Immer zwei Spieler bilden ein Team. Jeder geht nach seinem Wurf einen Schritt zurück. Gewonnen hat das Paar, das den weitesten Wurf noch abfangen konnte.	

Nr.	Name der Spielform Ziele	Beschreibung	Hinweise/Organisation
736	**Tempoflug** Präzision Geschwindigkeit	Die Spieler agieren paarweise. Die jeweiligen Partner stehen sich in markierten Feldern (Kreidekreis/Quadrat, Gymnastikring) gegenüber. Der Abstand zwischen ihren Feldern beträgt z. B. 8–10 Meter.	Wie viele Würfe gelingen ihnen innerhalb einer bestimmten Zeit? Zum Werfen und Fangen dürfen die Spieler ihr Standfeld nicht verlassen.
737	**Bodenflitzer** Reaktion Stressresilienz Kondition	Zwei Spieler werfen sich aus der Hocke vier Wurfringe einen nach dem anderen in rascher Folge zu, immer vier von A zu B und dann die vier wieder zurück. Wie viele Würfe schaffen sie z. B. in zwei Minuten? Fallengelassene Wurfringe geben zwei Punkte Abzug und scheiden aus.	
738	**Reiterspiele** Kooperation Spektakel Kraft	Zwei oder mehr Paare verwandeln sich in Ross und Reiter. Ein leichterer Spieler setzt sich einem kräftigeren auf die Schulter. Jetzt spielen sich die Reiter Wurfringe zu. Die Pferde reagieren nach Vermögen. • Optimal auch für Eltern mit Kindern unter 10 Jahren	
739	**Planetenbahnhof** Geschicklichkeit Augenmaß	Im Zentrum eines großen Kreises oder einer Halle ist ein Zielkreis markiert. Die Werfenden müssen zum Wurf mit einem Fuß den Außenkreis oder die Wand berühren. Wer schafft am meisten Ziellandungen?	• Innerhalb der Zielfläche sind kleinere Kreise mit unterschiedlich hohen Punktzahlen platziert. Es zählen alle Ringe, die mindestens zur Hälfte im Zielkreis liegen
740	**Satellitenfangen** Teamarbeit Reaktionsvermögen Antizipation	Die Spielenden werfen sich im Kreis je nach Auswahl Wurfringe und Flubas, Strumpfkometen und Jonglierteller, Lochfangbälle und Frisbees zu. Wichtig: Vor dem Werfen den Fänger anrufen, Augenkontakt behalten und dem Gerät angepasst werfen.	

Nr.	Name der Spielform Ziele	Beschreibung	Hinweise/Organisation
741	**Krönchen** Gleichgewichtssinn Voraussicht	Wir haben uns einen Tennisring auf den Kopf gelegt und gehen zur Musik durch den Raum. • Leichter Laufschritt • Mit seitwärts gehaltenen Armen ohne Zusammenstoß durch den Raum kurven • Mit mehreren Ringen auf dem Kopf	
742	**Tunnel** Koordination Genauigkeit	Eine Reihe von Stühlen oder Spieler mit gegrätschten Beinen bilden den Tunnel. Es zählt jeder Stuhl oder Mensch, unter dem der Tennisring durchgerollt ist, einen Punkt.	
743	**Trippelparcours** Geschicklichkeit	Eine Reihe von Tennisringen in angemessener Anordnung in eine Zickzackreihe legen und auf den Zehenspitzen laufend durchqueren.	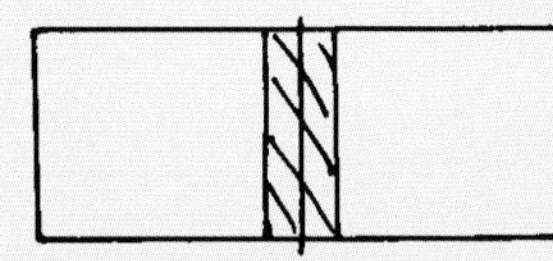
744	**Ringschleudern** Kraft Koordination	Wir legen den Tennisring über einen Stock und schleudern ihn damit vorwärts. Dort, wo er gelandet ist, starten wir zum nächsten Versuch. Wer legt mit der gleichen Anzahl von Würfen die größte Distanz zurück?	
745	**Tennisringmatch** Teamwork Reaktion Schnelligkeit	In der Mitte des 4 Meter breiten Feldes ist ein 1,50 m hohes Netz gespannt. Das ganze Feld ist 12 m lang. Je 1 m beidseits des Netzes und außerhalb des Feldes darf der Ring nicht zu Boden fallen. Spielregeln und Anzahl der Spieler je nach Können und Absprache.	

Nr.	Name der Spielform Ziele	Beschreibung	Hinweise/Organisation
746	**Torschuss** Reaktion	Die Spieler bilden mit gegrätschten Beinen einen großen Kreis. In der Mitte steht der Werfer mit einem Softball oder einem Kissen. Er versucht, den Ball zwischen den Beinen eines Mitspielers im Kreis durchzuspielen, bevor dieser sie im Sprung schließen kann. Wer überrascht wird, wird neuer Schütze.	
747	**Flipper** Beweglichkeit	Wir bilden mit dem Rücken nach innen und gegrätschten Beinen einen Kreis. Ein Spieler steht in der Mitte. Die anderen beugen den Oberkörper nach außen, so dass sie zwischen den Beinen hindurch in den Kreis hineinsehen. Mit den herunterhängenden Armen versuchen wir mit einem Ball den Spieler in der Mitte zu treffen.	
748	**Kreisfangen** Koordination	Eine gerade Anzahl von mindestens zwölf Spielern bildet einen Kreis. Die Spieler mit den geraden Nummern spielen in der einen Richtung (2–4–6 ...) einen Ball im Kreis herum, die anderen in der Gegenrichtung (1–11–9–7 ...). Es hat die Gruppe gewonnen, die zuerst fünf Runden geschafft hat.	
749	**Außenseiter** Antizipation	Wir bilden einen Kreis mit etwa zwei Metern Abstand von einem Spieler zum anderen. Ein Ball wird von Spieler zu Spieler geworfen, wobei sich die Richtung ändern kann. Ein Spieler rennt außerhalb des Kreises und versucht, den Ball zu erwischen. Glückt ihm dies, so wird der Werfende zum Außenseiter.	
750	**Reiterball** Reaktion Kraft	Mit auf den Knien aufgestützten Händen sind die einen Spieler die Pferde. Die andere Hälfte sitzt oben und wirft sich im Kreis einen Ball zu. Sobald ihn ein Reiter verfehlt, rennen sie weg. Ein Pferd packt den Ball und ruft „Halt“. Wenn es jetzt nach drei Schritten einen Reiter treffen kann, ist Wechsel.	

Nr.	Name der Spielform Ziele	Beschreibung	Hinweise/Organisation
751	**Experimente** Lust am Ausprobieren	Springbälle sind gewaltige Hopser. Es ist geschickt, dies bei der Wahl des Spielplatzes einzurechnen. • Wie verhalten sich verschieden große Bälle? • Wer schafft es, den Ball so zu spielen, dass er hintereinander kurze und wieder lange Sprünge macht oder gar zurückkommt?	
752	**Rekorde** Experimentierfreude	• Wem gelingt mit dem Springball der höchste Sprung? • Wer bringt die größte Anzahl Hopser in einem geschlossenen Raum zustande? • Wie oft hintereinander springt er im Freien?	
753	**Partnerspiel** Konzentration	Zwei Spieler spielen sich den Springball so zu, dass er zwischen ihnen 1 x, 2 x, 3 x, 4 x ... den Boden berührt und ihn der Partner anschließend auffangen kann, ohne seinen Platz zu verlassen.	
754	**Zielwurf** Genauigkeit	Die Konkurrenten werfen so, dass der Springball nach 1 x (2 x, 3 x, ...) Boden berühren in eine gepolsterte Schachtel oder durch einen hochgehaltenen Reifen springt.	
755	**Punktewurf** Augenmaß	Zwei Spielpartner stehen sich gegenüber. Zwischen ihnen und einer aufgezeichneten Zielscheibe befindet sich jeweils eine Linie. Es gilt jetzt, den Springball einander so zuzuspielen, dass er vor der Linie nochmal aufspringt, in der Scheibe einen Treffer verzeichnet und zuletzt vom Partner gefangen werden kann.	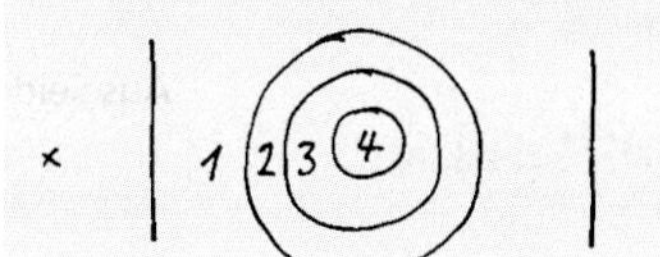

Nr.	Name der Spielform Ziele	Beschreibung	Hinweise/Organisation
756	**Jongleure** Reaktion	Wir haben uns mit kurzen Stöcken ausgerüstet und spielen einander Ballons so zu, dass sie nicht auf dem Boden landen.	
757	**Ballonfüßler** Koordination	Die Spieler jeder Mannschaft liegen in einer Reihe oder Kolonne am Boden. Als Stafette gibt ein Spieler dem nächsten den Ballon auf dem Rücken liegend mit beiden Füßen weiter.	
758	**Ballon-Trick** Staunen	Wenn wir auf den aufgeblasenen Ballon ein kleines Stück eines durchsichtigen Klebestreifens kleben, gelingt ein Zauberkunststück. Wir können dort mit einer Nadel – begleitet durch beschwörende Worte – hineinstechen, und er bleibt ganz. Ein Zuschauer, der es auch versucht (natürlich an einer anderen Stelle), bringt ihn zum Platzen.	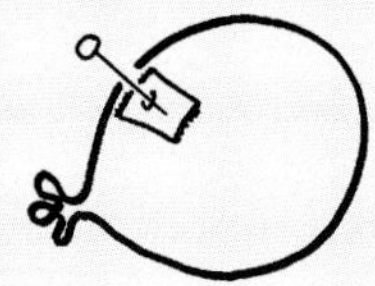
759	**Ballonpost** Hoffen	An gasgefüllte Ballons hängen wir eine Postkarte mit unserer Adresse und der Bitte: „Senden Sie die Karte bitte mit Angabe von Fundort und Adresse des Finders an mich zurück." Gut Wind!	
760	**Heißluftballon** Kreativität	Aus Seidenpapier, Leim, einem Drahtgestell und spiritusgetränkter Watte basteln wir einen Heißluftballon, den wir in geeignetem Gelände steigen lassen.	

Nr.	Name der Spielform Ziele	Beschreibung	Hinweise/Organisation
761	**Mini-Ballons** Fantasie Kreativität	Wir blasen die Winzlinge mit dem Mund oder einer Campingpumpe auf. Dann halten wir einen oder mehrere gleichzeitig spielend in der Luft. • Wir erzeugen mit ihnen Dutzende von Geräuschen • Wir blasen sie im Wettkampf über eine Linie • Wir malen ein Gesicht darauf und verwandeln sie mit Hilfe verschiedener Tücher und Krimskrams in Handspielfiguren	
762	**Wasserbomben** Reaktion Übermut	Die Kleinen füllen wir am Wasserhahn. Im Badeanzug kann eine sommerliche Wasserschlacht sehr erfrischend sein. Zum Abschluss ist Ökoball angesagt: Zusammenlesen der Überreste!	
763	**Feuchter Rekord** Präzision	Jeweils zwei Spieler bekommen eine gefüllte Wasserbombe. Sie stehen sich nahe gegenüber. A wirft sie B zu und geht einen Schritt zurück. B wirft wieder zu A und geht ebenfalls einen Schritt rückwärts. Gewonnen hat das Paar, das sich aus der größten Distanz die Wasserbombe noch zuwerfen kann, ohne dass sie platzt.	
764	**Wörterwirbeln** Wortschatz	Die Spieler wirbeln zu Musik aufgeblasene Mini-Ballons, die wir zuvor mit Buchstaben beschriftet haben (Filzstift) im Raum herum. Sobald die Musik aussetzt, sammeln die Spieler jeder Mannschaft die Ballons ein und bilden daraus Wörter. • Die Mini-Ballons sind mit Wörtern beschriftet, und wir bilden Sätze	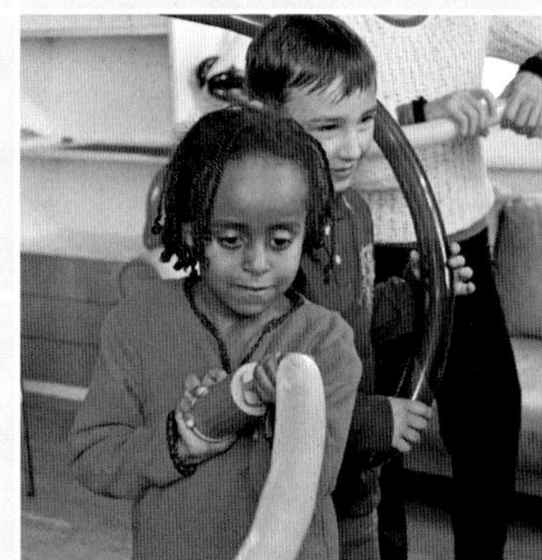
765	**Ostereier** Übersicht Schnelligkeit	Für jede mitspielende Mannschaft füllen wir gleich viele Wasserbomben einer bestimmten Farbe, teils mit Luft und einen Teil mit Wasser. Dann verteilen wir die Ostereier im Gelände. Jetzt wird ausgelost, welche Mannschaft welche Farbe suchen wird. Wenn der Wind weht, müssen die Hasen oft weit laufen.	

9.17 Spiele mit dem Punchball

Nr.	Name der Spielform Ziele	Beschreibung	Hinweise/Organisation
766	**Zeitlupenball** Beobachten Wortschatz	Zuerst experimentieren wir mit dem Punchball ohne sein Gummiband. Wir lassen ihn schweben, balancieren ihn auf der Fingerspitze oder auf einem Stab, wir prellen ihn auf den Boden oder bringen ihn durch einen Handkantenschlag in Rotation.	Wir beschreiben seine Eigenschaften und Qualitäten mit genauen Begriffen.
767	**Astronauten-Ball** Körperbeherrschung Gewandtheit	Zu ruhiger (Panflöten-)Musik bewegen wir uns schwebend und mit verzögerten Bewegungen im Raum. Dazu halten wir einen oder mehrere Punchbälle (ohne Gummischlaufe, da sie so leichter schweben) in der Luft. Wie Spitzensportler, die Weltall-Basketball spielen.	
768	**Von Punkt zu Punkt** Gewandtheit Konzentration	Wir stoßen den bloßen Punchball mit dem linken Fuß hoch und fangen ihn mit dem linken Knie auf. Von dort wandert er links weiter zu Hand, Ellbogen, Schulter, auf den Kopf und auf der rechten Körperseite wieder abwärts.	
769	**Zieltreiben** Präzision Geduld	Jeder Spieler startet mit seinem Punchball auf einer Linie und versucht, ihn über die 20 m entfernte Ziellinie zu treiben. Er darf dies einzig mit dem losgelösten Gummiband, das er auf den Punchball schnellen lässt, tun.	
770	**Boxer** Reaktion	Sobald der Punchball an der Gummischlaufe am Mittelfinger hängt, können wir beginnen, ihn nach Herzenslust zu boxen. • Dazu durch den Raum gehen • Den Versuch mit der anderen Hand machen	

Nr.	Name der Spielform Ziele	Beschreibung	Hinweise/Organisation
771	**Ein Fluri-Ballon entsteht** Fingerspitzengefühl Fingerfertigkeit	1. Mini-Ballon in Normalballon stecken 2. Beide Hälse über einen Wasserhahn ziehen 3. Hälse festhalten und Hahn aufdrehen 4. Mini-Ballon leicht füllen (∅ 5–7 cm) 5. Hahn zudrehen, Mini-Ballon (Wasserbombe) zuknoten 6. Normalballon aufblasen. Wasserbombe fällt hinein. Normalballon zuknoten.	
772	**Sinneserfahrungen** Sensibilität	Halte den Fluba zwischen deinen Händen und lasse den kleinen gefüllten Ballon im Innern hüpfen. Versuche, das Wasserbömbchen an der Innenwand senkrecht, später waagrecht ununterbrochen kreisen zu lassen. Was spürst du?	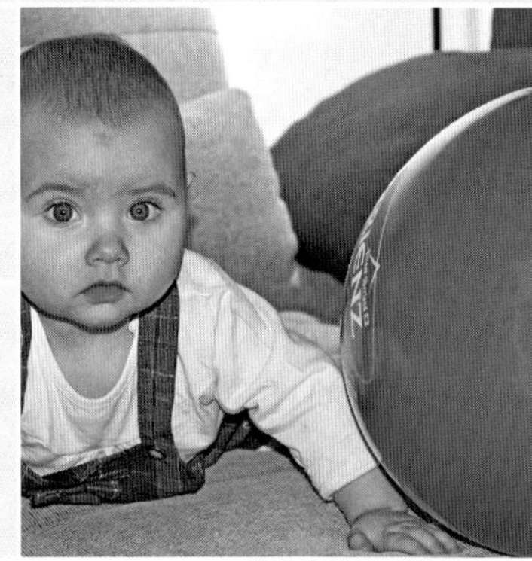
773	**Reaktionsspiel** Antizipation	Wirf den Fluba mit beiden Händen leicht hoch und versuche, ihn ruhig zu fangen. Am Anfang ist dies selbst für geübte Ballspieler schwieriger, als man annimmt.	
774	**„Ball"gefühl** Koordination	Wir werfen den Fluba von der einen Hand in die andere. Zuerst ist es einfacher, ihn etwas hochzuwerfen und die andere Hand zum Fangen darunterzuhalten.	
775	**Schwung mit Schikane** Timing	Ich halte den Fluba an seinem Hals und lasse ihn an meiner rechten Seite einige Male vorwärtshoch kreisen. Dann hebe ich das rechte Bein und schleudere ihn von hinten unter dem Bein durch vor mir in die Höhe, um ihn dann zu fangen.	

Nr.	Name der Spielform Ziele	Beschreibung	Hinweise/Organisation
776	**Beidhändig** Koordination	Zwei Spieler werfen sich den Fluba auf eine angemessene Distanz so zu, dass ihn der Partner sicher fangen kann.	Das Überleben des Fluba ist ein wichtiges Spielziel.
777	**Mit Schwung** Kooperation	Ich halte den Fluba am Kragen und lasse ihn an meiner Seite immer schneller werdend vorwärtshoch kreisen. Aus der Bewegung heraus werfe ich ihn dann meinem Partner auf eine Weite von 4–5 m, aus dem gestreckten Arm heraus, zu. Im weiteren Verlauf versuchen wir unsere Bewegung immer günstiger zu gestalten.	
778	**Hoch das Bein!** Timing	Sobald wir etwas aufeinander eingespielt sind, können wir uns den Fluba zu zweit unter dem hochgehobenen Bein zuschleudern. Mit etwas Übung werden die Würfe sehr präzise und der Trickballon ist gut zu fangen.	
779	**Partnerlauf** Spaß Resilienz	Wir laufen beide nebeneinander mit 1–2 m Abstand in die gleiche Richtung und werfen uns den Fluba dabei gegenseitig hin und her zu.	
780	**Durch den Tunnel** Zusammenspiel	Ich stehe 2–3 m vor meinem Partner, mit dem Rücken gegen ihn. An meiner Seite lasse ich den Fluba rückwärtshoch kreisen und werfe ihn dann gebückt zwischen meinen gespreizten Beinen durch, dem Partner auf Brusthöhe zu. Anschließend Wechsel.	

Nr.	Name der Spielform Ziele	Beschreibung	Hinweise/Organisation
781	**Wettrollen** Beweglichkeit	Der Ballon wird mit einer Hand um eine Markierung herum und wieder zurückgerollt.	
782	**Trippelkünstler** Ballgefühl	Auf der Spielfläche sind in einer Reihe im Abstand von 2–3 m Pfosten oder Flaschen aufgestellt. Die Spieler stoßen den Fluba mit den Füßen im Slalom durch die Allee von Hindernissen und zurück.	
783	**Im Takt** Reaktionsvermögen	Die Spieler spielen paarweise. Jeder ist mit einem der quirligen Ballons ausgerüstet. Sie werfen einander im gleichen Rhythmus den Ballon zu, evtl. indem sie dazu laut zählen oder einen passenden Vers gebrauchen.	
784	**Stereo** Reaktion Koordination	Immer zwei Spieler stehen sich gegenüber. Einer von ihnen hält links und rechts einen Fluba am Hals und wirft sie aus dem Schwingen oder Kreisen heraus seinem Partner zu. Der versucht, sie mit offenen Armen aufzufangen. • Zuspiel an zwei Mitspieler	
785	**Löwensprung** Zusammenspiel	Hier spielen drei Personen zusammen. Zwei stehen sich im Abstand von etwa sechs Metern gegenüber. Der dritte Spieler steht mit einem hochgehaltenen Reifen in der Mitte. Der erste wirft den Fluba dem zweiten durch den Ring hindurch zu. Wer verfehlt oder nicht fangen kann, wird Reifhalter.	

Nr.	Name der Spielform Ziele	Beschreibung	Hinweise/Organisation
786	**Rundherum** Ruhe	Die Spieler von zwei oder mehr Mannschaften stehen in einer Kolonne nahe hintereinander. Vor dem ersten Spieler jeder Kolonne liegt ein Fluba am Boden. Auf Kommando nimmt ihn der Startspieler auf und gibt ihn auf der linken Seite nach hinten. Der Trickballon wandert so um die Kolonne herum rechts zurück.	
787	**Drunter und drüber** Konzentration	Die Spieler stehen mit geringem Abstand gegrätscht hintereinander. Der Ballon wandert über den Köpfen nach hinten und wird zwischen den Beinen nach vorne gerollt. Welche Mannschaft absolviert zuerst fünf Runden?	
788	**Fluba-Verfolgungs-rennen** Geschicklichkeit Reaktion Spaß	Eins bis drei Dutzend Spieler stehen im Kreis und nummerieren zu zweien (1-2-1-2). Der eine Fluba bekommt eine 1, der andersfarbige Fluba bekommt gegenüber eine 2. Auf „Los" werfen alle 1er sich den Ballon zu. Der andere wird in der gleichen Richtung von 2 zu 2 geworfen. Ziel ist es, den fremden Fluba zu überholen. Gespielt wird auf eine bestimmte Punktzahl.	Achtung: • Den Fluba auf kurze Distanz werfen und nicht bloß weiterreichen • Bitte den Gegner nicht behindern, er hat es so oder so nicht einfach
789	**Fluba-Stern** Gedächtnis Geschicklichkeit Resilienz	In einem Kreis von 10–20 Leuten fliegt ein Fluba kreuz und quer so von einem Spieler zum nächsten, dass er bei allen Spielern einmal landet und dann zum Start zurückkehrt. Jeder Spieler ruft vor dem Werfen den Nächsten mit Namen. Sobald dieser Weg eingespielt ist, schicken die Spieler einen zweiten Fluba anderer Farbe auf eine neue Bahn.	• Später sind gleichzeitig beide Flubas unterwegs • Funktioniert das Ganze auf Pfiff auch rückwärts?
790	**Fluba-Performance** Fantasie Lebenslust	Teams von 6–12 Spielern bilden eine Maschine, in der die einzelnen stehenden, sitzenden oder liegenden Teile mit Händen oder Füßen einen oder zwei Flubas so weitergeben, dass eine Endlosschlaufe entsteht. Die einzelnen Elemente dieses Kunstwerkes machen je eine stereotype Bewegung und ein gleichbleibendes Geräusch (s. 892).	Die Künstlergruppe kann ihrer Maschine einen Fantasienamen geben und sie auf ein Zeichen auch rascher/lauter oder langsamer/leiser laufen lassen.

9

Nr.	Name der Spielform Ziele	Beschreibung	Hinweise/Organisation
791	**Kometenschleudern** Augenmaß	Ein Spieler lässt den Strumpfball so kreisen, dass er jeweils vorne hochdreht und hinten nach unten. (Er lässt sich so besser steuern.) Dann wirft er ihn aus der Drehung heraus seinem Partner zu. Der fängt den dahersausenden Kometen am Schweif und wirft ihn mit dem notwendigen Schwung zurück. • Kometen als Poi einsetzen (s. 146)	Um einen Strumpfball (Kometen) herzustellen, genügt es, einen Tennis- oder mittleren Vollgummiball in einen Strumpf oder eine halbe Nylonstrumpfhose zu stecken.
792	**Distanzschleudern** Zusammenspiel	Je zwei Spieler beginnen sich den Strumpfball aus einer beliebigen Distanz zuzuwerfen. Allmählich vergrößern sie den Abstand. Gewonnen hat das Paar, welches mit der größten Distanz den Kometen noch fangen konnte.	
793	**Komet im Sack** Gewandtheit	Jeder Spieler ist mit einer Tragtasche ausgerüstet. Sie spielen paarweise mit einem Strumpfball, indem sie ihn sich gegenseitig zuwerfen und versuchen, ihn mit der Tasche aufzufangen. • Noch einfacher geht es mit einer Schachtel oder einem Papierkorb	
794	**Zielwurf** Präzision	In der Mitte eines Kreises steht eine Kartonschachtel, die als Ziel für die Kometen dient. Das Spiel kann mit größer werdendem Kreisdurchmesser und auch als Wettkampf zwischen Einzelnen oder Mannschaften gespielt werden.	
795	**Feuerwerk** Spaß	Die Spieler stehen nahe beieinander. Sie lassen ihre Strumpfbälle kreisen. Dann beginnt der Countdown: „10 – 9 – 8 – ... – 1– Start“. Bei „Start“ lassen alle gleichzeitig den Kometen senkrecht nach oben sausen. Die Strumpfbälle werden wie ein Feuerwerk auf die Spieler heruntersausen.	Es empfiehlt sich, für das Feuerwerk einen großen freien Platz auszuwählen und ein paar Geländebeobachter bereitzustellen, da immer wieder Kometen in die falsche Richtung zischen.

Nr.	Name der Spielform Ziele	Beschreibung	Hinweise/Organisation
796	**Flugpost** Reaktion Namen lernen	Die Spieler spielen sich im Kreis einen Kometen zu. Vor dem Zuwerfen der Flugpost rufen sie den Adressaten an und senden die Post ab, wenn der Empfänger auf den Zuflug vorbereitet ist. Nach und nach werden weitere Kometen ins Spiel gebracht. So entsteht ein ganz toller Wirbel.	
797	**Kometenbahn** Sprungvermögen	Bindet den Kometen an eine drei Meter lange Schnur. Ein Spieler legt sich in der Kreismitte auf den Rücken und beginnt den Ball rundum zu schwingen. Die Spieler springen hoch, um dem kreisenden Kometen auf seiner Bahn auszuweichen.	
798	**Blitzrunde** Schnelligkeit	Start ist in der Ecke eines Fußballplatzes oder auf einem anderen großen Feld. Jeder Spieler schleudert seinen Kometen der Linie entlang, läuft ihm nach und schleudert vom Landeplatz aus weiter. • Wer ist mit der kleinsten Zahl an Würfen rundum wieder zurück? • Wer in der kürzesten Zeit?	
799	**Der lange Marsch** Spaß	Der erste Spieler einer Gruppe schleudert den Kometen vorwärts. Der zweite Spieler von dort aus weiter. Jeder Spieler hat (z. B.) 5 Würfe. Welche Gruppe kommt am weitesten bei ihrem Marsch durch Berg und Tal?	
800	**Kometenball** Reaktion	Gespielt wird mit einem Kometen und zwei Mannschaften. Als Tor funktioniert ein Spieler, mit einem Reifen in der Hand. Er darf sich auf der einen Grundlinie bewegen. Die Spieler schleudern vom gegnerischen Tor her. Der Komet darf nur im Flug gefangen werden. Bei Fehlern und nach Torwurf ist Wechsel.	

Nr.	Name der Spielform / Ziele	Beschreibung	Hinweise/Organisation
801	**Erdbahn** Koordination	Die Spieler stehen im Kreis und rollen den Erdball so rundherum, dass jeder von ihnen die Erde im Vorbeirollen berühren kann.	
802	**Luftsprünge** Timing	Der Erdball in der Kreismitte wird mehrmals auf den Boden geprellt, bis er immer höher springt. Ganz Mutige flitzen in diesem Augenblick unten durch.	
803	**Kreisbahn** Kooperation	Der Erdball wird über den Köpfen im Kreis herum weitergerollt. Der Kreis selber wird aus drei oder vier Reihen gebildet. • Die Spieler liegen am Boden und geben den Erdball mit den Füßen weiter	
804	**Unendlichkeit** Spaß	Der Erdball rollt über die Köpfe einer drei oder mehr Spieler breiten Kolonne. Immer wenn die Erde vorbeigerollt ist, laufen die Spieler vorwärts und schließen wieder an. So geht es weiter, über Stock und Stein.	
805	**Vulkan** Kondition	Die eine Hälfte der Spieler liegt auf dem Rücken kreisförmig am Boden, mit den Beinen nach innen. Auf die Füße wird der Erdball gelegt. Wie ein Vulkan versuchen sie, die Erde ins All zu schleudern. Das versuchen die rundherum stehenden Spieler zu verhindern. Bei Bodenberührung draußen: 1 Punkt für Vulkan.	

9.20 Spiele mit dem Erdball

Nr.	Name der Spielform Ziele	Beschreibung	Hinweise/Organisation
806	**Abfahrt** Zusammenspiel	Ein Spieler steht in der Abfahrtshocke auf dem Erdball. Alle Übrigen stehen – soweit der Platz reicht – um den Ball herum. Sie fixieren ihn mit der einen Hand und schlagen mit der anderen einen Rhythmus, der die Welt erschüttert und den Fahrer vibrieren lässt.	
807	**Astronaut** Vertrauen Kooperation	Ein Spieler liegt bäuchlings auf dem Erdball und streckt alle Viere von sich. Die anderen lassen den Ball langsam kreisen und fixieren den Astronauten gleichzeitig, vor allem an den Beinen und Schultern. So dreht er sich manchmal ganz kopfüber mit der Erde.	
808	**Starthilfe** Timing Reaktion	Der Erdball wird von mehreren seitwärts stehenden Spielern an einer Wand festgehalten. Ein Sprinter läuft vom Raum her gegen den Ball, springt kurz vor der Erde hoch und dreht sich gleichzeitig mit dem Rücken dagegen. Er wird von der Erde in den Raum zurückkatapultiert und spurtet weg.	Die Beschleunigung ist rasant. Weitere Spieler können links und rechts der Abflugschneise bereitstehen und die Landung notfalls mildern. Mit Vorsicht beginnen!
809	**Genossenschaft** Teamarbeit	Wie viele Spieler können auf den Erdball klettern und sich gleichzeitig oben halten? Wer unten steht, stabilisiert die Erdkugel.	
810	**Erdballmatch** Schnelligkeit Kraft	Begonnen wird in der Mitte einer Halle oder eines Feldes. Wer den Ball über die gegnerische Grundlinie rollt, bekommt einen Punkt. • Auch ein fliegender Start ist möglich (beide Mannschaften im Liegestütz 10 m hinter dem Erdball), aber auch riskanter	

Nr.	Name der Spielform Ziele	Beschreibung	Hinweise/Organisation
811	**Atlas** Koordination	Ein paar Spieler stemmen den Erdball in die Höhe. Dann versucht ein Einzelner, ihn noch eine Weile in der Schwebe zu halten. Wer kann ihn ein paar Schritte weit tragen?	Was mit dem großen Erdball recht schwierig ist, lässt sich mit dem 1-m-Ball leicht bewerkstelligen.
812	**Erdenbürger** Balance	Einem Spieler wird geholfen, den Erdball in der Mitte des Rasens oder der Halle zu besteigen. Dann lassen die anderen die Kugel los, und er versucht, sich oben zu halten.	
813	**Der Einsame** Konzentration	Einem Wagemutigen wird geholfen, die Erde zu erklettern. Er darf sich darauf auf Händen und Knien festhalten. Dann lassen die Helfer los, und er versucht, mit der Erde vorwärts zu rollen. Könner schaffen eine Hallenlänge rückwärts.	
814	**Überrollen** Reaktion	Der Erdball wird von einer Gruppe rasant ins Rollen gebracht. Andere werfen sich vor dem nahenden Planeten zu Boden und lassen sich überrollen.	
815	**Startrampe** Timing	Der Erdball wird einen Abhang hinuntergerollt. In der vermutlichen Anrollbahn liegen drei oder vier Spieler nebeneinander auf dem Rücken, mit den Füßen bergaufwärts. Wenn der Erdball kommt, katapultieren sie ihn mit den Beinen hoch in die Luft. Weiter unten steht eine zahlreiche Bremsgruppe.	Erdbälle bedürfen einer aufmerksamen Pflege.

Nr.	Name der Spielform Ziele	Beschreibung	Hinweise/Organisation
816	**Wellen** Koordination	Der Fallschirm wird ausgerollt. Die Mitspieler halten sich rundum daran fest und beginnen ihn leicht zu bewegen. Es entstehen Wellen, die langsam größer werden. Die Faszination und die Konzentration auf das meist ungewohnte Spielmittel ist offensichtlich.	
817	**Kreisel** Vertrauen	Auf ein Zeichen hin beginnt sich das Ganze zu drehen. Die Spieler gehen zuerst ruhig, allmählich rascher rundum. • Besonders raffiniert ist diese Bewegung an einem Abhang. Der Fallschirm verleiht beim schnellen Bergauf und Bergab sicheren Halt. Er hilft, die Gruppe zu stabilisieren	
818	**Luftblase** Reaktion Koordination	Die Spieler rund um den Fallschirm herum produzieren leichte Wellen. Nach einer entsprechenden Ankündigung ziehen der Spielleiter und die ersten Spieler rechts von ihm das Tuch sehr hoch und dann ganz rasch wieder gegen den Boden runter.	Wenn sich das ohne Unterbrechung im Gegenuhrzeigersinn fortsetzt, können die Spieler die so eingefangene Luft immer schneller rundum wirbeln lassen. Ein Haare sträubendes, rasantes Spiel.
819	**Kneippkur** Spaß	Die Spieler sind in der Hocke. Wer im Januar und Februar Geburtstag hat, steht auf, sagt seinen Namen und geht in den Fallschirm hinein. Die anderen beginnen Wellen zu machen. Nach einer Minute des Herumstolzierens folgt der Wechsel zu März und April.	
820	**Zeltdach** Zusammenspiel	Aus dem Stand heraus ziehen alle rundherum gleichzeitig und mit einem gemeinsamen Geräusch (ho-hopp) den Fallschirm langsam hoch, bis die Arme ganz gestreckt sind. Noch viel höher steigt der Fallschirm in der Mitte.	

Nr.	Name der Spielform Ziele	Beschreibung	Hinweise/Organisation
821	**Drehkuppel** Kooperation	Start mit den Händen vom Boden her bis zur Hochstrecke. Sobald der Schirm ganz oben ist, beginnen die Spieler die Kuppel zu drehen. • Es ist auch möglich, auf einen vorher bestimmten Punkt loszuspurten	
822	**Spurt** Reaktion	Die Spieler beginnen wieder ganz unten. Sowie sich die Kuppel gebildet hat, rennen sie auf einen vorher bestimmten Punkt zu – natürlich mit dem Fallschirm. (Abgesehen davon kann man ihn auch wirklich mal in die Höhe auffliegen lassen.)	
823	**Passage** Rhythmus	Zu zweien nummerieren (1-2-1-2). Zuerst gehen alle mit der Nummer 1 nach der Hochstrecke unter der Kuppel durch. Nach dem nächsten Start wieder zurück. Dann sind die mit der Nummer 2 an der Reihe.	
824	**Untertauchen** Spaß Koordination	Der Fallschirm wird gemeinsam in die Höhe gezogen. Dann gehen alle mit der Nummer 1 darunter und kauern sich in der Mitte nieder. Der Fallschirm senkt sich auf ihre Köpfe und wird von allen 2ern kräftig bewegt, so dass darunter ein erfrischender Wind entsteht. Dann wieder hoch und Wechsel.	
825	**Iglu** Gemeinschaftsgefühl	Die Spieler ziehen den Fallschirm hoch und gehen selber zwei Schritte hinein, ziehen – sich niederkauernd – das Tuch hinter sich zu Boden. In dieser Behausung darin singen sie eine Strophe eines bekannten Liedes. Falls es draußen nicht regnet, tauchen sie wieder auf. Sonst singen sie weiter ...	

Nr.	Name der Spielform / Ziele	Beschreibung	Hinweise/Organisation
826	**Vermisstensuche** Gedächtnis	Alle schließen die Augen. Zwei oder mehr legen sich unter den Fallschirm. Wer findet heraus, wer vermisst wird?	
827	**Katze und Maus** Reaktion Spaß	Die Maus schlüpft unter den Fallschirm, die Katze steigt auf den Fallschirm und versucht, die Maus zu finden. Alle übrigen Spieler rundum produzieren hohen Wellengang. So ist es für die Katze gar nicht einfach, den Standort der Maus auszumachen. Die Maus kann die Katze jedoch gut wahrnehmen.	
828	**Ballschleuder** Kraft	In den Fallschirm hinein werden ein oder mehrere Bälle geworfen und diese mit dem Fallschirm hochgeschleudert. Allerdings will die Gruppe die Bälle auch wieder selber fangen, was bei schrägen Würfen einiges an Koordination erfordert.	
829	**Krokodil im Sumpf** Spaß Übermut	12–40 Spieler sitzen so rundum, dass der Fallschirm ihre Füße und Unterschenkel bedeckt. Jetzt wird ein Krokodil abgezählt. Während alle leichte Wellen machen, taucht das gefrässige Tier unter und schleicht sich an einen Spieler ran. Es zieht ihn an einem Fuß, worauf der laut aufschreit und ebenfalls abtaucht.	So vermehren sich die Reptilien und wüten weiter, bis kein Mensch mehr übrig bleibt. Nach einem gemeinsamen Schlussschrei tauchen alle wieder auf.
830	**Fallschirm-Kür** Kreativität Attraktivität	Spektakulär sind Präsentationen, bei denen große Gruppen von Spielenden, auf mehrere Fallschirme aufgeteilt, koordiniert gleichzeitig spielen. Der Spielleiter entwirft eine Choreographie, in der zu ausgewählter Musik eine attraktive Show ausgedacht, eingeübt und später vorgeführt wird.	

10 Partner- und Bewegungsspiele

Ranglisten und Verleihungen von Gold, Silber, Bronze und anderen Gaben machen einen wesentlichen Teil herkömmlicher Wettkämpfe und Spiele aus – bis hin zu den Olympischen Spielen. Bei den Spielen, wie sie hier vorgeschlagen werden, spielt der Gesichtspunkt des Siegens und Verlierens keine nennenswerte Rolle. Die Teilnahme selbst ist der Lohn des Spieles. Und verlieren muss niemand. Trotzdem finden durchaus Auseinandersetzungen, Angriffe und Wettkämpfe statt. Doch steht über allem die Einstellung der New Games, der Neuen Spiele, wie sie nach 1973 als Bewegung aus Kalifornien nach Europa gekommen sind:

1. Spiele intensiv
2. Spiele fair
3. Tue niemandem weh

Diese Grundhaltung kann ein Spielleiter vermitteln, sei er als Mitspieler, als Animateur, als Trainer oder als Schiedsrichter tätig. Sie wird von Spieler zu Spieler weitergegeben, indem diese Spielpraxis das fortsetzt, was der fürsorglichen Vertrautheit einer Eltern-Kind-Beziehung zugrunde liegt. So gesehen bedeutet Spielen gleichviel wie „aus freiem Entschluss heraus miteinander partnerschaftlich seine Zeit gestalten". Statt eine seltene Besonderheit zu sein, wird das Spiel so ein beeinflussender Teil des täglichen Lebens.

Nr.	Name der Spielform Ziele	Beschreibung	Hinweise/Organisation
831	**Die Wolke** Achtsamkeit Entspannung Sicherheit	Das Kind liegt mit dem Nacken auf meiner linken und dem Po auf meiner rechten Hand. Ich wiege es mit leicht vorgestreckten Armen sanft hin und her. Dabei lasse ich mich von seinem Gesichtsausdruck und seinen Augenbewegungen leiten. An seinen Armen und Beinen fühle ich, ob es sich entspannen kann.	
832	**Kleine Wiege** Körperkontakt Lockerheit	Das Kind liegt auf meinen Unterarmen, während ich mit gespreizten Beinen nach vorne gebückt stehe und es locker hin und her wiege.	
833	**Liegekreisel** Ruhe und Entspannung	Das Kind liegt seitwärts und wird von mir an der linken Schulter und Hüfte gehalten. Sein Kopf ruht auf meinem linken Unterarm. Ich lasse meinen Oberkörper nach vorne hängen und die Arme kreisen.	
834	**Hollywoodschaukel** Koordination Bewegungslust	Ich bin die Schaukel, mit weit gespreizten Beinen und waagrechtem Oberkörper. Das Kind sitzt auf meinen Händen und kann sich beim leichten, ruhigen Schaukeln gegen meine Unterarme lehnen.	
835	**Kleiner Flieger** Selbstsicherheit Spaß	Das Kind wird unter den Armen gehalten. Meine Daumen liegen vor seiner Brust. Aus dem Stand hebe ich es langsam hoch und drehe es dabei in die Waagrechte. Ich betrachte es, spreche mit ihm und lasse es über mir einige Augenblicke auf und ab, hin und her schweben, während es sich durchstreckt.	

Nr.	Name der Spielform Ziele	Beschreibung	Hinweise/Organisation
836	**Turner** Lebensfreude Zusammenspiel	Das Kind steht vor mir und hält sich an meinen Daumen fest. Ich halte seine Hand umschlossen. Während des Hochziehens gehe ich mit meinen Händen etwas auseinander, so dass sich seine Arme ein wenig ausbreiten. Beim rhythmisch anschließenden Hinuntergehen schließen sich die Hände wieder.	
837	**Flugfangen** Ermutigung Vertrauen Vergnügen	Das Kind steht auf meinem rechten Fuß, während ich es an den Handgelenken halte. Dann hebe ich es rasch beschleunigend hoch und lasse es los, um es sofort mit beiden Händen unter seinen Armen sicher zu fangen. • Größere Kleinkinder starten gerne aus der Hocke	
838	**Der Bergsteiger** Selbstvertrauen Spaß	Das Kind steht vor mir, und wir geben uns die Hände. Wir beide strecken die Arme und es lehnt sich immer weiter zurück, während es mit den Füßen an mir hochklettert, bis es auf meinen Schultern steht.	
839	**Der Aussichtsturm** Vertrauen Balance	Das Kind steht auf meinen Schultern, während ich es seitwärts an den Oberschenkeln halte. Es breitet die Arme aus, und wir drehen uns langsam. Kleine Kinder, die mit dem Rücken zu uns stehen, können wir vom Boden aus auf den Platz auf unseren Schultern heben (unter den Armen fassen).	
840	**Fallfangen** Koordination Timing	Das Kind steht mit freien Händen auf meinen Schultern. Wir haben abgesprochen, dass es fliegen und aufgefangen wird. Ich halte es die ganze Zeit leicht seitwärts an den Hüften. Dann gehe ich etwas in die Hocke, strecke mich ganz durch und lasse es nur so wenig los, dass ich es unter den Armen sicher fangen kann.	Beginnen Sie keine Übung, bei der Sie nicht eine absolute Sicherheit gewährleisten können.

Nr.	Name der Spielform Ziele	Beschreibung	Hinweise/Organisation
841	**Kleiner Lift** Haltung	Das Kind sitzt auf meiner rechten Hand und wird von der linken soweit notwendig gesichert, während ich es in die Höhe hebe und wieder sinken lasse. • Oben kann es auch für ein paar Augenblicke im Hochsitz sitzen bleiben	
842	**Windmühle** Vertrauen Koordination	Das Kind steht vor mir und beugt den Oberkörper gegen mich vor. Ich fasse es seitwärts mit den Fingern auf seinem Bauch und den Daumen auf dem Rücken. Dann hebe ich es hoch und drehe es gleichzeitig über meinem Kopf, so dass sein Rücken auf meinen Nacken zu liegen kommt. Wenn ich in die Hocke gehe, steigt es ab.	
843	**Rutschbahn** Zusammenspiel Selbstvertrauen	Anschließend an die Windmühle bleibe ich in leicht gebückter Haltung mit dem Kind auf mir stehen. Ich nehme die Hände herunter und halte sie seitwärts hinter mir bereit. Wenn ich jetzt in die Grätsche gehe und den Rücken langsam strecke, rutscht es auf seine Füße und in meine Hände.	
844	**Den Käse kehren** Schwung Spaß	Das Kind steht mir gegenüber, bückt sich und streckt die Hände zwischen seinen Beinen durch nach hinten. Ich fasse sie und drehe das Kind hochziehend in den Stand zurück. Achtung: Sicheren Griff fassen!	
845	**Großer Flieger** Vertrauen Mut	Das Kind liegt seitwärts vor mir am Boden. Ich fasse es mit der linken Hand am linken Handgelenk und mit der rechten Hand ums linke Knie. Während ich mich aufrichte und rasch um mich selber drehe, beginnt es um mich herum zu „fliegen".	Vorübung: Das Kind auf den Händen tragen und sich mit ihm drehen.

Nr.	Name der Spielform Ziele	Beschreibung	Hinweise/Organisation
846	**Lager** Achtsamkeit	Der eine Spieler kniet auf einer Decke und stützt seinen Oberkörper mit den Handflächen am Boden auf. Sein Partner setzt sich mit dem Rücken gegen ihn auf sein Hinterteil und legt sich rückwärts nieder, so dass sie Rücken auf Rücken sind und die Füße des zweiten den Boden nicht mehr berühren. Oben entspannen.	
847	**Meerschiff** Körperkontakt Kraft	A kniet auf allen vieren, B liegt Rücken gegen Rücken auf ihm. Jetzt beginnt sich der untere Partner ruhig zu bewegen. • Langsam gleitend vor und zurück • Leicht schaukelnd hin und her B entspannt sich mit geschlossenen Augen.	
848	**Wasserbett** Körperkontakt Miteinander Achtsamkeit	Großgewachsene und eher schwergewichtige Spieler erleben das Meerschiff quer über drei nebeneinander auf allen vieren knienden Partnern. Möglichst gelassen schaukelnde und kreisende Bewegungen. Rollenwechsel.	
849	**Kleiner Leuchtturm** Gleichgewicht	A sitzt im Schneidersitz am Boden. B steht dahinter und stellt den einen Fuß auf die Schulter von A. Mit Hilfe eines weiteren Spielers steigt er hoch und stellt auch den anderen Fuß auf die Schulter, nahe beim Hals, so dass er sich mit den Unterschenkeln am Kopf von A abstützen und frei stehen kann.	
850	**Großer Leuchtturm** Balance Vertrauen	A kniet mit einem Bein auf dem Boden, das andere ist bereits hochgestellt. B steht auf dessen Schultern. A steht vorsichtig auf. Er kann B an den Unterschenkeln festhalten. B breitet oben die Arme aus. • Besonders für Erwachsene (A) und Kinder (B) geeignet	

Nr.	Name der Spielform Ziele	Beschreibung	Hinweise/Organisation
851	**Beduine** Zusammenspiel Vertrauen	A kniet auf allen vieren am Boden. B setzt sich so darauf, dass sein Gewicht auf dessen Hinterteil lastet und dass er seine Füße am Nacken von A abstützen kann. Wenn beide ausbalanciert sind, kann das Kamel leicht zu schaukeln beginnen, während B, der Beduine, weit voraus die nächste Oase ins Auge fasst.	
852	**Flugsaurier** Ertragen können Ertragen werden	Sind die beiden Partner als Beduine und Kamel gut ausgewogen, kann der untere von beiden seine Arme ausbreiten und zum Flug auf und ab bewegen, ohne dass er mit dem Gewicht von B Schwierigkeiten bekommt. • Wenn beide ihre Flügel ausbreiten, entsteht ein Doppeldecker	
853	**Wiegenstand** Gleichgewicht	A liegt mit angezogenen Knien auf dem Rücken. Mit der Hilfe eines anderen Spielers steht B auf die Unterschenkel von A, bei den Knien vorne. Während A seine Knie mit den Händen seitlich abstützt, hält sich B im freien Stand. A wiegt mit den angezogenen Beinen leicht wechselseitig auf und ab.	
854	**Kleines Flugzeug** Gelassenheit Ruhe	A liegt mit angezogenen Knien auf dem Rücken. B legt sich bäuchlings auf die Unterschenkel, mit Blick zum Partner und breitet die Arme aus.	
855	**Großes Flugzeug** Vertrauen Balance	A liegt auf dem Rücken, B steht zu seinen Füßen. Dann legt er seinen Bauch auf die hochgehobenen Fußsohlen von A und lässt sich an den Armen hochziehen. Zuletzt schwebt er mit ausgebreiteten Armen waagrecht auf den gestreckten Beinen von A liegend. • Einfach für Kinder (B) und Erwachsene (A)	

Nr.	Name der Spielform Ziele	Beschreibung	Hinweise/Organisation
856	**Drücken** Miteinander	Beide Partner liegen sich auf dem Rücken mit angezogenen Beinen gegenüber. Ihre Füße berühren sich. Im Wechsel streckt der eine und der andere beide Beine und drückt so die Füße des Partners zurück.	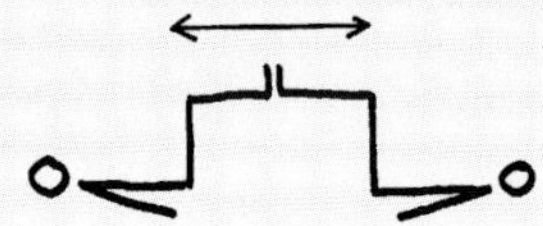
857	**Hochstand** Haltung	Im Unterschied zum wechselseitigen Drücken, drücken A und B ihre Beine gleichzeitig gegen die Mitte hoch, bis sich die Rücken ganz vom Boden abheben und mit den Beinen einen Torbogen bilden.	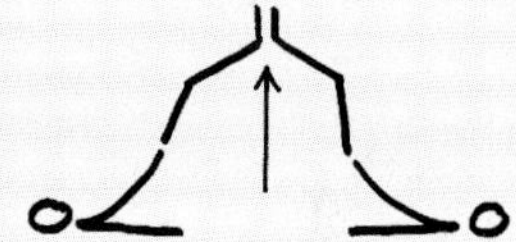
858	**Radfahren** Koordination	A und B liegen sich auf dem Rücken gegenüber. Ihre angezogenen Beine berühren sich und werden im Wechsel links-rechts gestreckt. Sie können so rascher und langsamer „bergauf und bergab Rad fahren".	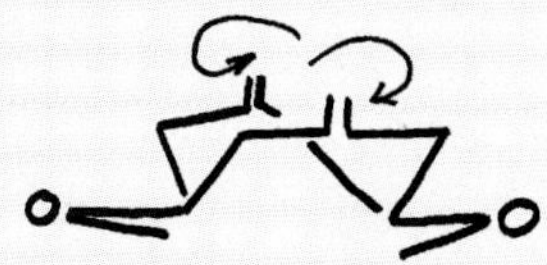
859	**Strecken** Wechselspiel	Sich gegenüber kniend geben sich A und B die Hände. Indem er sich zurückbeugt, streckt ein Partner den anderen in ruhigem Wechsel.	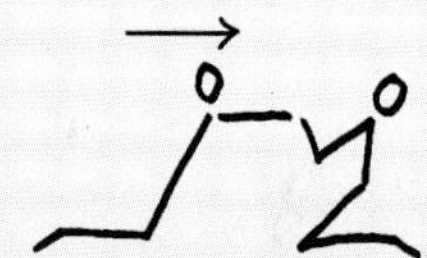
860	**Beugen** Belastbarkeit Achtsamkeit	Die Partner A und B stehen Rücken gegen Rücken zusammen. Ihre Arme sind eingehängt. Im Wechsel beugt sich der eine, dann der andere vor und lädt sich so seinen Partner auf den Rücken, bis sich dessen Füße vom Boden heben. Auf gleitende Bewegung achten!	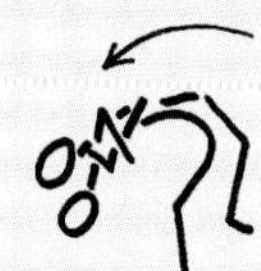

10

Nr.	Name der Spielform / Ziele	Beschreibung	Hinweise/Organisation
861	**Rucksack** Kraft	A lässt sich von B tragen, indem er sich hinter B stellt, seine Arme um dessen Hals hochspringend die Beine um dessen Hüfte legt. B hält mit seinen Armen die Beine des hängenden Rucksackes fest.	Bei Wettrennen eher kurze Strecken wählen.
862	**Hoch zu Ross** Zusammenspiel	A setzt sich auf die Schultern von B und hält sich etwas am Kopf des Pferdes fest. B stabilisiert den Reiter am besten, indem er ihn mit Händen und Ellbogen fixiert.	
863	**Dressurpferd** Miteinander im Wechsel	A steht vor B. Der fasst A bei den Hüften und beugt sich waagrecht nach vorne. C schwingt sich als Reiter auf seinen Rücken.	
864	**Ben Hur** Gleichgewicht	Zwei Spieler knien Seite an Seite auf allen vieren am Boden, die inneren Arme haben sie gekreuzt aufgestützt. Auf ihren Hinterteilen steht der Wagenlenker und kommandiert das Gefährt geradeaus oder in Kurven. Die beiden Pferde achten darauf, dass Schultern und Hüften nahe zusammenbleiben.	
865	**Wagenrennen** Koordination	Immer drei Spieler bilden ein Gefährt. Sie können jetzt ein Rennen von ein paar Metern Länge veranstalten. • Die Wagenlenker kämpfen gegeneinander und versuchen den Gegner vom Gefährt zu stürzen • Die Wagenlenker steigen vorsichtig von einem Gespann auf das andere um	

Nr.	Name der Spielform Ziele	Beschreibung	Hinweise/Organisation
866	**Schubkarren** Koordination Kraft	A ist im Liegestütz am Boden. B hebt A an den Fußgelenken hoch. A marschiert mit den Händen vorwärts. B achtet darauf, dass er nicht zu rasch nachrennt und A die Nase am Boden plattstößt.	
867	**Rennen** Schnelligkeit	Zwei Linien geben Start und Wendepunkt an. Die Länge der Rennstrecke richtet sich nach der Kondition der Spieler. Parallel starten beliebig viele Schubkarren. • Rollenwechsel bei der Wendemarke • Kombiniert mit 3-Rad-Pedalo	
868	**Rammbock** Vertrauen Kraft	A liegt im Liegestütz am Boden. Zwei Mitspieler stellen sich links und rechts daneben und heben ihn an Schultern und Oberschenkeln hoch. Wie einen mittelalterlichen Rammbock gegen das Stadttor können sie ihn jetzt vor- und zurückschwingen lassen.	
869	**Einzelflieger** Kraft Spaß	A steht mit gespreizten Beinen auf allen vieren. B stellt sich dahinter, umfasst mit den Armen A bei den Hüften und hebt ihn an. A legt seine Beine um B und geht mit dem Oberkörper und ausgebreiteten Armen vorne waagrecht hoch.	
870	**Jahrmarktflieger** Koordination Balance Kraft	Im Unterschied zum Einzelflieger steht B zwischen A und C. Er hält beide um die Hüften und hebt sie so, dass einer vor und der andere hinter ihm waagrecht in der Luft schweben. Dann dreht er sich langsam an Ort und Stelle rundum.	

Nr.	Name der Spielform Ziele	Beschreibung	Hinweise/Organisation
871	**Aura** Vertrauen Spaß	Zwei Spieler stehen sich mit vorgehaltenen Armen gegenüber. Ihre Handflächen berühren sich. Jetzt schließen sie die Augen. Jeder dreht sich einmal um sich selber. Dann finden sie sich wieder. • Sportvariante: Nach dem Augenöffnen abschließen mit „High five"	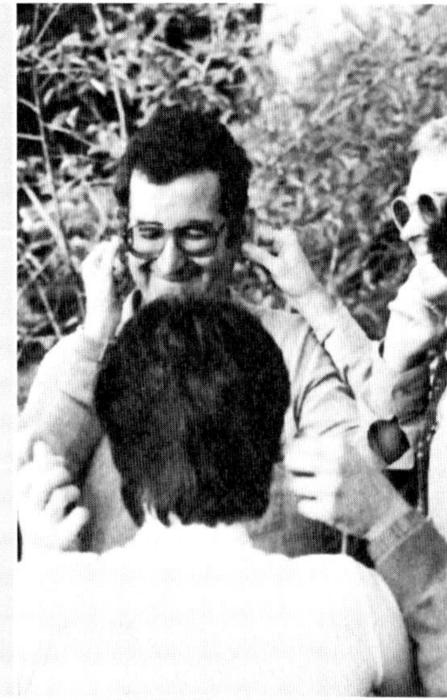
872	**Windsegel** Plausch Risikobereitschaft	Je zwei Spieler berühren sich mit vorgehaltenen Handflächen. Mit geschlossenen Augen gehen sie zwei Schritte zurück, drehen sich mit ruhig kreisenden Armen einmal um sich selber, gehen wieder zwei Schritte vor und suchen den Partner.	
873	**Gruppenaura** Kennenlernen Körperkontakt	Eine Gruppe von 4–8 Spielern bildet einen Kreis. Sie berühren sich gegenseitig mit seitwärts hochgehaltenen Handflächen. Jetzt schließen sie die Augen, gehen zwei Schritte zurück, tippen auf den Boden, klatschen hochgestreckt in die Hände, drehen sich einmal um sich selber und finden sich in der Startposition wieder.	
874	**Ohrläppchen** Sozialkompetenz Spaß am Kontakt	Eine Gruppe bildet einen eher engen Kreis. Jetzt fasst jeder ein Ohrläppchen seiner Nachbarn und schließt die Augen. Alle drehen sich und fassen die Ohrläppchen blind wieder. Achtung: Vor dem Drehen unbedingt die Ohrläppchen loslassen!	
875	**Nachtflug** Raumgefühl Konzentration	Zwei Spieler stehen sich mit etwa 10 m Abstand gegenüber. Dann schließt einer von ihnen die Augen und geht mit seitwärts gehaltenen Armen auf den Partner zu. Die letzten Schritte legt er mit vorgehaltenen Händen zurück und versucht zu spüren, wo sein Gegenüber steht. Der sorgt für eine sichere Ankunft.	

Nr.	Name der Spielform Ziele	Beschreibung	Hinweise/Organisation
876	**Schnecke** Kooperation	Eine lange Reihe von Spielern gibt sich die Hände. Der Anführer geht zuerst in einem großen Kreis und allmählich in einer lockeren Spirale nach innen. • Falls die Spieler nicht zu eng stehen, kann er dort wenden und wieder nach außen gehen: Die Schnecke rollt sich wieder auf	
877	**Funkturm** Spaß Körperkontakt	Zwischen 15 und 40 Spieler geben sich im Kreis die Hände. Zwei lassen sich los. Der eine zieht mit allen, die an ihm hängen zur Mitte und bleibt dort als Funkturm stehen. Der Partner kreist mit dem ganzen Zug immer schneller rundherum, bis alle aufgewickelt sind. Auf Anruf meldet sich der Funkturm „Piepiep!"	
878	**Wechselstation** Zusammenspiel	Sobald alle um den Funkturm herumstehen, kann der in die Hocke gehen und den Weg nach draußen suchen und dort wieder langsam im Kreis weiterziehen. Ein Spieler nach dem anderen folgt. Der letzte bleibt stehen und wird der neue Funkturm: „Piepiep!"	
879	**Schoßsitzen** Vertrauen Staunen	12–200 Spieler stellen sich zu einem Kreis auf. Sie machen eine Vierteldrehung nach rechts und gehen seitwärts nach innen, bis ihre Füße am Boden eine geschlossene Linie bilden. Jetzt kann sich jeder am vorderen Spieler halten und sich auf die geschlossenen Knie des nächsthinteren setzen.	
880	**Räuber und Polizist** Ortskenntnis Aggression	Im Wald, das sind die Räuber. Sie werden von den ausgewählten Polizisten aufgegriffen und – mit nur mäßiger Gegenwehr – an einen sicheren Ort gebracht (markierter Platz). • Die letzten Gefangenen werden die nächsten Polizisten	

Nr.	Name der Spielform Ziele	Beschreibung	Hinweise/Organisation
881	**Amöbe** Kontakte schaffen	Die Gruppe bildet einen Kreis mit dem Rücken nach innen. Die Spieler haken ihre Arme ein, und die Amöbe – ohne Knochen und Rückgrat – ist fertig. Am besten macht sie gleich ihre ersten Fortbewegungsversuche.	
882	**Superamöbe** Kooperation Spaß	Ein Spieler setzt sich auf die Amöbe hinauf und lenkt von den Schultern herunter das quallige Lebewesen.	
883	**Amöbenrennen** Koordination	Mehrere Amöben oder auch Superamöben können sich einlaufen und anschließend zu einem Wettlauf starten.	
884	**Wandernde Zelle** Übersicht Teamarbeit	Den Zellkern bilden Spieler, die mit eingehakten Armen einen Rückenkreis bilden. Darum herum steht, mit Blick nach innen und ebenfalls Arm in Arm, die größere Zellwand. Der Zellkern dreht sich (z. B.) im Uhrzeigersinn, die Zellwand kreist andersherum. Dann beginnt die ganze Zelle zu wandern.	
885	**Aufstand** Wendigkeit Rücksichtnahme	Zwei Spieler sitzen mit eingehängten Armen Rücken an Rücken am Boden. Sie versuchen, sich zu erheben. Wenn das gelungen ist, laden sie einen weiteren Spieler ein und versuchen das Aufstehen zu dritt, usw.	

Nr.	Name der Spielform Ziele	Beschreibung	Hinweise/Organisation
886	**Knotenlöser** Übersicht	Eine lange Reihe gibt sich die Hand. Der Anführer marschiert mit dem ganzen Gefolge zwischen den hinteren Spielern durch und diese selber tragen das ihre dazu bei, dass ein enormer Knoten entsteht. Jetzt wird ein Knotenlöser gerufen, der das Ganze zu entwirren versucht.	
887	**Gordischer Knoten** Koordination Körperkontakt	Etwa acht Spieler stehen im Kreis zusammen und strecken ihre Arme vor. Jeder gibt seine Hände anderen Spielern, aber nicht beide der gleichen Person. Die Gruppe versucht durch Übersteigen und Untendurchklettern den entstandenen Knoten zu lösen, ohne die Hände loszulassen. • Vor dem Lösen einen Händedruck weitergeben	
888	**Pendel** Vertrauen Spannkraft	Acht bis zehn Spieler stehen in einem engen Kreis zusammen. Einer von ihnen steht in der Mitte, mit vor der Brust gekreuzten Armen. Mit geschlossenen Augen lässt er sich von der Gruppe hin und her pendeln, ohne die Füße von der Stelle zu bewegen.	
889	**Goofie** Selbstvertrauen Achtsamkeit	Die Gruppe geht mit geschlossenen Augen und sucht Goofie. Wenn zwei zusammentreffen, fragen sie: „Goofie?" und gehen weiter. Nach kurzer Zeit macht der Spielleiter einen Spieler zum Goofie. Der darf die Augen öffnen, spricht aber nicht, wenn er berührt wird. Wer auf Goofie trifft, gibt stumm die Hand und schaut. Zuletzt sind alle in einer langen Reihe Goofie.	

Nr.	Name der Spielform Ziele	Beschreibung	Hinweise/Organisation
890	**Bleib dabei!** Koordination	Jeder bewegt sich im Raum so, dass er mit einem Körperteil immer Kontakt zur Gruppe behält.	
891	**Stromkreis** Kontakte schaffen	Zur Musik bewegt sich die Gruppe leicht im Raum. Dann berührt der Spielleiter mit seinen Fingerspitzen die Finger einer weiteren Person. Während sich alle tanzend und drehend weiterbewegen, wird die Kette an beiden Seiten immer länger, bis die beiden letzten Personen mit ihren Fingerspitzen den Kreis schließen.	
892	**Tinquely** Spaß Engagement	Ein Spieler geht in die Mitte des Raumes und beginnt an Ort und Stelle mit einer stereotypen Bewegung und einem dazu passenden Geräusch. In rascher Folge schließen sich immer mehr Spieler mit ihrem eigenen Beitrag an dieses Kunstwerk an. Das Objekt können wir verschieden rasch laufenlassen und schließlich wieder abbauen (s. 790).	
893	**Patschhändchen** Kontakt und Reaktion	Ein paar Spieler sitzen im Kreis um den Tisch herum. Der erste Spieler legt eine Hand in die Mitte, der zweite eine drauf, usw. Anschließend patscht jeder seine zweite Hand auf den Stapel, und dann wird immer die jeweils unterste Hand oben drauf geklatscht – in zunehmendem Tempo.	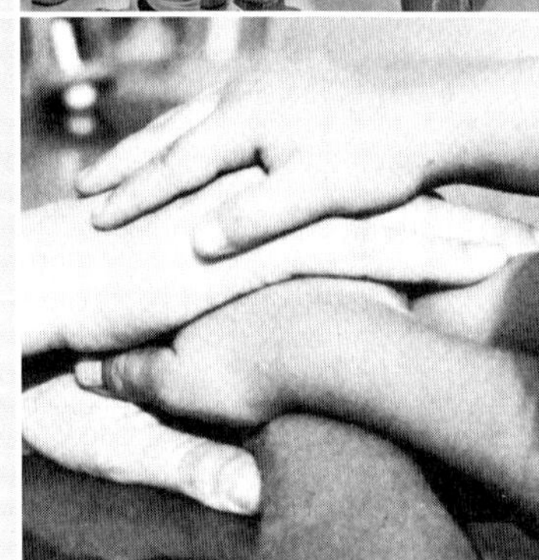
894	**Händedruck** Aufmerksamkeit	Wir bewegen uns mit geschlossenen Augen im Raum. Wenn zwei sich begegnen, schütteln sie sich die Hand und versuchen zu raten, von wem der Händruck kommt.	

Nr.	Name der Spielform Ziele	Beschreibung	Hinweise/Organisation
895	**Rette mich, wer kann!** Sozialkompetenz Hilfsbereitschaft	Die Spieler sind zu Dreien nummeriert. Zu Musik joggen oder hüpfen sie kreuz und quer durch den Raum. Wenn der Spielleiter die Musik stoppt und ein-, zwei- oder dreimal pfeift, sinken die entsprechenden Spieler langsam zu Boden. Und die anderen zwei Drittel retten rundum, was zu retten ist. Dann geht es von neuem los. Es ist dabei wichtig zu beachten, dass sich die Betroffenen beim Zusammensinken Zeit lassen und dass die Retter alle zu retten versuchen, die in ihrer Nähe schwache Knie bekommen.	
896	**Steinbock – Adler – Murmeltier** Geistesgegenwart Spaß	12–30 Spieler stehen im Kreis. Immer drei von ihnen stellen ein Tier dar. Zum Start steht der Spielleiter in der Mitte, zeigt auf einen Spieler und sagt: „Steinbock“. Der Angesprochene beginnt mit einem Fuß zu scharren, währenddem seine Mitspieler rechts und links mit dem angewinkelten hochgehobenen näheren Arm das Gehörn anzeigen. Bei „Adler“ formt der mittlere Spieler mit seinen Händen einen Schnabel und stößt sein „yeeh-yeeh!“ aus, währenddem die Mitspieler links und rechts mit dem entfernteren Arm zu Flügeln beginnen. Bei „Murmeltier“ hört der mittlere Spieler mit beiden Händen hinter den Ohren, der Spieler rechts guckt mit einer flachen Hand über den Augen in die Ferne, und der Spieler links versucht zu pfeifen. Wer einen Fehler macht, wird neuer Chef und übernimmt von der Kreismitte aus die Leitung.	

Nr.	Name der Spielform Ziele	Beschreibung	Hinweise/Organisation
897	**Balkenreichen** Zuverlässigkeit Zusammenarbeit Vertrauen	Zwei Kolonnen stehen Schulter an Schulter. Ein Spieler nach dem anderen wird vorne hochgehoben und gestreckt über die hochgehaltenen Hände nach hinten gegeben, wo für eine gute Landung gesorgt wird.	
898	**Menschenspicken** Mut Vertrauen Lebenslust	Zwei Reihen stehen sich gegenüber. Immer zwei gegenüberstehende Spieler geben sich die Hände. Mit leichtem Anlauf springt ein Spieler gestreckt in die Gasse und wird nach und nach hoch und vorwärts zum Schluss der Reihe geworfen und dort aufgefangen.	
899	**Förderband** Teamgeist Spaß	Zwei Reihen von Spielern liegen so rücklings am Boden, dass ihre Köpfe nebeneinander sind. Sie strecken die Hände hoch und geben andere Spieler langgestreckt als Engel, Flugzeug, Balken oder Pfeil weiter. Wer dran war, schließt am Ende gleich an.	
900	**Transportrolle** Koordination Vertrauen	Eine Reihe liegt auf dem Rücken am Boden. Vorne legt sich ein Spieler quer über die Bäuche der ersten. Jetzt drehen sich sämtliche Spieler im Takt auf die linke Seite – auf den Bauch – auf die rechte Seite – auf den Rücken – auf die linke Seite – ... Der Einzelne rollt von einem Ende zum anderen.	
901	**Menschenraupe** Koordination Körperkontakt	Eine Reihe von Spielern liegt Seite an Seite auf Bauch oder Rücken. Auf dieser Unterlage rollt Spieler um Spieler – sich um die eigene Achse drehend – zum anderen Ende und schließt dort an.	

Nr.	Name der Spielform / Ziele	Beschreibung	Hinweise/Organisation
902	**Übers Pferd** Wendigkeit Kooperation	Ein Spieler steht in gebückter Stellung, seine gestreckten Arme auf den Knien aufgestützt. Die anderen nehmen einer nach dem anderen von hinten oder von der Seite her Anlauf und springen gegrätscht darüber, indem sie sich kurz abstützen.	
903	**Kavallerie** Koordination	Beim Überspringen darf nur mit einer Hand abgestützt werden. Die andere versetzt dem Pferd beim Überspringen einen leichten Klaps auf das Hinterteil.	
904	**Ein Bein** Koordination Fitness	• Landung und Zurückhüpfen zur Gruppe auf einem Bein • Auch als Stafette möglich	
905	**Lots Weib** Aufmerksamkeit	Sofort nach der Landung bleibt der Springer stocksteif stehen, hocken oder liegen, je nachdem wie er aufgekommen ist. Der nächstfolgende versucht dasselbe. Zudem sollte er so landen, dass er den vorausgesprungenen Spieler nicht berührt.	
906	**Flugsprung** Koordination Timing	Der Bock wird mit Schwung übersprungen. Sein Rücken darf erst nach dem Absprung noch leicht berührt werden.	

Nr.	Name der Spielform Ziele	Beschreibung	Hinweise/Organisation
907	**Abblitzen** Gleichgewicht	Die Spieler hüpfen auf einem Bein im Raum herum. Wenn sie mit einem anderen zusammenstoßen, lassen sie sich in ihrer Bahn ablenken und hüpfen in der neuen Richtung weiter.	
908	**Hahnenkampf** Beweglichkeit	Mit verschränkten Armen und auf einem Bein hüpfend versuchen sich immer zwei und zwei Hähne gegenseitig aus dem Gleichgewicht zu bringen. • Mit den Handflächen stoßen	
909	**Cup der Gockel** Aggression Ausdauer	Die Hähne können sich darauf einigen, dass jeder, der im Zweikampf siegt, eine Runde weiterkommt. Nach diesem Cupsystem steht nach einigen Runden der Obergockel fest. Sofern er das wünscht, wird er auf die Schultern gehoben und darf ein „Kikeriki" ertönen lassen.	
910	**Am Gleichgewicht rütteln** Reaktion	Zwei Spieler stehen sich gegenüber. Sie fassen sich mit vorgestreckten Händen und versuchen sich gegenseitig aus dem Gleichgewicht zu drücken oder zu ziehen. Dabei hat verloren, wer einen Fuß vom ursprünglichen Standort wegbewegt.	
911	**Ausbrecher** Kooperation Kraft	Aus einem Kreis möchten zwei Gefangene ausbrechen. Die Umstehenden geben sich die Hände und wehren so gut es geht ab. Sofern einem der Eingesperrten der Ausbruch gelingt, darf er von außen her seinem Kumpel helfen.	

Nr.	Name der Spielform Ziele	Beschreibung	Hinweise/Organisation
912	**Fingerhaken** Kraft Wendigkeit	Zwei Spieler stehen sich seitwärts gegenüber. Sie haken ihre gekrümmten Zeigefinger ein. Wer sein Gegenüber aus dem Stand zu ziehen vermag, hat gewonnen.	
913	**Armdrücken** Kraft	An einem Tisch sitzen sich zwei Spieler so gegenüber, dass sie den linken Arm hinter den Rücken gelegt haben und den rechten Ellbogen auf der Tischplatte aufstützen. Sie geben sich die rechte Hand und versuchen – ohne den Ellbogen zu heben – den Handrücken des Gegenspielers auf den Tisch zu drücken.	
914	**Hochschaukeln** Beweglichkeit	Immer zwei Spieler stehen Rücken gegen Rücken. Ihre Arme haben sie eingehängt und versuchen, durch Vorbeugen den Gegner aus dem Stand zu bringen. Vorsicht!	
915	**Maulwurf** Kraft	Zwei Spieler knien sich abgewendet auf allen vieren am Boden. Rücken auf Rücken mit ihnen liegt – mit dem Kopf zur Mitte – je ein weiterer Spieler. Diese beiden Maulwürfe halten sich mit gestreckten Armen an einem Stock fest und versuchen jetzt mit Hilfe des Partners, den Gegner „aus dem Loch zu ziehen“.	
916	**Zielziehen** Kraft Teamwork	Zwei Mannschaften stehen sich gegenüber. Die vordersten Spieler geben sich die Hände. Ihre Kameraden stehen dahinter und halten sich an den Hüften fest. Zwei Meter hinter jedem Team ist ein Ziel markiert. Jede Gruppe versucht, die andere so weit zurückzuziehen.	

Nr.	Name der Spielform Ziele	Beschreibung	Hinweise/Organisation
917	**Der Schatten folgt** Abwechslungsreiches Bewegen, präzises Nachmachen	Jeweils zwei Spieler bilden ein Paar. Der erste geht ein paar Schritte. Sobald er nach 5–10 m stehenbleibt, folgt ihm sein Schatten und tippt ihn auf die Schultern. Das ist wiederum das Startzeichen für den vorderen Spieler, der seine Bewegungen von Mal zu Mal variiert und sein Schatten kopiert ihn.	
918	**Immer mehr** Genaues Beobachten und Bewegen	Etwa sechs Spieler bilden eine Gruppe. Der erste macht etwas vor (um einen Baum rennen, an der Sprossenwand hochklettern, über ein Hindernis springen). Dann holt er den zweiten Spieler. Sie machen die Bewegung zusammen, holen noch einen dritten, usw.	
919	**Mir nach!** Schnelle Reaktion	Ein Spieler führt die Schlange an, die ihm auf dem Fuß folgt und jede seiner Bewegungen im Schleichen und Laufen, Hopsen, Klettern, Rückwärtsgehen und Rollen sofort nachmacht.	
920	**Nachtwandler** Umstellen können	Der Nachtwandler geht über eine Langbank oder ein am Boden liegendes Seil, mit seitwärts gestreckten Armen und geschlossenen Armen. Auf den Zuruf eines Mitspielers öffnet er die Augen und fängt den ihm zugeworfenen Ball.	
921	**Roboter im Feld** Übersicht	Mittein in einem markierten Feld stehen vier Roboter. Durch Berühren lassen sie sich lenken: Brust = vorwärts, Rücken = rückwärts, rechte Schulter = rechts, linke Schulter = links, Kopf = Stopp. Der Konstrukteur startet seine Roboter und versucht, sie so gehen zu lassen, dass ihm keiner entwischt.	

Nr.	Name der Spielform Ziele	Beschreibung	Hinweise/Organisation
922	**Spionageabwehr** Körperbeherrschung	Ein Spieler hält mit ausgebreiteten Armen eine Zeitung vor dem Gesicht. Aus einem Abstand von 10 m kommen die Spione angeschlichen. Unverhofft lässt der Leser von Zeit zu Zeit die Zeitung sinken. Wen er in diesem Augenblick in Bewegung sieht, darf er an den Ausgangspunkt zurückschicken.	Der Spion, welcher unbemerkt die Zeitung zuerst berühren kann, wird zum nächsten Aufpasser.
923	**Geher** Beweglichkeit	Die ganze Gruppe übt sich im Gehen. Wir sind darauf bedacht, selbst bei rascher Gangart immer einen Fuß auf dem Boden zu behalten. Wir beobachten, wie sich die Fuß- und Beinarbeit, die Hüft- und Armbewegungen gegenüber anderen Gang- und Laufarten verändern.	
924	**Windmühlen** Übersicht Gelenkigkeit	Wir laufen vorwärts und rückwärts (mit Blick über die Schulter zurück) und drehen unsere Arme dazu wie Windmühlen im Kreis.	
925	**Zwei-Bein-Paare** Kooperation Kraft	Die Spieler stehen paarweise nebeneinander. Sie stehen nur auf dem inneren Bein und halten sich mit dem inneren Arm um die Hüfte. Mit der anderen Hand halten sie das angezogene äußere Bein am Fußgelenk. Das Hüpfen kann beginnen. Wer weiß, vielleicht entsteht daraus ein Hüpferrennen.	
926	**Pferdezirkus** Abwechslung Spielfreude	Zwei und zwei kauern sich im Kreis in der Hocke gegenüber und geben sich die Hand. Die Pferde galoppieren darüber und verwandeln sich am Schluss der Sprünge selber in eine Hürde, während die Hürden zu Pferden werden.	

Nr.	Name der Spielform Ziele	Beschreibung	Hinweise/Organisation
927	**Den Weg kreuzen** Übersicht Einsatzfreude Hilfsbereitschaft	Ein Spieler fängt, die anderen fliehen. Sobald einer den Weg zwischen dem Verfolgten und dem Fänger kreuzt, wird er selber verfolgt.	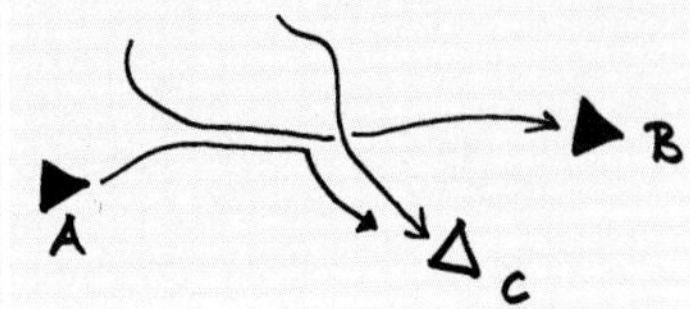
928	**Fruchtsalat** Beweglichkeit	Wir stellen uns in einem großen Kreis auf und teilen jedem Spieler eine Obstsorte zu. Wenn der Spielleiter „Banane“ und „Aprikose“ ruft, wechseln diese den Platz. Bei „Fruchtsalat“ wechseln alle. Der langsamste Spieler wird Leiter. Hilfreich sind Markierungen am Boden. • Fruchtsalat im Stuhlsitzkreis. Die Spieler sind in vier Obstsorten eingeteilt, die untereinander wechseln	
929	**Blinzelkreis** Reaktionsvermögen	Wir stehen im Kreis. Ein Platz ist frei. Der Spieler links davon blinzelt sich einen anderen herbei. Dessen Nachbarn links oder rechts versuchen ihn sofort festzuhalten, dürfen ihren Platz aber nicht verlassen.	
930	**Parallelslalom** Wendigkeit	Die Spieler stehen nummeriert in Reihen, wobei jeder vom anderen etwa zwei Meter Abstand hat. Wenn der Spielleiter eine Zahl ruft, rennen die entsprechenden Spieler jeder Mannschaft im Slalom ihre Reihe hinauf, hinunter und wieder zum Platz zurück. • Punktewertung • Achtung, wenn der Leiter eine zweite Zahl ruft!	
931	**Kein Kind verkaufen** Schnelligkeit	In einem großen Kreis sitzen die „Kinder“, ihre „Mütter“ stehen dahinter. Einer geht um und fragt: „Mutter (Vater), willst du mir dein Kind verkaufen?“ – „Nein, eher gehe ich 100 000-mal betteln!“ – Jetzt laufen beide in entgegengesetzter Richtung um den Kreis. Wer zu spät kommt, versucht ein anderes Kind zu kaufen.	

Nr.	Name der Spielform Ziele	Beschreibung	Hinweise/Organisation
932	**Guten Tag, Herr Jäger** Spaß	Ein Spieler geht um den Kreis herum und klopft einem anderen auf den Rücken. Der geht in der Gegenrichtung um den Kreis. Wo sie sich begegnen, geben sie sich die Hand: „Guten Tag, Herr Jäger!". Wer dann am schnellsten zur Lücken weitergerannt ist, darf bleiben. Der andere spaziert rundum weiter.	
933	**Komm mit – geh weg** Reaktion Geistesgegenwart	Der Spieler, der um den Kreis geht, klopft einem Mitspieler auf den Rücken, ruft dazu „komm mit" oder „geh weg" und rennt los. Je nachdem folgt ihm der Angetippte oder er jagt in der Gegenrichtung rundum. Wer die Lücke zuerst erreicht, darf bleiben. Der andere geht weiter.	
934	**Der Fuchs geht um** Aufmerksamkeit	Der Fuchs geht um den Kreis und lässt im Rücken eines anderen Spielers ein Taschentuch fallen. Dieser Spieler muss ihn verfolgen und zu fangen versuchen, bevor der Fuchs das Loch erreicht. (Begleitvers zum ersten Teil: „Schaut euch nicht um, der Fuchs geht um!")	
935	**Plumpsack** Schnelligkeit	Der umgehende Spieler lässt im Rücken eines anderen ein Sandsäckchen (Kissen, Schaumstoffwürfel, Softball) fallen. Dieser hebt den Gegenstand auf, verfolgt den anderen Spieler und versucht ihn noch zu treffen, bevor dieser in der Lücke untergeschlüpft ist.	
936	**Fliegender Holländer** Gewandtheit Fitness	Zwei Spieler laufen (hüpfen, gehen auf einem Bein) gemeinsam um den Kreis herum. Die anderen geben sich die Hände. Einer der beiden schlägt auf zwei Hände. Die beiden Betroffenen umrunden den Kreis in der Gegenrichtung, aber in der gleichen Gangart. Das langsamere Paar segelt weiter.	

10

Nr.	Name der Spielform Ziele	Beschreibung	Hinweise/Organisation
937	**Atomspiel** Kontakte schaffen	Die Atome schwirren durch den Raum. Ruft der Spielleiter „5“, so vereinigen sie sich zu Fünfermolekülen. Einzelne werden übrig bleiben. Aber schon heißt es „weiter“, und die Moleküle lösen sich auf, damit später in raschem Wechsel 3er-, 4er-, 2er- ... Einheiten gebildet werden können.	
938	**Katzenmutter** Aufmerksamkeit	In einer Ecke des Raumes oder Feldes wartet die Katzenmutter. In der anderen Ecke bestimmen die Spieler das Kätzchen. Dann laufen alle kreuz und quer durch den Raum – oder sie gehen oder schleichen. Hier und da miaut das Junge. Die Katzenmutter fragt, wenn sie es gefunden zu haben glaubt. Sonst muss sie weiterraten.	
939	**Schnell wie der Wind!** Reaktion	Der Nord- und der Süd-, der West- und der Ostwind stehen jeder in seiner Ecke. Von Zeit zu Zeit wechseln sie blitzartig ihre Häuser. Schnell wie der Wind, versucht der Spieler in der Mitte, selber eine der Ecken zu erstürmen.	
940	**Tanz der Vampire** Achtsamkeit Spaß Mut	In einem dunklen Raum bewegen sich alle Spieler und ein Vampir. Wenn der Vampir ein Opfer packt, schreit er und schon gibt es zwei Vampire. Erwischen sich aber zwei Vampire, schreien sie zwar, sind aber wieder erlöst. Am besten mit geschlossenen Augen spielen.	**Blind spielen!**
941	**Sardinen** Mut Geduld	Im stockdunklen Haus schwimmen die Fische durch sämtliche Räume und Stockwerke. Wenn sie sich begegnen, melden sie sich „blubb-blubb“. Nur das Sardinchen wartet stumm in einer Ecke oder Kammer. Wer ihm begegnet, bekommt kein „blubb“ zu hören und leistet ihm Gesellschaft, bis die letzte Sardine angeschwommen kommt.	Nichts für Ängstliche in Gespensterhütten. Das Gebäude sollte allen vom Tageslicht her vertraut sein.

Nr.	Name der Spielform Ziele	Beschreibung	Hinweise/Organisation
942	**Paaretrennen** Wendigkeit	Die Spieler stehen paarweise nebeneinander, mit eingehaktem Arm. Auch den äußeren Arm haben sie auf den Hüften aufgestellt. Zwei weitere Spieler verfolgen sich. Sobald der Verfolgte bei einem Paar z. B. links einhängt, muss der Partner rechts fliehen.	
943	**Promenade** Schnelligkeit	Im Unterschied zum Paaretrennen flanieren die Paare hier über den Platz oder durch die Halle. Sie geben sich dabei die Hand und haben jeweils den freien angewinkelten Arm so ausgestellt, dass der Verfolgte gut einhängen kann.	
944	**Zwei Mann hoch** Reaktion	Alle Spieler stehen – immer zwei hintereinander – im Kreis. Zwei von ihnen verfolgen sich. Stellt sich der Verfolgte als dritter vor ein Paar, so muss der Hinterste fliehen. Erwischt der Verfolger seinen Partner, wechseln die Rollen.	Selbstverständlich auch als „Zwei-Frau-hoch" sowie gemischt spielbar!
945	**Störung am Strand** Beweglichkeit	Paarweise liegen die Spieler nebeneinander auf dem Bauch. Verfolgter und Verfolger rennen zwischen den Paaren durch. Legt sich der Verfolgte an die Seite des einen Liegenden, ist der andere der neue Verfolger. • Die Paare dürfen auch übersprungen werden	Achtung bei der Variante mit Überspringen, dass die Liegenden ihre Füße am Boden behalten, um die Springenden nicht zu gefährden.
946	**Händchen geben** Reaktion	Immer zwei Spieler stehen sich gegenüber und fassen sich mit gestreckten Armen an den Händen. Will der Verfolgte auch Händchen geben, taucht er von der Seite her zwischen das Pärchen. Jetzt muss der Spieler fliehen, dem er seinen Rücken zukehrt.	Bei einer großen Anzahl von Spielern können sich auch zwei Paare verfolgen.

Nr.	Name der Spielform Ziele	Beschreibung	Hinweise/Organisation
947	**Taubenschlag** Spaß Übersicht	Immer zwei Spieler stehen sich mit hochgehaltenen Händen gegenüber und bilden ein Dach. Als dritter Spieler findet darunter je eine Taube Platz. Beim Signal „Ausflug" wechseln alle Tauben ihr Haus, bei „Neubau" wechseln die Häuser und bei „Tornado" gruppiert sich alles neu.	
948	**Tauben und Denkmäler** Aufmerksamkeit	Die Spieler fliegen alle als Tauben durch den Raum. Wer aber vom Fänger erwischt wird, bleibt steif wie eine Statue stehen. Er kann von jeder Taube erlöst werden, die um ihn herum einen Kreis fliegt. Ob es dem Fänger wohl gelingt, alle zu versteinern?	
949	**Sternschnuppe** Reaktion Integration Voraussicht	Wir geben uns im Kreis die Hand. Die Sternschnuppe saust ringsherum. Schlägt sie zwischen zwei Spielern ein, gibt es eine Explosion: Der eine saust links-, der andere rechtsherum. Für den Schnelleren bleibt eine Lücke offen. Wer später eintrifft, wird die neue Sternschnuppe. Achtung beim Kreuzen!	
950	**Rückenbücken** Beweglichkeit	An einer langen Schnur ist ein Softball oder ein Tennisring befestigt. Der Spieler in der Mitte dreht sich so rasch, dass das Objekt auf Brusthöhe rundum kreist. Die Spieler müssen sich im Kreis Runde für Runde bücken. Wer getroffen wird, löst den Wirbelmacher ab.	
951	**Weberschiffchen** Aufmerksamkeit Gewandtheit	Die Spieler jeder Mannschaft liegen durchnummeriert mit einem Abstand von 3 m von Spieler zu Spieler in einer Reihe am Boden. Zu Beginn liegen alle mit gerader Zahl flach am Boden und die ungeraden bilden im Liegestütz einen Bogen. Die aufgerufenen Nummern flitzen oben und unten durch, dann außen herum und wieder oben und unten durch zurück.	

Nr.	Name der Spielform Ziele	Beschreibung	Hinweise/Organisation
952	**Bremer Stadtmusikanten** Reaktion	Eine Viererzahl von Spielern ist durch Kärtchen gleichmäßig in „Esel", „Hund", „Katze" und „Hahn" eingeteilt worden. Die Spieler laufen im Raum durcheinander. Wenn der Spielleiter die Musik abstellt und „Räuber!" ruft, setzen sich die Esel jeder auf einen Stuhl, ihnen auf die Knie ein Hund, usw. Die Gruppe, welche zuerst komplett ist, zeigt dies durch ihr Konzert an.	Beim Ruf „Banditen!" geht's verkehrtherum: Der Hahn hat sich zuerst auf den Stuhl zu setzen, dann folgen Katze, Hund und Esel.
953	**Jamaquack** Achtsamkeit Aggression Aufmerksamkeit Lebensfreude	Die Spieler geben sich in einem großen Kreis die Hände. In der Mitte sind die letzten fünf (z. B. bei 25 Spielenden) Jamaquacks der Erde. Jedes hält sich an seinen Fußgelenken, schließt die Augen, quaaaakt laut und sucht rückwärts gehend den Ausgang im Gehege. Der Leiter hat kurz nach dem Start eine Öffnung geschaffen. Überall sonst stoßen die Ausreißer an die Knie der Wächter.	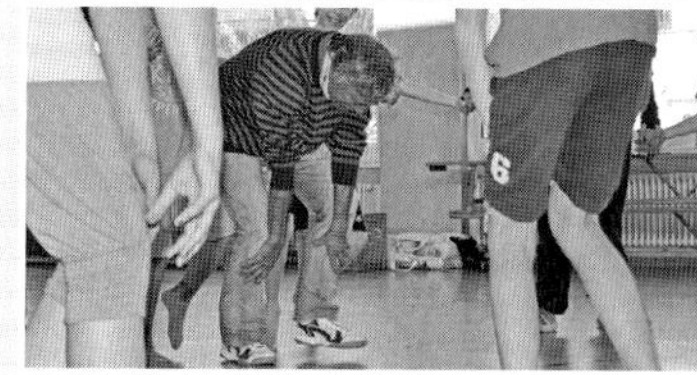
954	**Vierfüßlerschlange** Beweglichkeit	Alle Vierfüßler bilden eine Schlange, indem sie sich an den Fußgelenken des Vordermannes festhalten. Der erste gibt die Richtung an. Immer vorwärts im Takt.	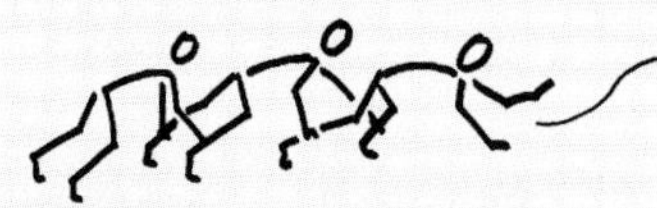
955	**Füchse in den Bau** Schnelligkeit	Zwei Mannschaften knien sich in zwei Reihen gegenüber. Sie sind nummeriert und geben der gleichen Nummer vis-à-vis die Hände. Wenn der Spielleiter z. B. „5" ruft, stehen diese beiden Spieler auf, rennen ans Ende der Kolonne, kriechen bis ans andere Ende unten durch und laufen an ihren Platz zurück. Wer ist flinker?	
956	**Hase und Igel** Reaktionsvermögen Ausdauer	Die Gruppe steht zwischen zwei Bäumen oder Markierungen. Der Spielleiter ruft „Los" und zeigt dabei in eine Richtung. Der Erste ruft „Hier bin ich". Auf sein Kommando starten die Übrigen in die Gegenrichtung, wo ein weiterer Igel ausscheidet. Der letzte ist der Hase.	

10

Nr.	Name der Spielform Ziele	Beschreibung	Hinweise/Organisation
957	**Kundschafter** Aggressivität Startschnelligkeit	Es stehen sich zwei Reihen zu je 6 Spieler gegenüber. Im Wechsel streckt eine Mannschaft ihre Handflächen vor. Von der anderen geht ein Kundschafter hinüber und gibt mit der Hand drei Schläge. Wer den dritten erhält, muss ihn verfolgen und unterwegs erwischen. Sonst erhalten die Angreifer einen Punkt.	
958	**Gefangene befreien** Reaktionsvermögen	Im Unterschied zum Kundschafter-Spiel gibt es hier keine Punkte. Dafür können der Kundschafter (wenn er berührt wird) oder sein Verfolger (wenn er den Angreifer verfehlt) in Gefangenschaft geraten: Sich hinter den Gegner stellen. Jedoch sind sie wieder frei, wenn es diesen seinerseits erwischt.	
959	**Blitzstart** Reaktion	Zwei Reihen stehen sich in einem Abstand von 10 m gegenüber. Sie sind nummeriert. In der Mitte liegt ein Ball. Der Spielleiter ruft eine Zahl. Die entsprechenden Spieler beider Mannschaften spurten los. Wer den Ball eher berührt, erhält einen Punkt.	
960	**Fähnchen** Nervenstärke Aggressivität	Wie Blitzstart. In der Mittel steht ein Fähnchen (Keule, Mütze, Flasche). Der Spieler, der das Fähnchen in sein Land holen kann, erobert auch den Gegner. Der spielt jetzt bei der anderen Partei mit. Wer aber mit dem Fähnchen in der Hand erwischt wird, muss selber ins fremde Land ziehen.	
961	**Gruppenangriff** Übersicht Zusammenarbeit	Beim Fähnchen belauern sich die beiden Gegner oft, da es riskant sein kann, es aufzunehmen. Dauert es zu lange, kann der Spielleiter zwei weitere Spieler zur Unterstützung aufrufen. Weil die Parteien durch das Spiel unterschiedlich groß werden, muss der Leiter ab und zu zwei Zahlen rufen.	Wer zur anderen Partei kommt, erhält die entsprechende Nummer, z. B. ist der Gefangene beim sechs Mann starken Gegner dort jetzt Spieler Nummer 7.

Nr.	Name der Spielform Ziele	Beschreibung	Hinweise/Organisation
962	**Habicht und Henne** Reaktion	Die Küken stehen in einer Kolonne hintereinander und halten sich mit den Händen an den Hüften der vorderen Spieler. Zuvorderst steht die Gluckhenne. Sobald der Hühnervogel kommt und das letzte Hühnchen greifen will, breitet sie die Arme aus. Die ganze Gruppe versucht, das Kleinste zu schützen.	
963	**Drachenschwanzjagen** Kooperation Spaß	Die Spieler stellen sich hintereinander auf und halten sich mit einer oder beiden Händen am Vordermann fest. Zuerst steht der Drache ganz entspannt. Erst auf das Signal hin rennt der Kopf los und versucht, sich selber in den Schwanz zu beißen, was der zu verhindern trachtet.	
964	**Drachengetümmel** Übersicht Aggressivität	Je acht Spieler stellen als Kolonne einen Drachen dar. Die verschiedenen Drachen stellen sich am Rand des Feldes auf. Auf ein Zeichen hin wirbeln sie aufeinander los. Wenn eines der fröhlichen Ungetüme ein anderes zu packen kriegt, fliegen sie als Riesendrachen weiter.	
965	**Ritter Georg** Reaktion	Acht Spieler bilden den Drachen. Der Ritter Georg hält sich mit einer Hand am Gürtel seines Kampfrosses fest, während er in der anderen sein fürchterliches Schwert (aus Zeitungspapier gerollt) schwingt. Er versucht, die Mitte des Drachen zu treffen. Dessen Kopf wiederum hat es auf das Schwert abgesehen.	
966	**Eulen und Krähen** Wissen Reaktion	Zwei Reihen stehen sich im Abstand von 2 m gegenüber. Ihre Grundlinie liegt je 10 m hinter ihnen. Am Rand stellt der Spielleiter eine Behauptung auf („Der Oktober hat 31 Tage", „Die Erde umkreist den Mond"). Stimmt die Aussage, stürzen sich die Eulen auf die Krähen, sonst umgekehrt.	Wer vor seiner Grundlinie gefangen wird, wechselt die Seite.

Nr.	Name der Spielform / Ziele	Beschreibung	Hinweise/Organisation
967	**Aktionswelle** Beweglichkeit Fantasie Antizipieren	Die Spieler stehen im Kreis. Immer ein Viertel (Drittel/Fünftel), der nebeneinander Stehenden, macht für ein paar Takte die gleiche Bewegung: Auf und ab wippen – Pirouette – stampfen – vor und zurück trippeln – Schattenboxen. Auf ein Zeichen hin wandert die Bewegung im Uhrzeigersinn zur nächsten Gruppe.	
968	**Mit Getöse** Aufmerksamkeit Kreativität	Die Spieler verstärken die Bewegungen der Aktionswelle durch ein markantes Geräusch: Klatschen – Motorradstart – Glockentönen – Schnattern – Hurraaaa! – Pfeifen – Trampeln.	
969	**Challenge im Kreis** Geistesgegenwart Stresstoleranz Ausdauer	Die Kombination von 967 und 968 ergibt eine äußerst anspruchsvolle Übung. Immer nach vier Takten übernimmt die einzelne Gruppe die Bewegung des Teams rechts und das Geräusch von der Gruppe links. So bewegt sich ein bewegter Kanon im Uhrzeiger- und ein Tonkanon im Gegenuhrzeigersinn.	
970	**Nachts im Wald** Vertrauen Übersicht Antizipation	Drei Viertel der Spielenden stehen als Bäume gut verteilt auf dem Platz (Halle, Wiese). Der Rest wandert blind hindurch. Mit „schsch" warnt jeder Baum, wenn ein Wanderer zu nahe kommt und mit „uhu-uhu" bevor zwei Wanderer zusammenstoßen oder sich über die Reviergrenze hinaus bewegen.	• Später ist Rollenwechsel • Mit offenen Augen im Slalom zwischen den Bäumen durchjoggen. Zusammenstöße vermeiden
971	**Cerberus** Cleverness	Der Teufel hockt am Boden und hält an einem 2 m langen Seil seinen herumrasenden Hund. Die Spieler necken die beiden und schlagen mit ihren Taschentüchern den Teufel. Der darf sich nicht wehren. Wer aber vom Hund erwischt wird, nimmt dessen Platz ein. Der Hund selber wird Teufel und der seinerseits ist frei.	

Nr.	Name der Spielform Ziele	Beschreibung	Hinweise/Organisation
972	**Glückspilz** Ins Spiel kommen Lebensfreude Selbstwertgefühl	Die Spieler stehen verteilt im Raum. Jeder sucht sich in Gedanken einen Glückspilz aus. Auf ein Signal hin startet er in Richtung auf den ausgewählten Spieler, in der Absicht, diesen dreimal zu umrunden. Ist dies gelungen, bleibt er stehen und ruft „Bingo". Ein gehöriges Durcheinander ist so gut wie ganz sicher.	
973	**Paarfangen** Kooperation Schnelligkeit	Zwei Spieler geben sich die Hand und rennen, um einen weiteren einzufangen. Ist dies gelungen, fangen sie als Dreiergruppe. Sobald ein vierter Fänger geschnappt wird, jagen sie in Zweiergruppen weiter.	
974	**Dreieckfangen** Aggressivität Zusammenspiel Teamgeist	Drei Spieler geben sich die Hände so, dass sie ein Dreieck bilden und nach innen sehen. Der Fänger sagt, welchem er auf den Rücken klopfen will. Die drei bewegen sich ständig so, dass der Fänger den Verfolgten nicht berühren kann. Rollenwechsel, bis jeder einmal draußen war. • Sitzend tauscht jede Gruppe ihre Erfahrung aus	
975	**Katze und Maus** Teamgeist Aggression Selbstbewusstsein	Die Katze steht außerhalb und fragt: „Mäuschen, was tust du in meinem Garten?" Die Maus im Zentrum des Kreises antwortet: „Salat (Rüben, Kohl, Pommes frites) fressen." „Und wenn ich komme?" – „Davonlaufen!" Dabei helfen die Spieler im Kreis der Maus, und die Katze wird nach Möglichkeiten behindert.	Sollte die Katze in den Kreis eindringen, wird der Maus der Weg hinaus freigegeben und die Katze am Nachfolgen gehindert. Die Spieler rundum geben sich immer die Hände.

10

Nr.	Name der Spielform Ziele	Beschreibung	Hinweise/Organisation
976	**Der letzte Mann** Schnelligkeit	Ein Spieler wird zum Fänger bestimmt. Jeder Spieler, den er berührt, scheidet aus. Wer zuletzt noch frei ist, wird zum neuen Fänger.	
977	**Befreien** Zusammenspiel	Ein oder mehrere Spieler (je nach Gruppengröße) sind als Fänger bestimmt. Jeder von ihnen berührte Spieler bleibt auf der Stelle unbeweglich stehen. Er darf aber von jedem freien Mitspieler durch einen Schlag auf die Hand befreit werden.	
978	**Spitalfangen** Beweglichkeit	Der Spieler, der vom Fänger getroffen wird, wird selber zum Fänger. Zudem muss er beim Verfolgen die Körperstelle, an der er getroffen wurde, mit der Hand berühren.	
979	**Schwarzer Mann** Überraschung Schnelligkeit	Auf der einen Seite des Feldes steht der „Schwarze Mann" (Kaminfeger): „Habt ihr Angst vor dem Schwarzen Mann?" – Die Spieler auf der anderen Seite: „Nein!" – „Und was tut ihr, wenn ich komme?" – „Davonrennen!" – Der Schwarze Mann geht ihnen entgegen und sie versuchen, seine Startlinie zu erreichen. Wen er erwischt, der hilft ihm.	
980	**Solidanosc** Selbstwirksamkeit Übersicht Hilfsbereitschaft	Je nach Gruppengröße werden zwei oder mehr ungefährliche Gegenstände (Tennisring, weiches Frisbee, Jongliertellér) ins Spiel gebracht. Wer davon berührt wird, nimmt ihn und wird selber zum Verfolger. Zwei, die sich rasch die Hand geben, sind für den Augenblick unverletzlich.	

Nr.	Name der Spielform Ziele	Beschreibung	Hinweise/Organisation
981	**Schlangenhäuten** Gelenkigkeit Achtsamkeit Körperkontakt	In einer Kolonne stehend stehen die Spieler gebückt. Die linke Hand strecken sie zwischen den Beinen nach hinten. Mit der rechten ergreifen sie die linke Hand des Spielers vorne. Der hinterste legt sich auf den Rücken, während alle im Wackelgang breitbeinig rückwärts über die Liegenden gehen, bis alle auf dem Rücken liegen. Dann stellt der jetzt hinterste Spieler die Reihe vorwärts gehend wieder auf.	
982	**Fuchsjagd** Wendigkeit Kooperation	Mitten in einem großen Feld (der Anzahl der Spieler angemessen) hält sich der Fuchs auf. Auf ein Signal hin stürmen die Jäger ins Revier und trachten, den Fuchs mit einem Softfußball oder Volleyball zu treffen. Der Spielleiter kann stoppen, wie lange die einzelnen Füchse noch ausweichen konnen.	
983	**Grenzwächter und Schmuggler** Glück	Beide Gruppen sind acht Mann stark. Sechs der Schmuggler tragen Murmeln bei sich. Alle acht Mann versuchen über eine 20 m lange Grenze zu gelangen. Die Grenzwächter versuchen, sie beim Übertritt zu packen. Sie dürfen aber höchstens sechs behalten. Haben sie die richtigen erwischt?	
984	**Heiratsinstitut** Antizipation Fitness Spaß Selbstwirksamkeit	Der Spielleiter bestimmt die Abrenzung des Spielfeldes (Halle, freier Platz, Fußballfeld). Immer drei Spieler sind ein Team. Zwei von ihnen stellen sich Rücken gegen Rücken. Mit einem Tipp auf den Kopf startet sie ihr Vermittler. Jeder geht geradeaus seines Weges. Berührt der Vermittler einen von ihnen an einer Schulter, drehen sie sich um 90 Grad in diese Richtung und gehen weiter. Zwei Berührungen verlangen eine Drehung von 180 Grad (rechtsumkehrt). Stößt einer von ihnen an eine Grenze oder auf einen Spieler einer anderen Gruppe, geht er an Ort und Stelle weiter, bis er umgelenkt wird.	Ziel des Vermittlers ist es, die beiden senkrecht aufeinander zuzulenken. Wenn dies gelingt, ist Rollenwechsel.
985	**Hase im Labyrinth** Übersicht behalten	Mindestens 16 Spieler stehen so in vier Reihen, dass sich ihre seitwärts ausgestreckten Hände berühren. Durch diese Gassen läuft ein Hase, der vom Fuchs verfolgt wird. Ruft der Hase „Kehrt!" oder „Zurück!", so drehen sich die Spieler im Labyrinth um 90 Grad. So entstehen neue Wege, die den Hasen evtl. retten.	Der Hase startet im Labyrinth; der Fuchs kommt von außen.

Nr.	Name der Spielform Ziele	Beschreibung	Hinweise/Organisation
986	**Räuber auf der Flucht** Kooperation trotz gegenseitiger Behinderung	Jeweils zwei Räubern werden die Schnürsenkel je eines Schuhs zusammengebunden. Viele Paare von ihnen entkommen und werden im Gelände von einem oder mehreren Polizisten wieder eingefangen. Das zuletzt gefangene Paar kann z. B. in der nächsten Runde Verfolger spielen.	
987	**Viehdiebe** Beweglichkeit Absprache in der Gruppe	Innerhalb eines Kreises von 10 m Durchmesser weiden die Kühe (Frisbees, Flaschen im Rasen, kurze Stöcke im Boden, Bälle). Sie werden von zwei oder mehr Wächtern gehütet, welche alle Diebe zu fangen versuchen, die rundum in die Weide eindringen und ein Stück Vieh nach dem anderen zu stehlen versuchen.	
988	**Jägerball** Reaktionsvermögen Sicheres Werfen und Fangen	Alle Spieler befinden sich innerhalb eines festen Reviers. Mit einem Softball o. Ä. darf jeder Spieler jeden treffen. Wer getroffen wird, scheidet aus, ausgenommen er hat den Ball fangen können.	
989	**Bambusvorhang** Schnelligkeit Organisationsgeschick	Auf den Ruf „Über die Grenze!" rennen die Spieler von einer Seite des Feldes auf die andere. Der Fänger darf sich nur auf der Mittellinie bewegen. Wen er fängt, stellt er auf der Linie auf. Die Gefangenen dürfen ihrerseits mit seitwärts gehaltenen Armen fangen, sich aber nicht von der Stelle bewegen.	Der letzte Gefangene wird neuer Grenzwächter.
990	**Namen tauschen** Gelassenheit im Stress Geistesgegenwart	Die Spieler stehen paarweise im Kreis und tauschen ihre Namen mit dem Nebenspieler. Der Spielleiter steht allein. Sobald er einen Namen ruft, rennt der Spieler mit dem neuen Namen zu ihm. Dort tauscht er seinen alten Namen mit dem Spielleiter. Und der stehengebliebene Spieler heißt wieder wie vor dem Spiel und fährt fort.	Wenn es ihm aber gelang, dem Flüchtenden noch eins auf den Rücken zu klapsen, muss der bleiben. In diesem Fall ruft der Spielleiter oder sein Nachfolger so lange weiter, bis einem Spieler die Flucht gelingt.

Nr.	Name der Spielform Ziele	Beschreibung	Hinweise/Organisation
991	**Himmel und Hölle** Fitness Präzision	Das Spiel wird mit Kreide auf den Boden skizziert und nach den lokalen Regeln gespielt. Die Spieler werfen einen Stein von der Erde aus, Feld um Feld näher zum Himmel, und holen ihn jeweils hüpfend zurück. Wer beim Werfen – neben das Feld – oder Hüpfen einen Fehler macht, darf erst in der folgenden Runde von dieser Stelle aus weiterspielen.	
992	**Hüpfspirale** Beweglichkeit	Zwölf Felder sind schneckenförmig aufgezeichnet. Der Spieler hüpft (mit dem Stein auf dem freien Fuß, auf dem Kopf, dem Unterarm) nach innen und wieder zurück. Wer einen Durchgang fehlerlos absolviert hat, der darf mit einem Stein ein Feld markieren. Auf diesem darf er im nächsten Spiel ausruhen oder das Bein wechseln. Die anderen müssen es überhüpfen.	
993	**Worthüpfen** Wortschatz	Ein Quadrat besteht aus 4 x 4 Feldern. In die Felder haben wir verschiedene Buchstaben hineingeschrieben. Während eine Mannschaft auf die Felder hüpft, versuchen die anderen in kürzester Zeit herauszufinden, welches Wort die besetzten Buchstaben ergeben.	
994	**Buchstabenweg** Fitness	Feld an Feld haben wir einen schlangenförmigen Hüpfweg aufgezeichnet und jedes Feld mit einem Buchstaben angeschrieben. Die Spieler hüpfen auf einem Bein durch und nennen in jedem Feld ein Wort, das mit dem entsprechenden Buchstaben beginnt. Von Zeit zu Zeit wechseln wir die Buchstaben aus.	
995	**Gummitwist** Geschicklichkeit Ausdauer	Zwei Spieler stehen sich mit etwa 3 m Abstand gegenüber. Je nach Schwierigkeitsgrad läuft rundherum auf Höhe der Fersen, auf Knie- oder Hüfthöhe ein Gummiband. Ein dritter Spieler hüpft in und mit dem Band ein Programm, eine „Schule", die regional verschieden ist.	

Nr.	Name der Spielform / Ziele	Beschreibung	Hinweise/Organisation
996	**Treppenroulett** Koordination	Wir lassen einen Ball, Tischtennisball o. Ä. die Treppe hinabrollen. Unten haben wir eine Feldereinteilung aufgezeichnet und die einzelnen Teile mit Punkten angeschrieben. Wer erreicht zuerst 100 Punkte oder nach der festgesetzten Anzahl Runden die meisten Punkte?	
997	**Stufenrechner** Beweglichkeit	Bei einer breiten Treppe gibt man jeder Stufe eine Zahl, indem man ein entsprechendes Blatt darauflegt oder die Stufen mit Kreide anschreibt: 18, 45, 81, 24, 144, 7, ... Zuerst stehen alle Spieler unten und bekommen eine Rechnung gestellt, deren Lösung einer Stufen-Zahl entspricht. Wer die Lösung hat, eilt zur entsprechenden Stufe, usw.	
998	**Startrampe** Übersicht	Balkons eignen sich hervorragend als Startbasen für Seifenblasen, aber auch von aufgeblasenen Ballons, usw. Oft spielen wir mit einer Bodenmannschaft zusammen, welche die gelandeten Objekte einsammelt und in einer zweiten Runde selber startet – ausgenommen natürlich die Seifenblasen.	
999	**Jurte** Teamgeist Vertrauen Zuverlässigkeit	Im Kreis stehend fassen sich alle mit sicherem Griff (Feuerwehr). Je einzeln hängen sie sich abwechselnd (1–2–1–2) zurück oder nach vorne. In den Hüften sind sie durchgestreckt. Abhängigkeit und gegenseitiger Halt werden physisch und sichtbar erlebt.	
1000	**Postenlauf** Geschicklichkeit Ausdauer Spaß	Im Gelände, im Schulareal oder Quartier ist ein Postenlauf geplant. An den betreuten Posten hat jedes Team Aufgaben zu lösen: Sackhüpfparcours – 10 x Diabolo über Leine werfen und fangen – 8 Murmeln ins Ziel spielen – bis 100 würfeln – einen Kreisel mit Hilfe der Peitsche starten und in ein Zielfeld treiben.	

Nr.	Name der Spielform Ziele	Beschreibung	Hinweise/Organisation
1001	**Planverstecken** Vorstellungsvermögen	Eine Gruppe skizziert mit Kreide oder einem Stock auf den Boden ihren vorgesehenen Weg zum Versteck im Ort/Quartier. Nach dem Start hat die andere Gruppe Zeit, den Plan zu entziffern. Sie darf frühestens nach drei Minuten folgen. • Gewonnen hat die Gruppe, die nach dem Finden zuerst wieder beim Plan zurück ist	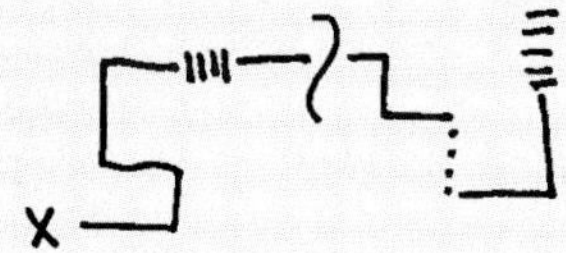
1002	**Passwort-Depesche** Koordination	Die Spieler stehen in großen Abständen (50–200 m). Der erste jeder Mannschaft erhält auf einem Zettel ein Passwort. Die Startspieler rennen los und bringen ihre – verschiedenen – Codewörter dem Nächsten. Wenn sie wollen, können sie das Wort auch einfach zurufen, um Zeit zu gewinnen. Wer kommt zuerst an?	Spieler, welche die Depesche durch Zurufen beschleunigen wollen, tun gut daran, das Stichwort vor dem Wegrennen noch kontrollierend zurückzumelden, damit nicht ein falsches Wort den Lauf wertlos macht.
1003	**Huckepack** Kraft Körperkontakt	Der erste Läufer jeder Gruppe läuft zum zweiten. Dieser trägt den ersten Boten zum dritten, dieser den zweiten zum vierten, dieser den dritten Huckepack zum fünften, usw. Schwergewichtige dürfen auch von zweien weitergetragen werden. Gewonnen hat die Gruppe, deren beide Schlussläufer zuerst im Ziel sind.	
1004	**Kettenreaktion** Schnelligkeit Teamgeist	In jeder Mannschaft starten sechs bis acht Läufer. Die Distanz beträgt rund 500 m. Der Schwächste startet zuerst. Sobald er die ersten 20 m/50 m (Markierung) zurückgelegt hat, folgt der zweite Läufer seiner Mannschaft, usw. Welches Team ist zuerst komplett im Ziel?	
1005	**Fußball für den Frieden** Fairness Lebensfreude	Gespielt wird mit angemessenen Ballen in Hallen, auf Straßen und Plätzen. Zu Beginn bestimmen die Teams die Regeln, z. B. spielen je zwei Mädchen/Frauen mit. Das erste Tor je Halbzeit muss eine Frau schießen. Bei Unklarheit entscheidet ein Vermittler. Für Fairness gibt es am Schluss des Matches vom Gegner Punkte.	

10

Nr.	Name der Spielform Ziele	Beschreibung	Hinweise/Organisation
1006	**Lebensfaden** Gewandtheit	Die Spieler der einen Gruppe haben um den linken Oberarm einen Wollfaden geknüpft. Sie sollen quer durch einen Waldabschnitt eine Straße erreichen. Die Gegner haben sich in der Mitte des Waldes verteilt und versuchen die Lebensfäden zu zerreißen, bevor ihre Besitzer die Straße erreicht haben.	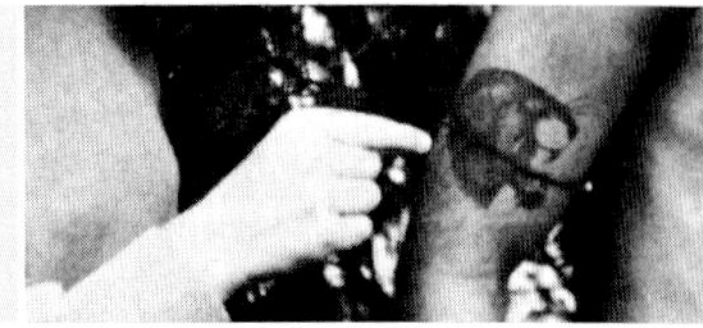
1007	**Suchtrupp** Beobachtungsgabe	Der Spielleiter hat im Gelände Fremdkörper (bunter Ball, Pappschachtel, Blechbüchse, Hut, usw.) platziert und mit einer angeklebten Nummer versehen. Die Spieler machen sich einzeln auf die Suche, um von den Fundgegenständen die Nummern abzuschreiben.	Zuletzt alle Objekte wieder einsammeln.
1008	**Verbannt** Aufmerksamkeit Schnelligkeit Risikofreude	Ein Spieler steht im Freien neben einem Mal (Blechbüchse, PET-Flasche) und zählt mit geschlossenen Augen bis 100. Alle anderen verstecken sich. Wenn der Sucher einen von ihnen entdeckt, rennt er zum Mal zurück, klopft darauf und nennt dessen Namen. Gelingt es einem Spieler, das Mal vorher wegzukicken, sind alle wieder erlöst.	
1009	**Rotationsstafette** Genauigkeit	Auf einem Rundkurs ist der größte Teil der Spieler im Abstand von 50–100 m verteilt. Reservespieler bringen vom Start weg jeweils einen Gegenstand oder auch nur ein Stichwort zum ersten Posten, der trägt es weiter, usw., bis die Post vom jeweils letzten Spieler an den Start zurückgebracht wird.	Als Transportgut eignet sich Ast mit Kirschen (je 1 zum Essen) Schüssel mit Wasser Blume (zum Riechen) Schnellsprechvers offener Regenschirm u. v. a.
1010	**Eins-Zwei-Drei** Strategie Übersicht	Eine Gruppe von 6–20 Leuten stellt in der Mitte des Platzes dreimal drei Stühle oder Markierungen als Spielfeld auf. Dann teilen sie sich in zwei Teams. Jedes Team wählt eine Nummer 1, eine Nummer 2 und eine Nummer 3. Die beiden 1er losen aus, wer beginnt. Jetzt setzt die erste Mannschaft ihre 1, dann setzt der Gegner die 1. So folgen im Wechsel auch die beiden 2er und 3er. Ziel des Spiels ist es, seine drei Spieler in einer beliebigen Reihenfolge in eine waagrechte, senkrechte oder diagonale Reihe zu platzieren.	Ist das im ersten Anlauf nicht gelungen, muss jedes Team seine Spieler in der Reihenfolge 1–2–3 weiter versetzen (s. auch 607).

Nr.	Name der Spielform Ziele	Beschreibung	Hinweise/Organisation
1011	**Spiele adaptieren** Improvisation Fantasie	Wir spielen bekannte Spiele mit ungewohntem Material. So etwa das Mühle-Spiel mit schwarzen und weißen Gartenstühlen oder mit Mädchen und Knaben als Spielfiguren auf einer Wiese oder einem Pausenplatz.	
1012	**Mit Regeln spielen** Anpassungsfähigkeit Zusammenspiel	Spiele und Regeln dürfen verändert oder neu erfunden werden, solange alle Mitspieler einverstanden sind. So lässt sich „Die Reise nach Jersusalem" kooperativ spielen: Die Tanzenden finden auch jedesmal, wenn die Musik aufhört, einen Stuhl weniger. Wer aber keinen Sitzplatz mehr erwischt, scheidet nicht einfach aus, sondern setzt sich auf die Knie eines Mitspielers. So reicht ein Stuhl für alle.	

10

Der ideale Spielleiter

Die meisten Spieler sind einfach zu erklären und können ganz rasch begonnen werden. Es genügt, erst mal die wichtigsten, die wesentlichen Punkte einzuführen. Mit Worten, aber auch mit Mimik und Gesten. Vorausgesetzt ist, dass der Spielleiter das Spiel sozusagen aus dem Herzen heraus – wie die Franzosen sagen – kennt. Eine anschauliche Sprache oder eine kurze Geschichte können die Fantasie anregen und zusätzlich Lust aufs Spiel machen. Spieler lieben es aber auch, Einzelheiten während des Spiels selber zu entdecken. Versprecht einfach, kein Spiel aufzuhören, bis alle gemerkt haben, wie es gegangen ist. Diese Selbsterfahrung genügt jedenfalls als optimale Voraussetzung, dass die Spieler auch andere mit dem Spielvirus anstecken können. Und dass ihr Lieblingsspiel „My life" mit der gleichen Gelassenheit und dem selben Engagement angehen. So ganz nach der Devise: „Locker sein, aber nicht locker lassen!"

Eine gute Spielleiterin oder ein begabter Spielleiter wird den eigenen Stil entwickeln. Sie werden darauf achten, dass die Spielenden sich wohl fühlen, weil sie weder überfordert noch gelangweilt sind. Das setzt ein angemessenes, wohl durchdachtes und orchestriertes Angebot voraus und das Bewusstsein, das Spielleitung anspruchsvoll ist und je nach Situation viele Rollen und Funktionen fordern kann.

Der ideale Spielleiter ist Trainer und Coach, Lehrer und Animateur, Impulsgeber und Schiedsrichter, oft Platzwart und weniger Platzhirsch, Dirigent und Beobachter, Ermutigender und Lernender, ansteckender Moderator und etwas Clown, Schnelldenker und Gaukler, Verführer und Sicherheitsverantwortlicher, Showman und Reporter, Vorbild und Philosoph. Und vor allem geistesgegenwärtiger, begeisterter Mitspieler.

Verwendete und weiterführende Literatur

Fluegelman, A. (1982). *Die neuen Spiele* (Bd. 1 und 2). Soyen: Ahorn.

Fluri, H. (1991). *Spielgruppen. Gründung, Planung, Spielideen.* Zürich: Orell Füssli/Pro Juventute.

Glonnegger, E. (1974). *Das große Ravensburger Spielebuch.* Ravensburg: Otto Maier Verlag.

Grunfeld, F. (1979). *Spiele der Welt.* Zürich: Unicef.

Hielscher, H. (1981). *Spielen macht Schule.* Heidelberg: Quelle & Meyer.

Kischnick, R. (1979). *Was die Kinder spielen.* Stuttgart: Freies Geistesleben.

Lukácsy, A. (1972). *Spiele aus aller Welt.* Budapest: Corvina.

Meyer, E. (Hrsg.). (1984). *Spiel und Medien.* Wasserberg: Agentur Dieck.

Zapletal, M. (1976). *Das Buch der 1000 Spiele.* München: Südwest Verlag.

Finnigan, D. (1988). *Alles über die Kunst des Jonglierens* (Einführung ins Jonglieren mit Tüchern und Bällen, Ringen und Keulen, Zigarrenkisten und Devil Stick, Diabolo und Tellern). Köln: DuMont.

Flückiger, E. (1992). *Handbuch Pausenplatz. Pausenplätze aktiv gestalten und aktiv nutzen* (Pausenspiele und Bewegungspausen. Ein umfassender Ordner voller Ideen zur Platzgestaltung, Werkanleitungen zum Selbermachen von Geräten sowie 200 Spielideen für zwei Generationen). Verlag SVSS. (Auskunft: info@spielakademie.ch)

Fluri, H. (2001). *Spielend erleben* (Ordner für Team- und Schulleiter, mit Aufbau für eine Projektwoche, Spielphilosophie und Zitate). Berg am Irchel: Kik-Verband.

Weiterführendes Material zu diesem Buch

Hans Fluri
Rambo-Samba + Quartett der 50 Spiele

Die Spielquartette der Lebensfreude für Training, Coaching und Therapie.
Das Spiele-Doppelquartett setzt sich aus zwei Quartettspielen zusammen.

Jedes einzelne enthält 12 Quartette in Spielkartenform zu den Themen
- Rambo-Samba: Kennenlernen – Kontakte schaffen – Ins Spiel kommen – Flexibilität – Würfelglück und Risiko – Locker im Stress – Geistesgegenwart – Strategie – Geniales Spielzeug – Fallschirmspiele – u. a. Gleichzeitig Bridge-Set.
- Quartett der 50 Spiele: Alte Kinderspiele – New Games – Spiele im Stuhlsitzkreis – Würfelspiele – Murmelspiele – Nussspiele – Spiele mit Zeitungen – Partyspiele – u. a.

100 Spiele, geeignet zum Spielen und Planen.
Übersetzungen in verschiedenen Sprachen, u. a. in Englisch, Französisch, Italienisch, Dänisch, Mandarin, Portugiesisch, Spanisch, Ungarisch.

Erhältlich via www.spielakademie.ch

Hans Fluri
Locker sein, aber nicht locker lassen!

Dieser Projektordner umfasst:

1. Ganzseitige Kopiervorlagen (A 4) vieler Spiele mit Text und Zeichnungen
2. Spiele zum Selbermachen
3. Konzepte für
   - einen Informationsabend / Elternabend zum Thema „Spielen ist Leben"
   - einen Familien- oder Gemeinde-Spielanlass
   - ein großes Spielfest
4. Texte für Kurzvorträge zu den Themen
   - Spielend Lebenskompetenzen fördern
   - Aggression konstruktiv ins Spiel bringen
   - Spielen mit fünf Generationen
   - Resilienz und Flexibilität
5. Tipps und Programme für thematische Projektwochen
   - Spiele der Welt
   - Spielen mit allen Sinnen
   - Spielen mit vier Generationen
   - Spielend Lebenskompetenzen entwickeln
6. Zitate und weiterführende Gedanken
7. Vorschlag zur Ausstattung eines Spielbuffets
8. Tipps zur Pausenplatzgestaltung
9. Bezugsquellen und Materialausleihstellen in fünf Ländern (A, CH, D, DK, FL)
10. Referentenvermittlung in fünf Ländern (A, CH, D, DK, FL)
11. Aktuelle Literaturliste

Bezugsquelle: www.spielakademie.ch

Spielen als Beruf

Die Spielakademie Brienz bietet ein dreimonatiges Spielpädagogisches Intensivseminar als Vollzeitausbildung zum Spielpädagogen/zur Spielpädagogin an.

Sie umfasst u. a. folgende Themen und Tätigkeiten:

- Spielen mit vier Generationen
- Traditionelle Bewegungsspiele aus aller Welt
- Spieleerfinden und Kreativität
- Die Philosophie des Spiels und ausgewählter Spielsachen
- Kennenlernen von Spiel- und Fachliteratur
- Training lösungsorientierter Kommunikation
- Methodik und Didaktik des Spielens
- Begleitete Praxiseinsätze mit kleine und grossen Gruppen
- Kennenlernen des Spielbuffets und seine Präsentation
- Interaktionsspiele (Anlage, Durchführung und Auswertung)
- Brett- und Gesellschaftsspiele für jedes Alter
- Jonglieren mit Diabolos, Devil stick, Chiffon, Tellern und Bällen
- Das Planen und Durchführen von Spielanlässen, Weiterbildungen und Projekten aller Art
- Praxis und Theorie von traditionellen Spielen und New Games
- Wirkungsvolle Übungen gegen Burnout, Boreout und Stress
- Verbindung zu Spieltherapie und Coaching

Das Seminar im Berner Oberland/Schweiz dauert jeweils von Ende Oktober bis Ende Januar. An den bisherigen 28 Ausbildungen haben Teilnehmende aus sieben Ländern teilgenommen.

Weitere Angebote können modular absolviert werden:

- LuDo-Therapie/Spieltherapie
- Das Spiel als Coaching-Methode
- SpielprojektleiterIn

Auskunft und Anmeldung:
www. spielakademie.ch
E-Mail: info@spielakademie.ch

Gäste aus aller Welt sind Im Seerestaurant und Spielhotel jederzeit willkommen.

Zehn Schritte zum Ziel

1. Ich verlasse meinen Sicherheitsbereich.
2. Ich betrete ein neues Feld.
3. Ich verschaffe mir einen vorläufigen Überblick.
4. Ich wähle unter den Geräten und entscheide mich.
5. Ich mache erste Erfahrungen.
6. Ich überprüfe das Ergebnis.
7. Ich behalte das Ziel im Auge.
8. Ich nehme Unterstützung an.
9. Ich bleibe locker am Gerät.
10. Ich anerkenne meinen Fortschritt

Hans Fluri, ASK Brienz

Gutes Spielzeug

- ist Zeug zum Spielen
- erzeugt neue Spiele
- berührt den, der es berührt
- ist eine materialisierte Idee
- bringt den Geist zum Schwingen
- ruft Erinnerungen hervor
- fordert zur Auseinandersetzung heraus
- bedeutet Entwicklungshilfe
- birgt Chancen zum lebendigen Ausgleich
- lockt zur Wiederholung
- schafft Wohlbefinden
- ist gespeicherte Heilkraft

Hans Fluri, ASK Brienz

Spieler gehen auf etwas zu; sie sind angriffig. Wer spielt, lernt dank seiner Achtsamkeit mit seiner Aggressivität so umzugehen, dass es der betroffenen Person oder dem Gegenstand nicht schadet. Durch die eigenen Erfahrungen haben sie weniger Angst vor der Angriffigkeit anderer und können darauf weit angemessener reagieren als Nichtspieler. Spielen fördert in hohem Mass die Anpassungsfähigkeit an Personen, Gegenstände und Situationen. Es bringt Anspannung und Entspannung ins Leben, liefert häufig Gelegenheit zur Antizipation – ohne dass diese Voraussicht zu übertriebener Vorsicht führen muss – und schafft eine wunderbare Atmosphäre.

Das Verstehen eines Spiels und das Umdenken von einem Spiel zum nächsten oder von einem Spielzeug zum andern entwickelt Auffassungsvermögen und Aufmerksamkeit. Es verlangt immer wieder Aufnahmebereitschaft und das oft – z. B. beim Jonglieren – im wörtlichen Sinn. Spiele können aufregend sein und voller Ausgelassenheit; andererseits verlangen sie Ausdauer und regen auf vielfältige Weise zur Be-Sinnung an. In ihrer Vielfalt wirken sie befreiend, sie schaffen vielerlei Begegnungen und heissen die menschliche Begeisterungsfähigkeit willkommen. Sie schaffen Gelegenheit, seine Beidhändigkeit und Beidseitigkeit ins Spiel zu bringen und dadurch nicht zuletzt den Bord-Computer namens Gehirn optimal einzusetzen. So erhöhen sich ganz nebenbei auch Beharrlichkeit und Belastbarkeit. Die damit verbundene verbesserte körperliche und geistige Beweglichkeit, ein eingespieltes Denkvermögen und eine spielend erhöhte Differenzierungsfähigkeit sind wohl beste Burnout-Prophylaxe.

Durchhaltevermögen und Durchsetzungskraft, Ehrgeiz und Eigeninitiative, Einsatzbereitschaft und Einsatzfreude gehören zur Dynamik des Spiels genauso wie Einfühlsamkeit. Das Miteinander von emotionaler Kompetenz und Entschlusskraft, von Experimentierlust und Entspannung bietet günstige Voraussetzungen für das, was man als effizientes Energiemanagement bezeichnet.

Spiele können eine Euphorie auslösen, die der Wirkung einer Droge gleichkommt; sie regen nicht allein die Fantasie an, sondern erziehen zur Fairness und vermitteln Fingerspitzengefühl. In ihnen können eng beieinander Freude und Furcht aufkommen, was nicht zuletzt den Menschen in seiner Ganzheitlichkeit anspricht, seine Geistesgegenwart herausfordert und seine Gelassenheit entwickelt. Wer Gemeinschaftssinn fordert, wer Genauigkeit, Geschicklichkeit und Geschmeidigkeit sucht, wem Gleichgewicht wichtig ist, der liegt beim Spielen richtig. Hier bauen sich Hemmungen ab und der Humor hält Einzug.

Die Welt des Spielens bietet ein weites Übungsfeld zur Entfaltung von Initiativen aller Art und zum Finden und Erfahren der inneren Ruhe, zum Training ungezählter Seiten der Intelligenz und zum Testen seiner Klugheit, zum lebendigen Erproben abwechslungsreicher Kommunikationsformen und damit zum Aneignen lebenswichtiger Kompetenzen. Unter Abertausenden von Spielen gibt es nicht ein einziges, das nicht die Konzentration fördern würde. Manche von ihnen fordern zur Kooperation heraus und entwickeln die koordinativen Fähigkeiten; sie verlocken zum Körperkontakt und helfen, den Krafteinsatz zu optimieren, sie machen Mut zur Kreativität und zur herzhaften Auseinandersetzung in Krisensituationen.

Das hilft, lebenstüchtig zu werden, schafft Lebensfreude und Leistungsbereitschaft. Es wächst die Lust, mit spielerischer List und geübter Lockerheit zu lernen. Mentale Stärke wächst aus dem Miteinander von Motivation, Muskeltraining und Muße. Es macht Spaß, in chaotischen Situationen auch zu sehen, was sich an der Peripherie abspielt und mit hoher Präzision wahrzunehmen, was die wesentlichen Regeln und die Struktur des Spiels sind.

Eine überdurchschnittliche Reaktionsfähigkeit, wache Reflexe, das Aktivieren seiner eigenen Ressourcen, ein gut entwickeltes Rhythmusgefühl, überdurchschnittliche Risikobereitschaft und Schlagfertigkeit sowie Schnelligkeit im Erfassen von überraschenden Situationen sind unabdingbare Voraussetzungen um bestimmte Spiele erfolgreich zu bestehen. Dies gelingt selten ohne ein gutes Maß an Selbstdisziplin. Der Erfolg hingegen schafft Selbstbewusstsein, Selbstsicherheit und Selbstvertrauen; er ermutigt zu weiteren Versuchen und setzt notfalls Selbsthilfe- und Selbstheilungskräfte frei.

Gegen manche Sinnlosigkeiten des Alltags setzt das Spiel die Entwicklung aller Sinne, die spielerische Entfaltung der Sinnlichkeit, die Ausbildung sozialer Kompetenz, Spannung und Spaß, eine spielerische Eleganz, Spielwitz und Spontanität, philosophisches Staunen und Strategien. Eine bewusst vermittelte Spielkultur enthält zahlreiche Elemente von anregendem Stress und vermeidet die nicht minder häufigen Formen von lebensfeindlichem Stress. Eine solche Spielkultur macht vertraut mit Synchronizitäten und mit Grundlagen der Taktik, entwickelt Teamfähigkeiten und öffnet Wege der Therapie, vermittelt ein Gefühl für Timing und Tradition, enthält Übermut und Unbeschwertheit, verschafft Übersicht und Unternehmergeist. In ihr stecken Vergnügen und Vertrauen zu sich und zur Umwelt, Chancen zur Förderung der Verwandlungsfähigkeit und zur Entwicklung der Vielseitigkeit, der Wachheit und der Wahrnehmungsfähigkeit.

Regelmäßiges Spielen stärkt die Weiterbildungsbereitschaft und unterstützt die Wendigkeit von Körper und Geist. Es macht mit Wettbewerb und Wetteifern vertraut, trainiert das Zielbewusstsein und stärkt die Zivilcourage. Das Spiel gibt dem Zufall eine Chance. Es lehrt das Zupacken und schafft Zusammenhalt unter allen, die es lieben.

„Ich bring's!" oder: Die Kunst des Einspielens mit dem Spielbuffet

Zu Drehorgelmusik wie auf einem Jahrmarktkarussell übt eine interessierte temperamentvolle Truppe. Einzelne Ankommende sehen sich mit einem auf der Stabspitze drehenden Teller alleingelassen oder bekommen Stöcke mit einem auf der Schnur laufenden Diabolo in die Hände. Andere wenden sich der Tischreihe zu, auf der Spielsachen wie auf einem Buffet bereitliegen.

Violette und gelbe, pinkfarbene, rote und weisse Diabolos beginnen hoffnungsvoll zu drehen, sie rotieren schneller, fliegen hoch und stürzen ab. Glänzende Teller in bunten Farben kreisen schwankend auf Jonglierstäben oder purzeln auf den Boden des Saales. Eine braun gebeizte Bilboquetkugel wirbelt haarscharf an einem Kopf vorbei. Ein gestreifter Devilstick rollt vorsichtig über zwei Handstäbe, kippt weg, wird wieder aufgehoben und balanciert.

Zum Original-Spielbuffet gehören Jonglierteller, Diabolos, Devilsticks, Fangbrettchen und Bilboquets, Nei-Nei/Sturmscheiben, Jojos, Jakobsleitern, Kreisel, Schnurkreisel, Wendekreisel, Peitschenkreisel, Kaleidoskop und Oktaskop, Regenbogenspirale, Chatterring, Zauberrad, Drahtspirale, Hui-Maschine, Schnäpperli, Peng und Melodieröhren. – Nicht vorhanden sind Bälle und Frisbees. Querdurch fliegend würden sie die Konzentration stören. Auch gibt es keine Geräte fürs Jonglieren mit drei Elementen (Tücher, Bälle, Ringe, Keulen). Sie schaffen einen großen Abstand zwischen jenen, die diese Technik bereits beherrschen und den Einsteigern.

Alle haben das eine oder andere Spielzeug zumindest schon mal gesehen, aber für alle hat es auch etwas Neues dabei. Das Unbekannte löst genauso viel Neugier und Erstaunen aus, wie wenn wir in einen Zoo gehen und – obwohl wir schon viele Tiere kennen – zum ersten Mal einem Wickelschwanzskink von den Salomoninseln begegnen, einem Tamarinaffen aus südlichen Ländern oder einem gefiederten Weisskopfbülbül aus Madagaskar. Die bewusste Vielfalt weist darauf hin, dass wohl auch hier im Raum sehr unterschiedliche Menschenwesen durchaus ihren Platz haben.

Jeder investiert, was er hat und geht an die Grenze dessen, was er mit dem Spielzeug vermag. Dem einen gelingt dies eben spielend, beim andern kann schon der Eigensinn einen Streich spielen. Es gilt, sich um das Besondere eines Spielzeugs zu kümmern und sich dann dem Objekt anzupassen. Wer am lockersten das tut, was dem Gerät entspricht, hat den größten Erfolg. Wichtig ist das Mitmachen und das Dranbleiben.

Mit der Zeit werden mehr und mehr Diabolos wieder aufgefangen. Es tönt „Ich pack's", „Ich hab's geschafft" und „Ich bring's !", denn der Teller dreht sich ruhig auf der Stabspitze und die Bilboquetkugel sitzt sicher auf dem Griff. Dabei stehen die Spieler mit erhobenem Arm strahlend da wie die Freiheitsstatue irgendwo in Amerika und gucken staunend und stolz rundum, ob's auch jeder gesehen hat. Wer es sieht, freut sich mit. Keine Missgunst, kein Neid und kein Konkurrenzkampf kommen auf.

Das Einspielen schafft Gelegenheit, Herausforderungen anzunehmen, Handlungsstrategien zu entwickeln, Probleme zu lösen und sich über die gelungene Aktion zu freuen. Es gibt viele Zugänge, und wer mitmacht, gehört dazu. Erste Teilerfolge machen Lust, es weiter zu versuchen. Damit wächst der Mut, noch mehr zu riskieren. Und im gleichen Maß nimmt die Angst ab, bloßgestellt zu werden. Deutlich wird, dass es nicht genügt, Herausforderungen anzugehen, aufzunehmen und irgendwas zu tun. Fast alles hängt davon ab, *wie* ich es anpacke.

Das Ganze gleicht einem Ritual. Dabei lässt es in der Gemeinschaft jedem seine Individualität. Entsprechend vielfältig sind auch die Kommentare:

- „Für mich war gut, dass wir mit Händen und Füßen was tun konnten."
- „Ich bin sonst der Typ, der von weitem zuschaut. Es hat gut getan, mit den andern zu starten."
- „Zuerst dachte ich, ich schaffe es nicht. Doch jedes hatte einen andern Weg zum Ziel."
- „Dadurch, dass wir viel gelacht haben, war es für mich einfacher."
- „Ich habe mich als hoffnungslosen Fall eingeschätzt, und ihr könnt euch jetzt nicht vorstellen, welcher Erfolg das für mich ist."
- „Dadurch, dass kein Befehl kam, hat es mich beruhigt."
- „Für mich war es ganz wichtig, etwas Neues zu lernen."
- „Zuerst war ich nervös. Die Gruppe schaffte Mut, es hier zu versuchen."
- „Ich habe meine kindliche Freude neu entdeckt."
- „Ich merkte, dass für mich in der Gruppe der Ehrgeiz viel größer ist. Weil alle weitermachten, schaffte ich es auch."
- „Zuerst bin ich erschrocken und dachte: Was machen sie jetzt da Verrücktes? – Ich war auf Hilfe angewiesen."

Irgendwie ist Einspielen wie Advent. Es stimmt ein auf Kommendes und schafft Vorfreude auf weitere Spiele. Es ist ein eher be-Sinnlicher Start, der auf feine Art unterstützt, bei sich selber zu sein oder zu sich selber zu kommen. In ungezählten Einspielphasen habe ich erlebt, wie dadurch Lebensgeister geweckt wurden. Wohl nicht zuletzt, weil Fehler problemlos vorkommen dürfen. Wie einzelne Geräte langsam anrollen (Zauberrad, Diabolo, Teller) und mehr und mehr aufdrehen, so geschieht es auch im spielenden Menschen, der in dieser Rolle aktiv ist und zurückwirkend gleichzeitig durch das Phänomen des beschleunigten Objekts aktiviert wird. Weit entfernt von Drill, Zeitdruck und aufgezwungenem Takt läuft etwas sichtbar und fühlbar an. Oft geht das sanfte Anrollen in intensives Einschwingen und in rhythmisches Schlagen über. Wer so spielend warm und wacher wird und aufzudrehen beginnt, gestaltet gleichzeitig seinen inneren Menschen.

Die Kunst des Einspielens ist weitgehend die Kunst der wohlwollenden Ermutigung und der beiläufigen Unterstützung. Eine Hauptrolle spielt dabei der natürliche Aufforderungscharakter des Spielgutes. Weil es häufig oder gar regelmäßig am Start einer Veranstaltung, eines Tages oder einer Sequenz steht, wirkt es im guten Sinn wie ein „running gag". Analog einem Refrain oder einer Erkennungsmelodie wirkt das Rituelle dabei als tragende Kraft und schafft ein Gefühl der Sicherheit und Geborgenheit. Es fordert Präsenz und lässt innehalten, ruhig werden, hinschauen. Jeder neue Spielgegenstand, ja sogar neue Variationen fordern Einfühlsamkeit heraus. Der Handelnde liefert sich damit ein Stückweit seinem Objekt aus. Es entsteht zwischen beiden ein Wechselspiel. Dabei gilt es, genau hinzuschauen und wahrzunehmen, um einen möglicherweise vorerst verwirrend aussehenden Ablauf begreifen, analysieren und be-handeln zu können. Es gilt, das Wesentliche wahrzunehmen (Augen), zu begreifen (Hände), zu verstehen (Füße), zu erkennen (Kopf) und zu formulieren (Mund).

Oft entsteht dabei eine geheimnisvolle Verbindung zwischen innerer Versunkenheit im Augenblick, tiefer Einsicht und gleichzeitigem Abheben aus dem Alltag. Da wird es offensichtlich: Spieler sind starke Stauner! Sie begegnen dem unbekannten Ding und nehmen zugleich Kontakt auf mit ihrem inneren Menschen. In Ruhe und Gelassenheit, manchmal auch angestrengt, übereifrig und verkrampft, geschieht eine allmähliche

Anpassung und mehr oder minder angemessene Umstellung. Bis ein Kreisel, von der Peitsche angetrieben, wirklich tanzt oder der Teller ruhig auf der Stockspitze dreht, läuft die Reihe „wahrnehmen – überlegen – Strategie planen – ausführen – beurteilen" wieder und wieder ab. Oft identifiziert sich der Mensch dabei mit seinem Spielgerät: „Ich drehe immer weg", „Ich kippe zu Boden."

„Von der Quelle der Erkenntnis trinken wir, wenn wir spielen", sagte Mahatma Gandhi. Wie ich mit dem Zeug umgehe, wie ich das Spielzeug behandle sowie das entsprechende Ergebnis (erfolgreich oder weit vom Ziel entfernt) kann bedeutsam werden. Auch was die Dinge in mir selber erzeugen. Es erstaunt und verblüfft den spielenden Menschen, in seiner Tätigkeit unverhofft ein Modell für seinen Alltag zu erkennen, für die Art, wie er seiner Umwelt (Menschen, Projekte, Natur, Dingen) begegnet. Er erkennt sich selber in einer Spielsequenz von wenigen Sekunden oft klarer als in der Rückbesinnung über Wochen. Aus einer fröhlich spielenden, lachenden, angeregten, aufgeregten, übermütigen, zufriedenen Gruppe kann eine selbstbewusste Gemeinschaft werden, wenn die Zeit auch zum Nachdenken und Aussprechen genützt wird. Es zeigen sich Wege

- von der Angst zur Hoffnung,
- von der Mutlosigkeit zum Selbstvertrauen,
- vom Kummer zum Lachen.

Dabei wird bewusst, wie aus schlechtem Stress (aus Gefühlen der Überforderung) guter Stress (Eustress) und eine veritable Euphorie entstehen kann. Dieses Glücksgefühl, wenn etwas nach viel Anstrengung gelungen ist, ist phänomenal und nicht mit oberflächlichem Vergnügen zu vergleichen.

Das Spielbuffet als Erlebnispark für Selbstwirksamkeit, Selbstbewusstsein und Lebensfreude

Das Spielbuffet bedeutet in der Praxis ein normiertes Angebot an Spielgeräten aus unterschiedlichen Kulturen der Welt und zugleich eine Kombination von Physik und Philosophie (s. S. 190, rechter Rand). Die Spieler spielen einerseits mit den Gegenständen, andererseits erzeugt jedes Gerät im Spieler eine bestimmte Reaktion und beeinflusst ihn so ganz direkt. Das Spielzeug wird damit zum Wirkzeug. Die LuDo-Therapie setzt diesen verändernden Einfluss bewusst ein. Und das metaphorische Potential macht einen wesentlichen Teil im Spiel als Coaching-Methode aus.

Jonglierteller mit Stäben	726 – 730
Diabolos mit Stöcken	451 – 475
Devil Stick mit Handstäben	476 – 480
Bilboquet	431 – 435
Fangbecher / Lochbrettchen	426 – 430
Nei-Nei / Sturmscheibe	711
Jakobsleiter	713
Peng	716
Zauberrad	717
Drahtspirale	718
Chatterring	719 / 720
Hui-Maschine	712
Schnäpperli	715
Melodieröhre	721 – 725
Peitschen-Kreisel	441 – 445

Nicht aufgeführt sind Jojo, Normalkreisel, Wendekreisel sowie Regenbogenspirale / Spirelli. Normalerweise fehlen Chiffons 276 – 280 / Bälle / Ringe / Keulen, Wurfringe / Frisbees 731 – 745 und Flubas 771 – 790.

Ausbildungsangebot und Bezugsquelle: www.spielakademie.ch